“戏趣作文”理论与实践

王　珊　著

U0823685

苏州大学出版社

图书在版编目(CIP)数据

“戏趣作文”理论与实践 / 王珊著. —苏州：苏州大学出版社，2017.12
ISBN 978-7-5672-2306-6

Ⅰ.①戏… Ⅱ.①王… Ⅲ.①作文课-教学研究-小学 Ⅳ.①G623.242

中国版本图书馆 CIP 数据核字(2017)第 307694 号

书　　名：“戏趣作文”理论与实践

作　　者：王　珊
责任编辑：周建国
装帧设计：卢广汉

出版发行：苏州大学出版社(Soochow University Press)
社　　址：苏州市十梓街 1 号　邮编：215006
印　　装：镇江文苑制版印刷有限责任公司
网　　址：www.sudapress.com
邮购热线：0512-67480030
销售热线：0512-65225020

开　　本：700mm×1000mm　1/16　印张：15.75　字数：275 千
版　　次：2017 年 12 月第 1 版
印　　次：2017 年 12 月第 1 次印刷
书　　号：ISBN 978-7-5672-2306-6
定　　价：35.00 元

序一

今年国庆节期间，王珊老师嘱我为她的著作《“戏趣作文”理论与实践》作序。于我是十分惭愧的，因为我对小学语文学科教学缺乏理论思考和实践研究。但终究敌不过王老师的要求，便应承下来，不过却迟迟未能动笔。在此期间，我把王老师的书稿看了几遍，每看一遍就在心里默念一回，也就多一番思索，逐渐有了一些认识和想法。

作为一名教育研究工作者，常常思考的是：作为教师，我们都是孩子生命中的过客，在短短几年的相遇中可以在孩子生命里留下些什么？通过努力我们可以为孩子的人生打开怎样的一扇窗，让他们看到一个不一样的世界？怎样让孩子们通过自己的努力，这个世界烙上独特的印记？通过阅读王珊老师的著作，我看到了她作为一名语文教师在这几个方面的尝试与努力。

于小学生而言，写作既充满挑战，又饱含可能性。因为作文的写作中蕴含着小学生必须突破的几个难题：由随意地“看”世界向专门地“写”世界的转变；由口语化地“说”世界向自觉地“思”世界的转变；由被动地“历”世界向主动地“行”世界的转变；最后经过“看”“说”“思”“行”“写”的整合，实现自己对世界的“旁观者”“经历者”“体验者”“言说者”“行动者”等多重角色的转换。由在生活中、在世界中的日常经历，实现“我”对生活与世界个性化、创生性的占有，同时将这种“占有”实现文字化的转化并与别人分享，这一过程充满了复杂性与挑战性，也体现了语文教师作文教学的独特创造性。这不仅仅是文学知识与技巧的传授和掌握，更是为孩子们打开一扇观看世界的文学的眼光与窗户，教会孩子们切身感受这世界温暖和可爱的路径，更在孩子们身上积淀一种文学的情怀和生存方式。比如，“兀坐听雪溜竟日”，这就是一种特殊的心境与体验，也是特殊的文学之美——一种只有文学才能带给人的特殊感受与表达方式。我们的语文和作文教学，就是让孩子学会这种感受与表达。王老师提倡和探索的“戏趣作文”就是试图找到一种恰当的途径来帮助孩子们实现和突破这几种转变。

在我看来，“戏趣作文”的核心在于“趣”与“戏”的双向转化。“趣”适应了小学生身心发展的特点，让孩子因为“趣”而喜欢写作并体验写作带来的乐趣；

也正是通过“趣”，让孩子实现对“戏”的参与和体验进而向写作的转化。“戏”也适应和彰显孩子的身心特点，让孩子在“戏”中体验世界、他人和不一样的自己，在“戏”中感受生活的“趣”，并进而激发写作的“趣”味。实际上，在王珊老师的写作教学实践中，她一直都在这样做。

她作为一名成熟的语文老师，对传统作文的缺陷与不足有清醒的认识，对传统作文“万法归一”的封闭、“纷乱繁杂”的低效、“理直气衰”的尴尬、“人理凝滞”的僵化、“言语生命”的缺位、“实践过程”的忽略等痛恨不已。正基于此，她对“戏趣作文”就有了更加清晰的追求，着力强化了作文教学中的“戏化”元素，通过各类“情境”的开发与转化性利用，有时还直接参与创编和表演，使学生有充分的经历和体验，从而使写作本身渗透出“趣味”，并吸引学生期待下一次和主动写作。更难得的是，王老师对“戏趣作文”的探索不是点状的、零散的，而是整体的、成结构的。她比较系统地探索了不同类型或主题作文的“戏趣”写作过程与方式，并形成了不同类型的作文教学类结构，对“戏趣作文”的基本要素分层分类地进行了深入探究。通过这些探究，可以看出王珊老师日常教学工作的研究性品质，也看出她对习作教学研究的执着与努力，更看出她的日常积累和实践研究中的创造性。

总体来看，这部著作结构完整，体例恰当，实践案例十分丰富，能给从事语文教学的老师以很多启发。当然，从更高要求来说，该著作也有不完善之处，比如对“戏趣作文”与国内其他作文教学研究的比较、差异与沟通的探索欠缺等。但我相信，假以时日，王珊老师的教学研究定会更上层楼，取得更多更大成绩。期待王珊老师新的进步！

伍红林

2017 年 10 月 30 日

（作者系淮阴师范学院教育科学院常务副院长，教授，教育学博士，华东师范大学“生命·实践”教育学研究院研究员）

序二

戏趣，以适切儿童的方式打开

再读书稿，已是秋意更阑珊。着手为王珊老师的专著《"戏趣作文"理论与实践》写序。这一所托，在我的心头沉放一月，起笔恐不得要领。

为"戏趣作文"立名，王珊老师主张鲜明。基于作文教学现象背后"人、事、情、理"境域性阻塞的现实问题，王珊老师关切言语生长，重视实践过程，将戏剧元素与教学融合，将作文教学置于一个"人—事—情—理"融通的境域中，力求每个生命可以找到自己的打开方式，言语生命得以自觉自主地生长。

当下，教学方式的变革日益逼近我们的课堂，或者说传统的"你讲我听"的输入模式必将改版升级。美国学者爱德加·戴尔的学习金字塔理论提出，学习效果在50%以上的，都是团队学习、主动学习和参与式学习，因而，"过程""体验""实践"等应该成为我们教学方式改革的关键词和落脚点。最理想的教育效果是教育意图隐蔽在课堂情境之中，以轻松愉快的间接形式完成教育活动。人与生俱来具有"游戏"的本能，肢体动作的各种表现也是人类强而有力的表达方式，戏剧的教学功能、发展功能理应为教学改革助力。创作是作者认识世界、认识自我、创造性表述的过程，作文教学须贴近学生实际，让学生易于动笔，乐于表达。学生是天生的游戏者，戏趣作文探索是有意思、有意义的研究。

王珊老师"戏趣作文"营造生命主动成长的有趣味的习作环境，渗透角色表演、情感体验等戏剧元素，是进行亲身实践体验的作文教学活动的过程。品读"戏趣作文"的实践建构，其具有以下特性：①生长性。尊重儿童，突出学生的主体地位，激发并唤醒学生发展的内在天性，遵循学生的发展需求和知识逻辑规律展开教学，带领学生创造一个生动有趣的学习历程，并促进其获得精神能量的转换和生命的成长。②体验性。戏剧元素渗透于作文教学，为学生提供丰富的参与机会和实践过程，这一过程不仅有言语表达，还可以有身体表达，通过听觉、视觉、嗅觉、触觉与味觉的"五觉"参与，学生的身心资源得到较为充分的开发和利用，个人在身体、情绪、技能上获得多方面的感受与发展。③交互性。传统的课堂偏重教师讲、学生听，是由师到生的单向传输，课堂缺少网状交流，而戏趣作文透过学生的角色参与及实际操作，在相互交流中发现可能性，学生若能本着开放、包容的精神投入学习，就是一种很好的交互、合作的实践活动。④趣味性。在当下林林总总的教学改革实践中，戏剧不吝为最综合、最有趣、最有可能的途径和手段，更多充满戏剧元素的教学方式，可以创造出多样化的学生喜闻乐见的教学手段。戏趣作文适切学生的年龄特点，学生进入作文情境，通过肢体表演、五官认知、语言表达等多种方式去想象和体验，有利于学生直观理解、深化认识，使得教学持续保持良好的学习情绪和气氛，增强教学效果，促进学生语文水平的提高。

作文教学是困扰语文教师的一大难题，王珊老师在自身的教学实践中，运用自己的理性思维直面教学现象和问题，尝试进行合理的架构与实践，戏趣作文是她语文教学阶段性的实践成果，也是她教学研究自觉的标志，更是她从成熟走向卓越的新的生长点。二十多年来，王珊老师耕作于教学的田地，积极参加教育教学研究，具有高度的专业敏感性和吸收、转化的能力，卢梭的"把儿童看作儿童"成为她的"童年概念"，正是在把脉出儿童好奇、好动、爱表演的天性的基础上，以"在场"的赤诚去探索教学方式的变革。在"戏趣作文"中，学生身心放松，心情愉悦，言语的才能、潜能、个性在动态中被激发，在表演的实践中积极主动与外界环境相互作用而产生直接经验和感受，从而引导学生自我教化与生命成长。我由衷地为王珊老师的教学成就与专业发展而欣喜！

时值深秋，层林尽染；人至中年，却也缤纷。忽而觉得橙黄橘绿或许可以描绘我们的教育人。比如王珊，潜心教学，又顾盼生活美意，以橙黄橘绿之活泼温暖、冷静安宁施人影响、省善自身。研究未至尽善，行走总在路上，让我们化繁为简、以约驭博，唤醒教育教学智慧，在丰实的教育生活中寻绎生命的光影与创造。与王珊老师及同仁共勉！

是为序。

黄艳梅

2017 年 10 月 31 日

（作者系淮安市教师发展学院副院长，特级教师，正高级教师）

目录
Contents

第一章 小学作文教学中“境域性”的阻塞

第二章 为“戏趣作文”立名

第三章 “戏趣作文”的理性透视

第四章 “戏趣作文”的戏剧化元素

第五章 建构“戏趣作文”的教学框架

第六章 “戏趣作文”主题单元“境域化”建构

第七章 “戏趣作文”习作要素“境域化”方法

第八章 “戏趣作文”的实践策略

第九章 “戏趣作文”中新的创写形式

第十章 “戏趣作文”案例精选

第一章

小学作文教学中“境域性”的阻塞

写作是生命存在的方式之一,是生命该有的一种状态。写作是对他人世界的观察,对自我精神的打量,是身心舒展的姿态。一旦过上写作的人生,人的生命将是充盈、丰实的。

福建大学教授潘新和教授在随笔《最不怕死的时候》中谈道:一个人当其第一本书将要写完时,是“最怕死的时候”;当其一生中最重要的书写完时,是“最不怕死的时候”。最怕死,是怕白忙活了一辈子,什么也没留下,此生虚度;最不怕死,是该办的事已经办了,完成了此生的任务,可以交差了,死而无憾。

上海华东师范大学教授李政涛交流自己关于写作的感受时说:有关写作,不管成色、结果如何,大量地写,甚至乱七八糟地写,通过写作习惯,生成写作需要、感悟式写作。很多道理、想法、体悟,不是读明白、想明白的,而是写明白、写清楚的。由此笔者悟出“以写促读”“以写清思”“以写引思”的道理。写作是重建精神宇宙的切入点。

写作是人存在的方式;写作让人变得深刻;生命不息,写作不止。

上述两位学者都强调写作的重要性,潘新和教授甚至有“不写作,枉为人”的疾呼,李政涛教授把写作看作是重建精神宇宙的切入点。这里的写都强调与生命有关、与精神有关,它与我们当今小学生的写作有什么区别呢?或者我们教学工作者又该如何将其转化为当今小学生的写作呢?

作文教学一直是语文教育工作者耗费心力的巨大工程,关于作文教学的理论与实践的探索也是专家和实践者关注的课题。尽管如此,现实依然骨感,写作依然是大多数学生深感头痛的问题。离新课程标准提出“让学生乐于表达关注现实,热爱生活,表达真情实感”以及“减少对学生写作的束缚”这样的关注习作者的生命状态和精神自由的理念还有着很长的一段距离。

卜玉华教授强调:教育是两个生命体之间的沟通、转化与生成,这种沟通与转化不仅指两个生命体之间的通达,也不只把自己限制在个人内在心性的世界，而是展开在人与人之间，展开在家庭、国家、天下之中，只有把人置于这样广袤之境，人便进入一个休戚与共的境域，便为人和人之间的沟通与转化提供了可能。然而，天地之间的人、事、理能否向生命敞开，能否实现与生命成长所牵涉的天、地、人、事之间的通达与转化，这就涉及我们的教育了。

从教育事理的意义出发，一切教育的正当性都被确立在“人—事—理—情”相互关联着的主轴中。也就是说，教育的沟通与转化活动应着眼于某种人与事、理与情的展开，并在人、事、理、情的展开过程中，引导生命成长与自我教化，打开生命与世界沟通的大道。但如果事理活动的展开并没有在生命中发生，那么这种事理活动即使是学校教育，也谈不上对生命成长承担了责任，不具有教育性。

叶燮云：“达者通也，通乎理，通乎事，通乎情之谓。而必泥乎法，则反有不通矣。”（《原诗》卷一，清康熙叶氏二叶草堂刻本）放眼当下，各种“作文教学现象”背后，更多的是在谈论“人—理”或“人—事—理”，很少触及情，所谓“情”表达的是生命成长的状态。这就造成了“人、事、情、理”这一“境域性”的阻塞。“人、事、理、情”是教学的实践境域。因此，教学活动只有沟通理、事、情活动，才意味着在人那里打开了沟通转化的维度，才能让“生命的写作、精神的宇宙”成为现实。现今的作文教学往往就陷入了“境域性”阻塞的乱象中，幻化出一个个令人迷乱的怪圈。

第一节 “万法归一”的封闭

2011 版小学语文新课标强调“语言文字的学习与运用”。于是，现在的教学将学习文章方法规律放在首位，如果不指导一些方法，就会觉得这节课学生没有实实在在的收获。这对于过去夸大语文的“人文性”削弱“工具性”而言是一种矫正，但它预设了“知识的普遍性对于特殊性的绝对优先”，强调了“理”的中心，从而把教学整个地归结为语言表达知识的先学习后实践的模式，使教学中的“人、事、理、情”被阻隔。也无视了新课标引导下的“语文是一门综合性实践性课程”理念，更不符合儿童学习母语一靠积累二靠实践的规律，结果走进了“万法归一”的封闭圈中，只能处处碰壁。

一位教师在作文指导课上指导《一个特点鲜明的人物》的写作，他先激活生活，图示别号。通过聊班级人物的故事来让孩子们给他取别号，引入别号的发现：一个特点，一两个故事。此刻，学生兴致盎然，“情”（实际状态）得到最佳处，内心的语言也是喷涌而发。此时，教师这样引导：我们就这么简单地聊，显然不过瘾，如果把故事记录下来，以后再看看一定趣味无穷。当学生迫不及待地拿起笔时，教师此刻却说别忙，我们看看怎样把这个故事写好。于是，出示一些范例，让学生明白将故事写成功要关注人物的动作、神态，甚至猜测人物的心理，让别人一看就知道人物的特点。总结完规律后学生动笔开始写故事。

根据传统的教学经验，这样习作的效果甚微，因为学生缺乏实践经验。没有动笔实践，指导往往变成空中楼阁，难以达成预期效果。那么，写作的方法到底怎样教给学生，才能得到通达与转化呢？“境域性目光下”的写作理论只是一种程序性功能，它只是由于实践的需要，实践之间不能够相互混乱，它是显现特殊性和多样性的一种秩序。它对于实践不具有优先性，只有发生在实践中并随着实践的展开而不断地丰富自己的规定性。只有实践以自主性意义呈现，人的个体的自主性、独特性才得以存在，只有在呈现了独特性、自主性的基础上丰富理论，实践之间的普遍规律才得以相互承认与沟通。所以，教师指导作文，应该提倡在学生实践基础上进行方法指导，做到实践先行，只有这样，才能真正落实“语文课程是一门实践性课程”。

第二节　“纷乱繁杂”的低效

皮亚杰说得好：“良好的方法可以增进学生的效能，乃至加速他们的心理成长而无损害。”可见，作文教学中是需要引导学生学习适当的写作知识，培养写作技能的。但是，对于教学中却出现这样一种普遍的现象：一类文，在不同年段都是同样的要求，没有年段的具体目标，一次训练需要学习运用的写作知识及技巧太多，且没有具体的思维路径。只是将知识以传授的方式揭示出来，并没有真正实现同化。即使每次习作的目标是精准的，但整个小学阶段的习作的陈述性知识、过程性知识仍是散点的，没有系统化，没有序列性，形成不了知识结构，难以在写作中得到迁移。

教者们也费尽心力，各类习作研究丰富多彩：“童化作文”“活动作文”“童趣作文”等纷纷出台，但习者往往就是活动时兴致高涨，到动笔时仍然抓耳挠腮，不知如何根据习作前总结的规律去写。

在这样的“境域”中，“理”虽然通过“事”之“情”去呈现，但“理”并没有关注“人”，学习者是否具有用来同化新知识的知识框架。我们比较一下，下面是语文学科考试中三、四年级学生遇到的期中考试的命题：

三年级：同学们，大家在一起相处三年了，一定有熟悉的小伙伴吧？他有什么特点呢？请选择一件事表现他的特点。注意将过程写完整，将事情写生动。

四年级：我们每个人都有自豪的地方，想想你的长处和本领，通过一件具体的事情把它分享给大家。

这都是写人的作文题目，关于写人，对三、四年级学生要求有什么不同呢？从题目看，三年级写别人，四年级写自己，难度上四年级比三年级要难些。人都是从认识自己开始的，对自己更为熟悉。观察别人首先要注意有意识地发现。但这些并没有超越教材，教材中可以找到相关的训练。三、四年级都要求用一个事例表现人的特点，不同的是四年级要求写具体，三年级要求写完整写生动，生动与具体又是两个程度的要求，生动比具体要求更高。作为三年级写人，语文课程标准对其上学期的要求是写自己，下学期的要求是写别人，但重点都是抓住特点写外貌，对事例没有具体要求，只是要求能写出性格、爱好。而上述习作特别强调用完整事例来写出同学的特点。从上述这样的习作命题上就可以窥见作文教学的混乱。

第三节　“理直气衰”的尴尬

《孙子兵法》云：“授人鱼，供一餐之用；授人渔，则享用不尽。”没有一定的技法，教师难以引导学生的认知结构，学生也会觉得困难重重。于是，现在的教学，致力于对作文教学序列的研究，根据学生的年龄、认知等特点，分年段、分层次提出作文教学目标。但是往往止步于此，忽视目标的实现过程中境域性的研究，这样的序列目标的有效性在实践中打了折扣。中国对生命状态的描述经常用“气”，“生气勃勃”“朝气蓬勃”都是这种意蕴的传达，将理气关系定位为气生理成。教学之“气”在于生命的开放和对世界的主动接纳，只有这样，“理”的价值与意义才得以实现。境域性视野下，通达生命与理性之间的气度参与，世界与生命才得以贯通，才能将生命引向更高更远的世界。读读下面这篇文章：

做百变扫帚和垃圾桶

做手工作品可以让人变得心灵手巧，今天我就来做一个扫帚和垃圾桶。

首先，我拿出大白纸、小尺（一定是三角尺哦）和水彩笔就可以开始做了。我把纸对折，然后往里边折，可是我总折不好。妈妈告诉我：“心静下来，才能做到最好。”我心静下来后再折，真的成功了，有了妈妈的鼓励，我接着往下折，往里折了两下，最后再往上一折，垃圾桶就大功告成了。

下一步是折扫帚，折扫帚十分简单，先把纸剪成方块，最好大一些。然后像折扇子一样一条一条地折上去，最后剪一个长长的纸条，剪成一条条的，但一定要连在一起。然后贴上去就完毕了，最后是给可爱的扫帚涂色，你可以涂成很多种颜色，也可以涂上金黄色的，这样看起来就很亮。扫帚和垃圾桶就折好了哦！大家也动动你们灵巧的手试着做做看吧！

从这次有趣的手工我知道了，只要有耐心和细心，什么事情都可以做得很好。

这是篇三年级做小制作的文章，过程完整，条理也很清楚。但是，读着读着，有种别样滋味在心头：这是三年级孩子吗？从头到尾理性、客观，没有任何情绪的流露，可以想见她写这篇文章时的状态，也是很没趣味吧？这样的表达没有言语生命的参与，要么是冷冰冰的，要么就会为作而作，真是一种痛苦的折磨。

第四节 “人理凝滞”的僵化

传统教学囿于知识世界的理论构建，把知识看作是静态的、封闭的，只存在于书本中，忽略教师和学生个体知识经验的存在。教育只是两个生命之间固定端点的联结，知识是至高无上的，因此将知识总结出来给学生，就代表着已经被其掌握。导致学生只能记住这些知识，却不能根据具体的情境的变化恰当运用知识。学校教育中知识存在的形态被简化，教育只不过是使知识以文字、课程中的存在变为学生头脑中的存在。学生个体发展被等同于占有这些知识。

三年级学生对活动类文较难把握，教师在指导活动场面描写的方法没少费精力，但收效甚微，这是因为活动类作文的场面涉及面较广，需要全面的观察和视角，这与三年级学生惯常的写事类文是不同的。

老师们尽管费尽心思，规则指导得很细致。细化到指明操作路径，“去场地——到场地看到的情景——组内如何做，你怎么做的，别人的反应，同学如何劝说（交叉反复描写）；别人怎么做的，你的想法，如何做、说——结果”。梳理出这样复杂又细致的路径，可结果仍不理想。这类活动文学生写了多次，有十岁生日典礼活动、运动会活动、跳蚤书市活动、六一联欢会活动……只要写不同的活动，学生一下子就现了写作水平不高的原形。对于这类文的文体结构、方法技巧并没有真正掌握，没能成为可以迁移的知识，也就不能促进生命的成长。

第五节 “言语生命”的缺位

叶圣陶说:“假若有所感性,这当是不吐不快的,则必须本于内心的郁积,发乎情性的自然。”潘新和教授在《语文:表现与存在》一书中对言语生命有这样的解释:言语生命指人的生命特性是“言语”,言语生命—写作生命,是人的主体性的典型表征。内在于言语生命的冲动和欲求,在外部动因的激活下,驱动着言语主体的言语表现行为和言语教育主体的语文教学、语文学习行为。语文教育中,“以人为本”的“本”,就是言语生命。从“境域性”角度来剖析,也就是“人、事、理、情”中的“情”,是人在境域中生命的实际状态。

缺少这样的发乎情性的表达,作文要么干巴巴的,要么是那些成人式思维的、语言华丽、构思近乎完美的“高水准”习作。对于写景文,不难看出,孩子们不惧怕,即使三年级的孩子,他们也可以把这类文章写得很美。但是,在文字的繁华落尽后,有心的老师可以发现,学生作文很少有自己独特的表达,其中对事物的细微观察更是少之甚少。打动别人的是熟练的写作技巧,符合成人要求的话语方式,而儿童的真情、天性被隐藏了起来,习作的“表达自我、交流生命”这样的感受难以体会,难以体会到写作的快感、幸福感。这些习作状态都是“言语生命”缺位的表现。

第六节 “实践过程”的忽略

文本言语陈述性知识是抽象的、理性的、封闭的、静态的,儿童思维是直观的、感性的、开放的、动态的,教学中老师却往往忽视了两者相悖的特点,也往往忽视将静态的陈述性知识进行激活的过程。知识必须恢复到鲜活的状态,与人的生命、生活重心息息相关,使它呈现出生命态,才能在个人知识的生态圈中得到更好的构建。只有通过实践活动,生活、知识形成互动,才能完成知识的转化。忽视知识的激活,将造成文本隐含的言语秘妙与生命认知的断裂,使言语的发现在背反认知中相去甚远,从而造成“言语生命”对于文本言语陈述性认知的生成、贮存、提取之困。导致课堂上的言语发现环节变得索然无味,教师要么步步紧逼,要么干脆粗暴呈现,言语生命的内在主动荡然无存。这就是境遇中“事”的缺位。

传统的作文指导课往往都是按“写前指导、学生写作、教师批改、集体讲评”这种固定不变的流程进行的。所谓的作前指导也就是教师出示例文或提出几点要求，然后学生便开始写作。这种缺少过程体验的写作，水平很难得到提升。将习作过程前置是改变这种现状的好办法。将习作与阅读呼应；阅读同类文感性体验；亲身实践搜集素材；小作中一个能力点的训练。在这样的板块推进中，学生在亲历写作过程后，习作的目标就轻松有效地达成了。

第二章

为“戏趣作文”立名

在接触“戏趣作文”之前，我们不妨了解一下我国教育的大方向指航标，便于我们对当今改革有更加清晰的认识。

随着我国社会主义核心价值观体系的建立，培养具有健全人格、全面发展的合格人才，自然就成了深化教育改革的头等大事。2014 年教育部印发的《关于全面深化课程改革，落实立德树人根本任务的意见》中首次提出了“核心素养”这一育人目标，这也成为我国基础教育改革的方向。一时，“核心素养”成了教育领域最受关注的热门话题。“核心素养”综合表现的总体框架如图。

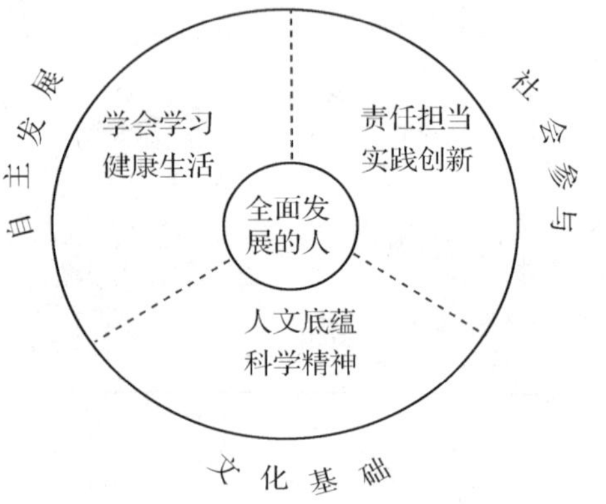

核心素养的总体框架图

2011 版《语文课程标准》对实施作文教学的建议是：

“写作教学应贴近学生实际，让学生易于动笔，乐于表达，应引导学生关注现实，热爱生活，积极向上，表达真情实感。”

“指导学生在写作实践中学会写作。”

“积极合理利用信息技术与网络的优势，丰富写作形式，激发写作兴趣，增强学生创造性表达、展示交流与相互评改的机会。”

“要重视写作教学与阅读教学、口语交际教学之间的联系，善于将读与写、说与写有机结合，相互促进。”

……

三维目标是指教育教学过程中应达到的三个目标维度，即知识与技能、过程与方法、情感态度与价值观三方面的目标。

这三个方面，从整个学校教育、学科课程、具体的每节课的设计三个层面分别阐述了教学的大的指向。核心目标是我们教育的顶层设计，最终必然指向育人。通过一层层转化，最终具体落实在课题目标上。这样的梳理，就像一根定海神针，不管怎样的改革，围绕这样的轴心，就能走出一条一路风景无限的有效路径来。“人、事、理、情”的境域性内在视域的打通正是与以上三方面相吻合的。理（知识技能）、事（实践过程与方法）、情（情感态度、价值观）、打通过程（各类素养的培养形成），在我们这里就是戏趣的过程。而现今的作文教学，缺少的就是这样境域性的视野和打通的方式。

“戏”，在《现代汉语词典》（第七版）中解释为玩耍、游戏、开玩笑、戏剧。本课题中的“戏”是将戏剧的角色表演、即兴演出、情感体验以及“戏”的游戏精神应用到作文教学活动中，吸引儿童积极主动表达主题，宣泄情感，以自己的方式构建“世界与我”的具体关系。

“戏趣”，是指戏剧的趣味。此处的“趣”指突出以戏剧元素的故事性、情境性、情节性、场景性、新奇性等元素融入作文教学过程中，营造出一个学习者能够主动围绕、主动参与、主动创新、生命得以主动成长的习作环境，从而使整个作文教学过程变得有意思、有意义。

“戏趣作文”，指营造生命主动成长的有趣味的习作环境，渗透角色表演、情感体验等戏剧元素，进行亲身实践体验的作文教学活动的过程。课题中“戏趣”基于戏剧，超越戏剧，不重表演，而重打开身心，深度体验，激活言说动机、情感、意识、态度等写作因素，促成写作知识技能得以活性转化。

第一节　从“传统作文”到“戏趣作文”

一、静态传授 pk 动态生成

“传统作文”有很强的纯学科特点，把作文看成是单纯的知识体系。作文教学就是师生两端的固定连接。于是就出现了从“章法知识”到“技法知识”的灌输。导致知识以僵化的形态存在于认知中，不能灵活运用；儿童的思维也固化在知识的套路中，鲜见创新的思维。

“戏趣作文”并不排斥作文的理性知识和作文技巧，它强调知识是师生、生生之间的沟通和转化，强调在实践中打开广阔的世界，亲身体验、教师的经验、文本的知识互动生成，成为个人认知中的活性物，可以随时提取运用。

下面以苏教版三下《我的同学》为例来看传统作文与戏趣作文的区别。

片段(一)

一、导入

1. 刚才走出教室的是谁?说一说他的外貌以及穿着打扮。

2. 刚才我们用语言画出这位同学的长相。你还可以画老师、家长,也可以画想象中的人物。

二、画像指导

1. (出示武建设同学的画像)谁来说说武建设的外貌?(这是他的外貌特征)

2. 根据这幅图,你能知道武建设有什么爱好吗?(这是他的特点)

3. 我们在画的时候,要把人物的特点画出来,让人一看,就知道你画的是谁。

三、例文引路

1. 小作者是怎么介绍武建设同学的这些特点的呢?我们来看看×××同学写的作文。

2. 小作者从哪些方面介绍了武建设同学的特点?

3. 学生讨论,指名交流。

4. 教师小结:介绍画像中的这个人,可以写他的外貌,也可以写他的性格和爱好,但都必须抓住人物的特点。在介绍他的性格、爱好时,可举一两个例子。

四、学生习作

这个片段是教师导入课题后提供范文,然后分析和讲解写作知识,接着模仿范文进行写作。这是传统的写作教学常用的步骤。这里没有具体的交际语境,写作取向只是把写作作为产品,不能激发儿童言语表达的需要。写作知识的获得是静态的形式化的符号,没有儿童实践的参与,知识搬迁到脑中,不能发挥效用。知识只是以陈述的形态呈现,没有形成程序性知识,新课标关于过程与方法的要求没有得以落实。这样的写作成了简单机械的模仿、输入和输出,显然不符合现代社会对人才的要求。

片段(二)

一、情景召唤,引入内容

孩子们,六一儿童节马上要到了,学校将安排一个有趣的“猜猜他是谁”活动。同学们之前已经做了准备,我们今天先来个预赛,为参加校活动推荐人选。

二、读读笔下人物,发现介绍人物的方法

1. 出示小画师观察单。

(一) 填一填

外貌特点		重点选择的勾出来	概括特点
长相	发型		
	皮肤		
	(脸、眼、眉、耳、口、鼻、面部特点)		
身材			
穿着打扮			
神情			

2. 课前大家根据小画师观察单要求做了仔细观察,交流一下你的观察经验。

3. 读读笔下的人物,猜猜他是谁。

(1) 你从哪些地方确定是这个同学的?(相机生成:抓特点)

(2) 再指名读、评。

4. 相机教师下水例文,继续猜猜、评评。

(1) 老师课前也“画”了咱班的同学,猜猜他是谁呢?

(2) 仔细阅读,你发现他是谁了吗? 是不是老师的介绍也有跟你们一样的地方? 感觉怎样?

预设:

① 有的部位写得多,有的写得少。

② 写得生动。其中重点写脸、耳朵。(真人示范)

③ 不仅写外貌,还写了性格爱好等。(板书:性格爱好)

(3) 感受重点部分如何写。

① 这是写脸胖的。有什么发现?

预设生成:先仔细观察真实的样子,再展开想象。(夸张、拟人、猜测的方法)

总结:读了这段介绍,写法上有什么发现?(从外貌、性格爱好两方面介绍)。写外貌的时候,有选择(抓特点),有重点(写生动:实写 + 联想)。

三、运用方法,创作写作

现在就开展一次“星级画师”评比活动,谁写得像,写得让人感到生动,就推荐谁参加学校的“猜猜他是谁”活动。想想外貌的特别之处,为你的“模特”再次配上文字介绍吧! 如果外貌中能突出一两处(多写几句),就给人印象更深刻了！别忘了用上平时积累的词语哦！

这是在具体情境下的过程写作。儿童写作介绍同学的外貌是为了参加六一儿童节的一个活动，这样的真实情境推动学生主动积极投入习作过程中。从教学中可以看出教者将习作过程前置了，课前已经开始观察并在已有经验的基础上写成，体现了新课标强调的“在语言实践中学会写作”这一理念。知识向个体生命成长的转化，是在教师的引导以及师生之间相互作用的过程中实现的。在教学过程中，教师不断引导学生产生学习新知识的需求，让他们充分表达他们已有的知识经验，在师生之间个体知识经验交互作用的过程中重建了个体知识生态圈。从观察单的设计到重点部分写生动都体现出一定的操作过程，实现了为陈述性知识向程序性知识过渡建构了支架，使抽象的知识不再是空中楼阁。

二、范文分析 pk 情境创设

“传统作文”重范文，轻情境。以范文阅读和机械模仿为主，这样写出来的作文如加工的零件，有惊人的相似。表达四平八稳，千人一面，万口一词，缺乏生动鲜活的个性语言。因为纯粹模仿，没有思维的创造和自己的理解，老师和学生每到写作文时都到处找范文，写出来的文章看不到逻辑思维的流畅。有的生搬硬套，前言不搭后语，思路不清晰。部分能力较强的儿童文章语言流畅自然，文章结构无可挑剔，但语言程式化，大块搬用积累的佳句，用别人的体验代替自己的体验，用习惯性的思维代替自己的思维，比如描述枫叶就离不开手掌。这样的文章已流失了儿童应有的灵气。看看作文选上的描写外貌的作文，基本上找不到儿童的独特的语言。

“戏趣作文”重视情境的设置。儿童在情境下，以某种合适的角色身份现身课堂，为达成某种诉求而走进习作，在表演中激活记忆，调动生活经验。课堂中更多的注意力被角色活动所吸引，习作的紧张与恐惧、呆板，知识的枯燥都被淡化了。老师引领的知识、要求，成为角色在情境中顺利完成活动而必须克服的困难，符合生命的内在欲望和需求。在这样的引领中，学生就会主动调遣相应的知识和技能来增强表达效果，每一篇习作都能成为儿童进行言语交往、实现自身内在意愿的载体和手段。

下面是这两种教学形态下生成的描写外貌片段的对比。

(一)

她个子矮矮的，头上扎着一对短短的小辫子。她那双乌黑的眼睛忽闪忽闪的，显出一副机灵的模样。挺挺的鼻梁上架着一副黑色的眼镜，显示出有才的样子。她那又白又嫩的脸上还有着一个小小的嘴巴。别看她嘴小,可她却可以说出许许多多的故事。

(二)

一头乌黑浓密的头发下藏着一张肉嘟嘟的、圆得不能再圆的脸,好像再多点肉就要炸开了,下巴也争先恐后的变成了双层,是不是每天伙食太好了啊?原本大大的眼睛摆在这张脸上,顿时变得迷你起来。一张秀气的小嘴一张开,Oh, My God! 那一嘴“狗屎牙”一定会让你印象深刻。更夺目的是他的招风大耳,耳垂软软的,好似海绵挂在那儿,让人情不自禁地想去摸摸。他平时几乎没有表情,别人都说他是“高冷范”,其实,背地里疯着呢!

从两篇文章看,第一篇常规化语言多,个性语言少。第二篇带着作者情感气息,如“圆得不能再圆的脸”“再多点肉就要炸开了”“Oh, My God!”等语句,这是规范中不会涉及的言语表达知识。“耳垂软软的,好似海绵挂在那儿”这样的儿童化表达是成人想不到的。两篇文章传递出作者表达时不同的情感状态。可见,情境下的写作更易激发言语的内在需要,将个人的言语潜能、才情和个性发挥到极致。

三、短时写作 pk 长程设计

“传统作文”就是在每周的两节课时间内完成一篇习作。教师的思维是点状的,既没有将阅读课、口语交际课的表达目标相连,形成合力,也未关注习作过程中需要的酝酿和准备。目光聚焦在这次写作写什么,而对于写作过程很少过问,对写作中需要哪些积累、遇到哪些实际困难不做考虑,把每次的习作训练等同于一次习作考试。同时,对于写作知识的领悟,缺少主体经验的实际参与——在言语实践中学习写作。缺少对于写作知识的认知思维活动的展开。这样的写作省略了学生体验与感悟生活、搜集整理材料的过程。而写作是一种释放,是思想、情感、智慧的输出,没有生活的体验、感悟、积累,拿什么输出呢?学生写出来的作文,要么胡编乱造,要么干瘪拙劣。

“戏趣作文”用整体思维打量每一次习作,将习作从两节课增至两周。把阅读课、口语交际课、小作课以表达为核心置于同一视野下,形成联动,同时增补素材积累、课外同类文阅读、整本书阅读,组成了一个读写单元包。把戏剧元素融入读写单元包内,植入一个故事情境,使单元板块中有了联系,每个板块就成了情节冲突之处,解决后故事继续往下发展。这样的作文变得有意思、有意义,它能引领儿童积极主动发展,每一次习作过程就是完成了一次长途的旅程。“整体、趣味、理性”是“戏趣作文”长程设计的关键词。

四、行动主义心理学 pk 建构主义心理学

“传统作文”的写作将写作作为产品，以文章为中心，关注写作结果，对写作过程及写作的心理、情感、目的等没有体现，模式上属于阶段模式，其理论基础是行为主义心理学。认为心理学不应该研究意识，只应该研究行为，把行为与意识完全对立起来。对行为的研究包括刺激和反应两个方面。刺激是指外界环境和身体内部的变化，如光、声音、饥、渴等。反应是指有机体所做的任何外部动作（外部反应）和腺体分泌（内部反应）。复杂反应和动作技能是通过建立条件反射学会的。这种理论观念下，写作被看作是一个“刺激—反应”的过程，写作就是一种简单机械的模仿、输入和输出。同时，此认知下的老师教学中会鼓励学生多背范文，告知学生优美文章的要素。这显然不符合写作的本质和“核心素养”提出的要求。

“戏趣作文”的写作关注写作的情境、动机，关注写作的过程，关注写作的结果，是在注入戏剧元素的活动中生成个体经验认知，在与教师、同学、文本互动下形成的综合认知后的写作。模式上属于互动模式，其背后的理论基础较为复杂，其中就有第二代认知科学理论。提出认知是与身体密切相关的，以具身性和情境性为重要特征，强调心智的理解依赖于人的身体结构以及身体与环境的相互作用。戏趣作文认知较为全面，关注身体认知下的心理认知和行为认知以及交际功能。它既关注意念的发生、表达的需要，也通过表演实践形态获得自主的认知、情感的唤醒，还注意在此基础上的老师引领推进，是“人、事、理、情”通达下的境域性写作。这样认知下的老师会安排同伴互动的写作环境，鼓励学生在互动交往与小组讨论中进行语境还原和分析，是“结果写作、过程写作”的融合和完善。也可以这么说，“戏趣作文”是基于“境域性”取向的，以文章写作为目标要求，以过程写作为实施路径的写作转型，符合社会对人才素养的现实要求。它更凸显出建构主义心理学思想，强调在真实或拟真世界中的写作，把写作当成是作者与外部环境交流的活动，在交流中获得知识、信息与周围环境的建构。

第二节　“戏趣作文”是庇护言语生命的写作

戏趣作文知识的沟通、转化，是在儿童充分实践的基础上，在师生、生生、生本互动的基础上生成的。这里的实践，是在设置的真实或模拟的情境下，儿童

以其中的角色扮演参与活动。喜爱表演是儿童的天性，表演中内心开放，同伴互动，自己的经验、同伴的经验、教师的经验在此形成网状交流，互动生成。此刻的儿童专注于当下的情境，身心放松，心情愉悦，言语的才能、潜能、个性在动态中被激发，从而获得生命的最大发展。

潘新和教授说过：“人生命的实质便是言语生命。语文教育的深层动因当是植根于人的这一物种基因之中的，它取决于人自身言语生命的觉醒和言语生命意识的觉悟。语文教育虽然离不开外部环境和物质利益的诱引与激发，但是其最深厚的渊源却是蕴藏于人‘内部’的个体生命中。言语本能、言语潜能是人的所有天赋资质中最重要、最具本质性的资质。”遗憾的是，当今写作教学中因各种原因造成缺少这样庇护言语生命的土壤。时效性、功利性催生出速成产品。不管是以行为心理学为基础的结果写作，还是关注作者心理认知的过程写作，其中心都是以“任务取向”的被动写作，生命本身的言语特性被埋没。这样的写作导致言语生命的百草园落入荒芜的境地。

作文教学忽视学生已有的言语经验，把学生置于完全被动的地位，没有创设自由放飞言语生命的天空。首先是以高高在上的面孔，以教者的姿态出现在教学中。教师掌控绝对的话语权，以“我教你”的灌输方式将言语规则灌输到儿童脑海中。且为了考试的保险，将文章结构都牢牢固定好，三年级写人文章结构为开头引入，接着写外貌，然后通过一件具体的事写人物特点，最后总结。如八股文一般。在这样的固化中，儿童的思维不见了，更看不到随着自己的思维流淌出来的鲜活的语言。任何学习都离不开学习者的主动性，自主的能动性具有无法估计的力量。兴趣、情感是最好的老师，写作应该是一种自我情感的表达以及与世界、他人沟通的方式，离开了这样的目的，“写作”是一件无意义的事。

戏趣作文的魅力就是在于它创设了吸引孩子的情境，在戏剧元素中营造了一个开放的空间，置身在其中的人，通过表演性行为，获得一种积极的主动探究的心理，在文字文本、行为文本、文字符号与行为符号、静态存在与动态存在之间转换生成，彼此之间发生了精神能量的转换，表现为我中有你、我中有本、我中有我的融合状态。

《伙伴之间有趣的事》中一个孩子写《陀螺比赛》没写出“趣”来。师生在交流的基础上知道放陀螺及陀螺相战的情景有趣味，孩子们都有经验，有的已经迫不及待在位置上手舞足蹈了。用表演链接生活，用语言还原真实。让他们边放边说，结果一个平时水平不高，但调皮从来闲不住的孩子说演得很精彩：

陀螺安在发射器上，运足气力，左手猛地一拉，右手一甩，陀螺“嗖”的一声如龙卷风一样飞了出去。两个陀螺虎视眈眈，慢慢接近，突然以迅雷不及掩耳之势撞到了一起，成了一道闪电，又以无名的力量弹开。

在这样的过程中，你真的看到表演激活的言语潜能打开言语的闸门，为“戏趣作文”立名，就是它能成为我们教学中一种正常的形态。“戏趣作文”的实质就是一种游戏精神，有戏的元素、剧的趣味。在游戏的形态下，在表演中，获得积极的心理，真正实现“人、事、理、情”的境遇的通达与转化，写出具有言语生命气息的习作，在表达中生命得以舒展。

第三节 “戏趣作文”是养护言语意识的写作

意识对于人非常重要，一个人如果在某一方面缺少意识，就会对这方面的事物视而不见；而一个人对某一方面有意识，就会对这方面的事物格外留心。有所发现，有所创举。世界上第一个听诊器的发明者雷奈克如果没有意识，就会对孩子玩跷跷板游戏熟视无睹，那就不会发明出听诊器。不同的人、不同的经历、不同的思考都会有不同的意识。对于孩子玩跷跷板游戏，有写作意识的孩子会把它收入素材积累库中，成为一篇很好的习作素材；舞蹈者或许会把它作为其中一个动作编进自己的舞蹈中……作文中，学生觉得没有什么可写，特别是初学写作的孩子，选材更是让他们抓耳挠腮，这一方面需要老师在审题时对选材思路进行拓展，更重要的是为孩子创造意识形成的平台。

“戏趣作文”教学就是带领孩子经历了写作的全过程。每一次写作好比一次长途旅行，对心情养护、旅游准备、途中记录、途后回眸等都有涉及。可谓是心理、情感、行为、实施、后续完善等方面的软件、硬件一应俱全，体贴、周到，时长两周。一个新的主题，都配有一个“情境包”，吸引孩子走进情境故事里，成为故事角色里的真人版演员。情境包的情节动人，他们一路上会遇到多个困难（板块活动），克服后继续前行，在这样既紧张又刺激的一个个活动中，走向胜利的终点。首先跟随情境来到了窗口，这是阅读窗，在阅读多篇同类题材中、在读写结合中获得系列与主题相关的微写作知识。同时配备“套餐阅读”，通过阅读同类题材的作品，朦胧中初步感知这类题材的文体。与此同时，或去摘“无名的野花”，或去制作一个个“飞弹”，那就是聚焦生活，围绕主题发现材料，这样的材料可以是一个，也可以是多个。同时跟进的是整本书的初阅读阶段——“生态式阅读”，在阅读中飞起来。读到哪里，勾连起生活中相关事情，把它们记录在初阅读栏内，这是一种长期积累。或许可以用在当下，或许用在以后某一天的习作，在这样的初阅读中培养了敏感性。“试戏作文”围绕给的话题从自己准备的材料库中选一个,读给小组同学听后,组内选一个喜欢的表演,然后围绕一个能力点把它还原成文字。这样的前期准备就是不断地养护言语意识、写作意识的过程,用儿童化的方式成功地把主题材料的思考融入生活中,有了这样的思考扎根在心中,意识就会不请自来。后期还有“读者剧场”进行完善,对整本书的阅读与创意写作进行延伸。这样的写作旅程能实实在在地培养写作意识,将戏趣元素引入写作,为写作提供了言语爆发的平台,为言语提供了几乎是原生态的草原,写作者在这里飞驰,提升生命的成长。

这样的过程还培养了儿童仔细观察、善于思考、善于发现的习惯,他们的心灵变得细腻、敏感起来,生活中普通的事或许给他们带来联想,给他们带来趣味。他们有了写作意识,自然会发现许多写作的内容和许多运用文字的契机,也就拥有了一定的写作意愿和热情。

传统习作中,教师多把重心落在技巧的指导和对写作的评价上,很少关注对学生写作意识的培养和写作心理的调适上。其实,写作课程的终极价值观应落实到核心素养的培育这一层面上;写作课程的终极价值不是言语技能的传授,不是读写方法的练得,——这些充其量不过是生命路上携你前行的脚手架、一个人人生路上的过客,只有那种超然物外的“软件”——写作的言语生命意识,才是植根于生命中的永远的雪莲花。

“戏趣作文”的戏剧化形式,也是唤醒儿童言语意识的温床。表演中师生、生生、生本感性层面的交往与对话,也启发了学生的灵性和悟性,得到心灵言语的回应。苏教版三下第四单元的写作练习是根据小白兔与妈妈采蘑菇采到毒蘑菇的一幅画展开想象,写一段对话,注意正确使用标点符号,记述一个有意义或有趣的故事。本次习作的难点预设:人物的语言不够鲜活。教学中,小组合作编故事、演故事,然后独自演练,将故事边说边演。同学们非常投入。这样的自由,语言、动作、内心感官一起参与,大家深深沉浸在故事中,动作表现勾连了对生活的记忆,促进语言发展。同学们的表达中,像“它们终于来到‘蘑菇圣地’”“在这里,我发现了一片新大陆”“妈妈头上就像着了火似的,赶紧往小白那边跑,比出膛的子弹还要快”这类富有灵动的语言气息的句子比比皆是。

第四节 “戏趣作文”是促成言语生长的写作

生命是一个时间性的展开过程,言语生命的生成固然有先天塑成的一面,但更有“未成可见,已成可革”的生长特质,是生命体的后天学习和实践最终决定着生命成长的状态;另一方面,生命的成长又是具体落实在每一个个体身上的。个体的生命置于天地之间,天地间的人、事、理、情能否向生命敞开,生命能否实现与天地、人事、情理的沟通,这不是自然形成的,它需要教育的通达与转化。将戏化的方式融入作文教学活动中,就是实现通达与转化的方式。

当儿童在所设置的真实或模拟情境中进行表演或行为实践时,就意味着他们已经向他人、向周围环境、向世界敞开内心,在这其中,他们的生态语言得以施展,同时,他们又与周围环境进行互动并自我建构,教师、伙伴是协作者、启发者、帮助者。表演实践的过程就是将知识恢复到鲜活状态,与人的生活、生命息息相关的过程,知识就呈现出生命态,存在于儿童的表演所涉及的外界环境中。表演这种具有游戏精神的实践促使个体积极主动与外界环境相互作用而产生直接的经验和感受,这种个体化的独特视角和框架在教师的组织引导与同伴互助下,实现有机性增强,个人知识得到更好的重建。在戏剧化作文教学中,写作知识是策略性知识,即元认知,它是一种反省认知,是对认知活动的自我意识和自我调节。在自我经验参与中获得知识,从而改变自我认知生态圈并获得了平衡。在这样的写作中,儿童的心理、思想、文化、精神境界、情意态度、互助合作、想象力、创造力、表现力、合作力等全面素养得以提升,形成社会发展需要的必备品格和健全的人格,言语生命得以真正成长。

习作教材中有看图写话的教材,教师如果忽略链接学生言语感觉的情景设置,学生的语言就往往干巴生涩。苏教版三下第四单元的写作练习是根据小白兔与妈妈采蘑菇采到毒蘑菇的这幅图来写作,习作的难点不仅在于人物的语言不够鲜活,还在于对话没有推进过程,提示语不丰富。导致这种种不足的原因就是写作隔离了生活。而用表演的方式唤醒对生活的感受,进入图画的情境中,一切都可解决。在表演体验中不断丰富规定习作要求。教学时,首先,看懂图上画的一件什么事,想想事情的发展过程,接着同伴之间合作表演这件事过程。在展示时,观众们仔细观察他们的表情、动作,认真倾听其语言。在表演中,教师针对问题不断推进,如果表演者只关注图上这一个画面而缺少过程,此时需要教师推进:你就是小白兔,和妈妈去采蘑菇,这会是有过程的。采蘑菇事件过程还有哪些画面你能表现出来?学生补充画面:路上的情景,采其他蘑菇的情景,采毒蘑菇的情景,最后将这些情节梳理好,从中选出画面来演,演得越来越真,学生进入情境中。出乎意料的语言都在表演中生成了。表演中,有些情景不是通过对话可以呈现出来的,教师即兴加进表演互动中,例如,“那蘑菇什么样子的?你怎样采的?”小白兔边说边加上适当的动作与表情。在结束后师生共同梳理、总结写法:不仅通过对话推进,还可以对那些情景进行直接描述

（如对于蘑菇的样子，小白兔如何采蘑菇，故事中人物的表现等），然后独自演练，将故事边说边演。大家非常投入。身处这样的自由中，语言、动作、内心、感官一起参与，大家深深沉浸在故事中，表演者的动作表现勾连了大家对于生活的记忆，促进了语言发展。

戏剧化作文不排斥写作知识和写作技巧的教学，只有掌握了一定的知识和技巧，才能把话说得更清楚，更好地完成写作目的，在实现写作功能的过程中获得成功感，从而对写作保持长久的兴趣，写作习惯能够形成保证。只是戏剧化作文不同于结果范式写作那种以机械模仿获得陈述性知识的做法，也不同于过程范式写作那种在封闭模拟环境中获得程序性知识的做法，而是在真实世界或仿真世界里获得程序性知识。也正因为如此，戏剧化作文才真正促成言语生命的成长。

第五节　“戏趣作文”是落根核心素养的写作

自从 2016 年中国学生发展核心素养成果在北师大发布后，“核心素养”就成为教育界关注的热点。它的终极指向是人的全面发展。戏趣作文教学体现了核心素养下的作文过程。

戏趣作文是戏剧跨界至作文学科的体现，它是在作文教学中融入情境、场景、情节、角色扮演、情感体验等戏剧元素，让儿童积极主动与周围环境发生作用，参与到互动中，调整建构知识，同时体悟交际、表达、合作、想象力、集体意识、在公众场合的自我表现能力等综合能力，培养孩子的全面品质。在作文中对重点、难点部分的表演，用戏剧的方式对写好的作文进行表演。在这样的表演中需要用自己的身体来展示对文本的理解。有的小组对于“它们的色彩多种多样，有红色的，有紫色的，还有白色的……”竟然用现有的小尺、铅笔、衣服做道具，当叙述者读到相同的颜色时，表演者就上前一步夸张的展示与其相同的颜色，体现了一定的实践能力、创新意识和自主性。在小组排演中，他们不断根据需要主动修改故事，使故事更加完美，并想办法让组内的每位成员都有展现的机会。有的只有两位主角，其他成员则分别做相应的道具或环境场景等描述。在表演结束后，观看者不断地提问，表演者或其他观众互动解答使故事更加具体生动。这些环节落根于“实践创新”“批判思维”“人文情怀”等核心素养。

戏趣作文教学创设真实的或仿真的情境，儿童在这样的情境中进行表演和展开实践活动。每个主题都链接整本书阅读,将其作为一个大情境,板块镶嵌在故事中。从而使读写形成了一个大的写作环境。在作文话题中还有一篇故事,既可以起到作为话题的情境,也可以作为例文。表现了作文中的人文关怀和作者的人文精神涵养。整本书阅读的第二阶段推进,追求大巧无痕,借助鲜活的活动情境调动起孩子的兴趣,写作被“隐身”,“我”被放大了,儿童成为身临其境的言语诉求者。在阅读中,故事的内容开阔儿童的眼界,儿童的情感得到熏陶感染,言语自悟能力得到提升。周末练笔的“读写朋友圈”,与主题有一定的呼应,但更追求在视野上得到延展,其视角可以来源于日常生活,也可以来源于特别生活(学校举行的活动、自己的生日等),还可以延展到社会,走上社会进行一次角色体验,参加一次社会活动等。此外,还可以将一些正能量的社会新闻或者美好神奇的报道作为写作的情境,从中生出写作话题。例如,在读完《女子在暴雨后光脚清理街头下水道垃圾》这则新闻后,学生自己拟题,把这则新闻编成一则故事;读《几个太阳挂在空中,这可不是神话里的情节》的新闻及图片,对接主题“我的发现”;读《植物盆栽上的迷你世界》写想象文等。这样的话题链接到“周末朋友圈”中,既激发儿童的好奇心,也开拓孩子的视野,培养他们关注社会,热爱生活的热情,增强社会责任感,形成审美情趣促进个人价值实现,从而体现“社会参与”这一核心素养。

戏趣化作文的写作知识和技巧的获得是在学生亲身参与中,在老师、学生的互动中逐渐清晰、转化的,在这一过程中注意拓展学生的思维路径,以帮助他们真正做到如何写。如学生写《夜晚的圆月》,看到圆月,你想到什么?老师在学生没有创造想象的回答中进行不断追问:除了玉盘,还会想到哪些事物呢?(天的眼睛、天的嘴巴……)这些是从形状上来描述的,那月亮会有表情吗?会有声音吗?会有伙伴吗?这样的思维不再仅仅是观察到具体的形状了,而是引导学生展开了丰富的联想,获得可以从颜色、变化、相关的事物等方面展开联想的思维路径,使童心大开,思维活跃,让学生说出自己的发现、自己的想象、自己眼中的圆月:“云飘到了月亮上,月亮变老了。云走了,月亮更白了,原来云是给月亮洗脸的呀!”从而落根“学会学习”这一核心素养上。

在写作教学中教师心里既要有诗和远方,有着核心素养,高屋建瓴构建习作课程,又要关注具体的当下,用儿童的方式去教学,打破尘封的课堂,在主动、积极的活动氛围中步入习作天地,实现核心素养的真正落根。

第三章

“戏趣作文”的理性透视

第一节 追溯教育戏剧的发展

教育戏剧注重把戏剧作为一种教育的工具和手段，在实践中突出和强化戏剧的教育功能，即通过戏剧的形式来传递教育的主要内容，使参与者和观摩者从中受到教育。当然，其重点并不在于表演剧情，而是注重通过表演的形式和过程，让参与者和观摩者领悟主题内涵。

教育戏剧作为一种发展趋势早已在国外有所流行，而将戏剧融入教学起源于 18 世纪法国思想家卢梭在《爱弥儿》中提出的“在实践中学习”和“在戏剧实践中学习”两个教育理念。19 世纪后期，美国教育家杜威提出实践型学习理论，认为教育实践应该与学生的社会生活经验紧密相连，而“装扮、游戏、模拟等戏剧技巧都可以被运用到教学之中”。后来，西方教育工作者将戏剧这种艺术形式融于普通教育之中，教育戏剧得以最终确立并在欧美国家有了深远的影响。

我国大陆虽然没有明确提出教育戏剧的概念，但将戏剧融入教育的探索从 20 个世纪初期就已经开始了。如 20 世纪初期，天津南开大学的创建人、中国著名教育家张伯苓先生就在学校的教育领域引入了戏剧活动，并用戏剧这种方式来培养学生的团队合作精神和为人处世的能力。1995 年，上海戏剧学院教授、著名剧作家李婴宁参加了国际教育戏剧联盟会议。之后李教授多次出国学习，引进国外专家讲学、交流和实践，教育戏剧课程和探索活动在中国大陆开始逐渐活跃起来。教育部将京剧纳入九年义务教育音乐课程之中。

我国中小学教育已有的框架体系中就有学科性戏剧教育，开设专门的戏剧课程，即把戏剧当作一门学科纳入学制内来教学。又有渗透性戏剧教育，分为渗透戏剧教育的内容和渗透性戏剧教育的方法两种。渗透戏剧教育的内容,是指在语文、英语等课文中直接选入剧本,让学生通过阅读理解戏剧文本来实施戏剧教育。渗透性戏剧教育的方法,可称为“戏剧教学法”,是指把戏剧作为一种教学手段和方法渗透于学科教学之中,使之同时达到戏剧与科目的教育目标。上海、常州、深圳、厦门、淮安等地学校已经开始了“绘本表演课型”“阅读表演课型”“童话表演课型”等课型研究。此外还有活动性戏剧教育,是教学活动之外的以戏剧为主要形式的主题活动,它是课堂教学的延伸,属于学校教育的范畴,同时又是校园文化建设的重要组成部分。其中比较著名的有上海第三女中的综合性体验课程、常州花园二小开发的“金阳课程”、淮安清江浦小学“戏剧课程”等。

本书的“戏趣作文”属于渗透性戏剧教学方法的一种。

第二节 “戏趣作文”的价值取向

1. 激活写作的自我需要

在设置的情境中,儿童进行假扮表演或即兴演出,神经兴奋性提高、内分泌激素的分泌增加、心跳加快、血液流动加速。同时,促进了表演者对动作、情绪、情感等生理、心理方面的自我调节和控制。在心理学上,自我的本质就是自我调节,而且是围绕着“自我需要”进行自我调节。当这样的生理、心理情绪来源于习作活动中的表演时,调节就围绕着的自我需要也就是习作的需要而展开,习作获得了内在驱动力。这样的习作对儿童来说才是有意义的,它最大限度还原了写作的真实状态。三年级学生在学到写景习作时,可以结合学校参观团带领刚入学的一年级同学参观学校这样的真实情境开展活动,扮作导游向他们介绍校园的景点。在这样的情境下,每个同学就成了导游员,这样的真情实感促使他们尽力去扮好这一角色,对待前期准备观察的景点就会特别用心。

2. 促进写作知识的活性转化

儿童在教育情境中表现自己的身体或以身体表现世界的某个方面时,也带来了生命的体验。它不仅触及了人体的本质,而且连带着将与所扮角色连接在一起的所有活生生的关系勾连了出来,自我与他人、身与心、个人与社会、理性与情感都附着于所扮角色,以和谐共存的方式,形成了一个完整的身体。在人类的理性和科学活动中,体验获得了首要的优先地位。在体验中,与能观看同时能表演的另外主体背后的世界建立联系,它昭示着唤醒,唤醒了另一个表演的欲望、行为，唤醒了另一主体与自己对话、交往、互动，发生了生命生成。这种生成是动态的，是自己的真实角色、所扮演的虚构角色、他人角色之间活的关联，实现了“人、事、理、情”这一境域性的通达，理性得以生成，并且是伴随着生命的生成，获得真正意义上的生命的成长。

3．激发儿童写作的主动性

戏趣作文教学给活动提供了真实的或拟真的背景，也给学习主体地位的变化提供了丰富的资源。在教学中，师生不再将教学理解成一个特殊的认识过程，而是与实际密切结合的实践过程，学生在各个主题板块进行具体的实践活动。同时强调教师是学生学习的引导者、参与者和合作者，教学过程是师生交往、共同发展的互动过程。传统意义上的教师教和学生学，将不断让位于师生互教互学，彼此形成一个真正的“学习共同体”。写作不再是两节课，而是具有长程设计的写作活动过程，重视学生主体的亲历性、过程性和自主性，学生的学习过程真正变成了一种动态的、发展的、富有个性化的创造过程。

4．有利于培养综合素养

在戏趣作文教学中，学生自己参与编演故事，这可激发其主动学习与探究问题的能力。同时，与老师、同学的互动，能培养他们表达、沟通、想象和团队合作的能力，养成团结合作的精神等。在角色观摩过程中，引发观摩者的思维与判断，从而形成其思考与判断的能力。在文本表现中培养了想象力和创造力。戏趣化的情境表演中需要所有的“演员”都要有一种能帮助其真实演绎的技巧，那就是想象力。编演戏剧安排的各项工作，就是一个从发现问题、界定问题、酝酿到出现灵感与执行的过程，从建立自己的角色定位、肯定自己的表现，到开发自己的智能的过程，无不需要参与者的想象力和创造力。只有通过想象，才能激发参与者戏剧表演的经验与技巧，只有通过创造，才能建构出与真实背景相似的戏剧情境。学生们的策划、表现力总有让人眼前一亮的，不得不承认这样的课堂能够让师生相互打开思维，共同感受到身心的愉悦。例如，《五彩缤纷的花园》中“花的色彩多种多样，有红色的，有紫色的，还有白色的……”这样的描述如何即兴表现？我只想学生们用朗读来表现。可是，事实是好像没有什么能难倒他们，他们竟然推荐一名学生做叙述者，其他人用笔，用抖动衣服，用红领巾在台前夸张地表现同种颜色的植物。

戏趣作文教学中表演活动采用民主、愉快的方式进行，鼓励每个人都尽量以自发性的表现即兴演出。整个课堂气氛轻松活泼，对参与者不形成表演的压力，更不会造成学习的紧张和焦虑，学生可以尽情享受快乐的学习情境和愉快的内心体验，挥洒自如地运用各种自己熟知的学习策略，培养自信和在公共场合的表现力，在评价表演、修改习作中提升鉴赏能力和审美能力。

第三节 剖析“戏趣作文”的内核

1. “戏趣作文”教学境域性特征

教育是两类生命体之间的沟通、转化与生成。在此意义上，教育意味着不偏向任何端点，不是指向某种现成的存在，而是指向在不同位置或端点的生命体之间的通达与创新生成的活动过程。在此观照下，生命的沟通不是两者静止的抵达。视域也不仅仅局限在两个生命之间，而是生命的开放和展开，展开在人与人之间，展开在与人关系密切的总体性的生活世界。只有这样，才可能在某个不确定的地方两者的世界因有融合、有交集而达成一致。可见，生命只有尽可能敞开，才能为两个生命的精神相遇提供极大的可能。只有立足于一个个生命实践的具体活动，只有内在情感向着其他世界形式开放，只有自身突破了具体的限定，才能引导生命向更高的文化与生活世界成长。可以这么说，实践中触摸了理，理的开放要有情的沟通和生命个体之间的互动，生命才得以转化和成长。教育的真正发生是在“人、事、理、情”之间彼此缘发的立体关系中，是在“人、事、理、情”构成的一个彼此通达的“境域”中。“戏趣作文”教学使这样的通达成为可能。

“戏趣作文”教学中表演游戏使学生运用肢体来表达自我，并通过身体来感知自我，是一种实践活动，是关于“事”的活动。学生是天生的表演者，在表演中，他们沉浸在当下的游戏式的情境中，“情”得以活跃，生命的知情意行信息得到多维度打开，呈现出一种开放的状态。在“情”中接触的“理”不再是固定的形式（理性），而是流动活泼之气，获得的是“情、理”的维度在人那里敞开。在这样的状态中，戏剧化方式创造“人、事、理、情”立体融通空间，实现境域性视野下理的动态构建，从而实现生命的主动成长。

2. “戏趣作文”开发了写作的心理潜能

写作过程中内在视域的通达与转化，并不仅仅是主体实践活动就能实现的，还必须有情的活跃。戏剧中蕴含着独特的可开发潜能的心理活动，包括心理距离、审美、仿似等心理现象，这类心理活动带有游戏色彩，而且可以拉开心理距离，所以能够调动参与者全神贯注地投入，在打开心扉的同时愉快地创造，在创造过程中交流、感悟和学习。

戏剧元素融入的作文教学，不追求表演的逼真，只是借助戏的方式来学习写作,因而,尽管在表演,却能清楚地分辨出虚构与现实,这样的心理间距让参与者觉得身边寻常的东西变得奇妙,从而吸引他们的注意。当参与者的好奇心逐渐被诱发,他们会主动停下脚步重新思索情境中的深意。从而保证了在主体的实践活动中保持积极主动的状态(情的活跃)。

3. 认知心理学为“戏趣作文”提供理论基础

第二代认知科学结合哲学、心理学、神经学等研究成果提出了心智是具身的,思维大多是无意识的,抽象概念是隐喻的,而隐喻最初来源是身体及其活动。也就是说,认知与身体密切相关的,正是作用于世界的身体塑造了我们的认知。第二代认知科学的核心特征即心智的具身性,强调心智的理解依赖于人的身体结构以及身体与环境的相互作用。这样的认知为“戏趣作文”教学提供了理论依据。

“戏趣作文”教学中设置情境,将学生置身在情境中扮演某个角色,用身体的动作、语言、姿势来活动,实现了身体的解放。情境下的身体因有了表演性而有了感觉和知觉世界的途径;情境下的表演唤醒了观看者的欲望、行为,唤醒另一主体与自己对话、交往和互动;身体与表演性行为结合有了意义。总之,表演性行为及观看,为学生的身体提供了与外部世界交流、对话的机会,它指向的是人的全部可能性的敞开和实现。

建构主义写作观认为,写作是作者和读者之间在一定的外部世界环境中的交流活动,把写作者和接受者基于知识、信息和周围环境的意义建构和交流作为着眼点。基于“境域性”取向的“戏趣作文”教学,是指将写作看成是作者和所在的情境进行交流的行为,这是作品和情境故事中的读者或作者进行的互动交流,它已经超越了仅仅对文章写作结果的关注,体现了写作的过程性。过程写作的个体认知和内在信息的处理,让写作从真实生活语境和互动中获得写作所需要的内驱力和外在规范性。这样写成的最终“作品”是为了它的流通,这样的写作对儿童来说是有意义、有动力的写作。

苏教版语文四年级上册习作 2 要求写一写自己的长处和本领。出示了《我真棒》和《我是个会跳舞的小姑娘》,编者启发:读了这两篇习作,你一定会想,我也有我的长处,我的本领。请选择自己最得意的一个方面写下来。笔者将本次习作隐身在一个绘本故事《真正的男子汉》中。这个故事孩子都喜欢,读着读着,班级气氛就变了。男孩那种爱炫耀的但又有点“傻气”的神情显露出来了,情不自禁地与同桌交流自己光荣的往事。女孩也义愤填膺啊,她们拿图中的男孩说事呢!读完故事,各自发表看法,获得新的认识:真正的男子汉都是有自己值得骄傲的本领的。女孩子也不是不如男生的,她们有自己骄傲的地方。然后小组同伴间相互介绍自己值得自豪的故事,把它写出来。这样的作品变成是作者跟同伴诉说,跟故事中人物诉说,跟故事中的自己诉说,以表明自己是怎样的人。

将写作的最终去向建立为与同老师、同学、家长、生活情境、社会环境等互动交流中进行的一种言语生命建构,使写作者获得极大的内驱力,激发了写作热情,这是关注学生生命的一种建构,是实现新课标提出让学生热爱写作的具体的策略。

多元智力理论认为,每个人都同时拥有这八种智力:语言智能、音乐智能、数学逻辑智能、空间智能、肢体运动智能、内省智能、人际关系智能和自然观察智能。这些智能在每个人身上以不同的方式、不同的程度组合存在,使得每个人的智能都各具特色。因此,世界上并不存在谁聪明谁不聪明的问题,而是存在某人在哪一方面聪明以及怎样聪明的问题。

这表明不同的人可以找到不同的学习方式,理解切入点多元化,启示我们开放学习空间,有机会自主选择多元学习方式。“戏趣作文”教学以戏剧元素的方法融入,给儿童提供多元切入的可能,有些同学擅长用肢体表现,有些同学语言表达更有天赋,有些同学逻辑能力更强,有的同学擅长交际,有的同学有高于同伴的内省能力或观察能力……“戏趣作文”教学几乎都能涉及相应的方面。小组化的合作为同学们选择他们所擅长的提供了可能。创编故事中逻辑能力强的同学可以在结构安排上得到更多建议;擅长协调人际关系的同学做这一组小组长更合适;语言表达能力强的同学会在剧本创编时得到更好的意见;擅长动作表演的同学在表演中对动作设计会有更多想法……可以说,“戏趣作文”打开了多扇窗,同学们都在各自擅长的点上找到了自信,且以自己的长处帮助了他人。“戏趣作文”教学实现了理解的多元切入,关注人的多元智能并得以落实,使“面向全体”和“因材施教”得到尽可能的实现。

第四节　戏趣写作的发生模型

“戏趣作文”写作过程发生包含五大系统:任务系统—角色活动进展生成系统—语篇完成系统—表演式修改系统—总结延伸系统。

第一是写作任务系统。包含语境分析和主题情境设想以及语篇情境设想。

一是写作语境分析。面对写作任务,首先对习作的目的、主题、文体、读者等进行分析,还要对习作的目标、习作的整体构篇、习作知识的认知心理建构过程有细腻的把握,教师想得细致,便于互动时教师的经验与学生碰撞,引领课堂生长感才会成为可能。

二是主题情境设想。分析写作语境后,写作过程包括思考需要哪些素材、写作感性积累、写作能力准备、写作需要的激发。在这样的系列思考的基础上,我们可以将适合选择什么样的整本书阅读贯穿其中,我们可以决定在哪里将阅读窗口、同类文阅读、生活积累、试镜小作、试戏作文、创意剧场、周末练笔链接在故事情节中,我们还可以决定可以分布哪些分解目标。

三是话题情境设想。分析写作语境后,我们还要选择话题情境。所选的话题情境是主题情境下触发的事件,是生成性的,可以是课本例文的嵌入,可以是往年同伴的优秀习作,也可以是教师的下水作文,还可以是一个相关的故事。它是隐身的,但与此篇文章的主题、结构等有很高的契合度,有平常例文的功效。

第二是角色活动进展生成系统。主要步骤是反馈推进。

角色在板块中展开活动。这是写作最重要的活动过程,时长两周。此阶段顺利扎实进行,意味着作品就能顺利完成且有一定的质量。这些活动有的是有先后的承接顺序,例如阅读窗口、试镜小作、试戏作文、实拍剧场;很多是交叉并行的,如阅读窗口、窗外风景、生活积累、整本书阅读。在活动中,教师注意通过反馈保证活动的进行并及时做出调节。窗口阅读、试镜小作中都要思考前移的写作能力点以及阅读与小作课的落实问题。整本书阅读分为两个阶段,第一阶段为兴趣式初读,主要是对文章内容有整体的了解;第二阶段是推进式创意读写,既有基于本主题习作的能力点的开发写作,也有即兴生成话题的仿写,迁移作家语言风格。这里开展的读写活动也是融入戏剧元素的,使读和写都变得饶有趣味。在写中促进了读,在读中促进了写。

第三是语篇完成系统。包括关联筛选和赋形示意两个步骤。

一是关联筛选。作者根据语篇情境激活自己的联想,将生活体验中积累的众多相关素材集聚脑海中。一头连接着任务系统,一头连接着体验中的资源系统,很快就会确定适配的信息,轻松解决传统两节课无素材可选或选择模糊的问题。

二是赋形示意。传统的写作课,教师在动笔前往往需要 20 分钟讲解的过程,这其中还包括很多同学没有确定好写什么。在“戏趣作文”中,有了前置活动,这就使课堂节省了时间,教师用 8 分钟完成第一个步骤后,同学们就可以动笔写作了。这是一个通过语言编码产生语义结构的过程,也就是由意到文的赋形过程。前期相关的课内阅读、课外同类文阅读、整本书的初读都被关联想象调取到记忆中,这个过程涉及由意到言的转换、文章结构的选择、写作的技巧和方法,需要作者综合调配,形成自己的写作模板。所以,到同学们动笔写作时,这是一个综合运用的过程。为了帮助自己梳理,同学们运用思维导图、提纲等方式先构思好框架结构。这个加工过程也体现了开放性,在前置活动中内化好的学生已经可以自主构思安排,对于不能灵活提取积累的学生,课中的情境语篇给他提供了最直接的模仿。这些都是靠学生的自悟获得的,在学生已经有了丰富扎实的前期积累后,老师尽量不给予思路的提示,以免限制学生的思维,这样,老师才可以在此处看到更多的生成。在“文章赋形”中,学生对于需要的写作知识和技能在前置阶段已经有了初步掌握,这次行文是灵活调取。赋形中有困难的学生分两类,其一是对于过程模糊,其二是没有相应的语言、句式和语篇结构储备。教师有必要针对情况分别给予个别或集体有效的指导。

第四是表演式修改系统。

文章写好后就要针对写作任务要求,做一些比较、鉴别和评判,看看有没有实现语篇构想,在基础表达上是否有问题。这样的修改以表演为目标推动进行,从而既隐去了修改这一写作任务,又提高了学生修改的积极性。中学生主要借助合作修改、互动生成提高修改质量和修改水平。这样的修改也有动态性,有作文课堂上的第一次小组合作下共修共改,有创意剧场表演时生成的修改,有展示时集体生成的第三次修改。这都是以表演为引领的修改。

另外一种是具体细致化修改,即以表演激活记忆,还原场景,激发言语欲,让学生在激情下生成个性的鲜活语言。

最后的表演也是一种发布,是与语篇情境的对话或与同伴的对话。需要指出的是,写作过程不是一个单向的过程,而是一个往复循环的过程,其中任何一个步骤都有可能回到上面的步骤重新开始,并对已经进行的步骤实施修正。

第五是总结延伸系统。

这个系统是基于语篇,又超越语篇,是大的写作视野中的一个环节。作为传统的习作教学,作品修改后就已经画上了句号。“戏趣作文”教学,将写作的视野进行延展,链接周末习作,在内容上对主题习作的范围有所扩展和补充,将目光投向社会生活。但都是围绕主题的,也有突出情境的,从社会新闻中生出话题,或从亲身实践中生出话题。都得与主题习作的能力目标相通,是对本次习作能力形成的一种检验。相较于课堂的习作来说,它属于野生式的,给学生更大的自由空间。同时,培养学生关注身边事,关注社会事,热爱生活,向往美好。这样的延伸,不仅关注能力,更是关注人的终身发展。

第五节 认知视角下的戏趣写作过程

弗劳思和海斯的研究指出，一个完整的写作过程涉及计划、转化和检查三个重要过程。写作任务和写作者的知识是写作过程的输入部分，写作最终的输出部分是生成的文本，要顺利完成作品成果不仅要完成三个过程，还要使这三个过程相互作用、螺旋上升。

当前作文教学的现状是，这三个过程存在各种各样的缺席。传统写作忽视动笔前的计划环节，意念的发生、表达的需要、材料的选择、能力的准备都放在同一个步骤中。教学改革中尝试设置各种情境活动，这为习作的计划阶段做了比较充足的准备，但对转化中的认知思维过程有所忽略，导致转化环节不尽如人意。

“戏趣作文”教学全面认识写作过程，设计符合学生写作规律的写作教学方案，提高作文的效益。

（1）计划阶段认知技能培养。

“意念的发生、表达的需要、材料的选择、能力的准备”都是写作前需要有方向积累的。“戏趣作文”的积累特别之处是将其放在一个故事情境中，使这样的准备不是为习作，而是为了投身于当下的角色，使得这样的过程有意思，成功地解决了唯知识而知识的冰冷面孔，激发当下最需要的写作感情——学生的写作热情。

苏教版小学语文三年级下册编童话故事，我们设计了主题情境下的前置活动：读了《夏洛的网》，假如你也有一只这样的威尔伯，你也会爱它胜过一切吗？你会怎样爱她？威尔伯可爱听故事了，你能将故事有声有色地讲给它听吗？先走进窗口阅读，看看能否给你带来启发。（链接窗口阅读）再读读其他故事，故事越多，才能与威尔伯更好地相处呢！（链接窗外风景）威尔伯可不甘心就听听这些啊！它特别喜欢你带它散步时看着周围的事物即兴编故事。做个准备吧！每天留心观察生活，体验生活，从生活中找找好玩的故事吧！（链接体验生活）威尔伯是否喜欢你的故事呢？我们来一场《我的故事胜过你的》大比拼，看谁的情节吸引人！（链接试镜小作）

写作前计划是写作活动的主要过程之一。这样的方案设计需要科学的认知脉络，只有这样，才能使理性与情感融合，言语生命得到真正成长。我们根据主题获得与写作标准有关的信息，并把信息组成一个方案，在这样的前置活动中才会使写作真正开展,并使写作活动达到高效。

苏教版小学语文三下童话主题文为“能够根据所创设的情境,展开丰富、大胆想象,有吸引人的情节。完整地记叙想象的内容”。根据学情分析及这一目标,建构学生需要的认知能力。将其分别放置到活动前的板块中,最终形成一条能力链:阅读窗口中能“学习围绕题目进行追问来创编故事情节的方法,抓住特点展开想象的方法”。窗外风景这一环节学生能自主阅读同类文章,对同类文结构有感性的认识,与课内阅读形成对照,拓宽视野。试镜作文的目标主要是学生在情境中自觉迁移阅读课获得的编故事情节的方法,大胆想象,设计情节,编写微童话。生活积累中学生能对拍下各种事物现象产生疑问,对其进行大胆猜想,天马行空的想象在童话世界的解决办法,三言两语记录下来。启动阅读整本书《夏洛的网》,完成前阶段的主题创意写活动,学生通过“心动的触碰、好玩的农场”来放大初体验,聚焦内容的提取、梳理和发现,融入的写是直觉的写,感受童话的好玩之处。这些计划活动都为写作顺利开展做出了切实有效的准备。

(2)转化阶段认知技能培养。

“戏趣作文”中认知技能的转化区别于传统作文教学中知识灌输式的僵化教学,也有别于过程作文中的封闭式心理认知思维的操作式和一些情境加活动的作文中教师帮助的缺席。它是在亲身的角色扮演实践活动中实现“人、事、理、情”的通达。学生在角色扮演和通达活动中实现了互动模式的成长,其中有儿童自己的知识经验,活动中的主动构建、伙伴互动、教师帮助,这些知识经验以活的形态交织、推进、动态生成,成为生命中可以及时提取的知识。此转化过程运用了策略性知识(元认知),体现了互动模式下的调节与意义建构。

写作知识的转化只是发生在转化阶段。由于活动的前置,写作相关信息放置到计划阶段,因此在计划阶段写作知识就在转化了,真正写作是综合能力的运用。

有了前置活动的实施,写作需要的技能已有转化,对于文章的选材等都有准备,真正写作是一种综合能力的转化。写作中提倡“让记忆飞起来”,运用区分加工的策略消解转化的限制,保持思维的流畅。首先减少写作规限,绕过低水平加工。我们的方法就是写作时在脑中播放前置活动的“电影”。当记不清时,放下笔,借助材料再次放一放,演一演,说一说。整个写作过程就是用脑播放的过程,对于断掉的思路依靠动作激活,体现具身认知的特点,使表达与思维同步。其次,一些不会写的字词暂时用拼音代替,句子的润饰等都放一边,保持思维流的通畅。香港特区全语文的实践也表明绕开低水平加工的理论适用性。我们必须避免这些低水平加工,以便把更多的注意力集中在计划一篇内容连贯的文章上来。

(3)检查阶段认知技能的培养。

检查是写作模式的第三个重要过程,通常学生觉得修改困难有两个原因:一是修改热情不高;二是意识不到问题;三是知道有问题,但缺乏灵活性去改正。我们将修改与神奇的小剧场结合,变成演纸戏剧。调动孩子的兴趣。首先为自己的作文按照情节发展配上画面,课堂上,选一篇小组根据画面合作排演。排练前,先进行初次修改,同学们提出自己的观点,大家达成一致后,由作者执笔添补。接着,教师出示编辑清单,根据清单要求进行二次修改。(清单要求必须与本次习作要求一致,同时也体现了利于演的特点,对于语言、动作、情节、话外音要求也适当进行提示)

以上的检查是发挥同学的力量。巴特利特发现学生更容易发现他人文章的错误,而不太容易发现自己的错误。同学合作使差异资源得到利用,写作能力薄弱的同学在共同修改中得到提高。中年级学生更会把书面表达放在常规方面,但也会有优秀的同学有更具个性的想法,初改就是给学生空间,让他们有个性化的修改。第二次修改清单的出示是自我对照检查,对于做得不到位的地方,学生进行完善。接着就是排练,在排练中如果发现不足,作者可以再次修改。展示时,小组合作,出示图画,通过更换画面推进情节的发展,就像在演戏一样。对于如何表演,由组内成员自己创作,教师不加限制,只是通过这样的形式调动了学生的积极性,但对于创新的地方,教师会加以肯定。表演后同学从表演内容和表演方式两方面评价,老师适时运用一种修改策略进行提升,给学生做示范,使修改有了生长性。然后该组同学回位继续修改。

通常一次主题落实到四人小组,其中有一位同学得到组内共改,一学期八篇课内习作,每个同学就可以得到两次这样共同修改的机会。借助表演,激发修改的主动性。在被修与共修中,运用互动模式,引导学生培养写作的元认知能力,促进学生学会自我反省,修改水平、习作水平不断得到提高。

“戏趣作文”的写作过程既体现了趣味性,吸引儿童主动参与其中,又体现了理性,这样的理性是在每个儿童亲历体验中获得的,真正实现了境域的通达。

第四章

“戏趣作文”的戏剧化元素

第一节 过程情境化

在英国戏剧理论家阿·尼柯尔看来，一种凭借其特异性、特殊性与不落俗套，进而感染、刺激和震动观众的“情境”，是戏剧性构成的内在要素。

心理学家们的阐述，学习情境是指学习者认识自己和学习过程得以实现的环境。

李吉林概括情境教学的以下两个特点也适用于作文教学：一是“形真”：给学生一个真实的世界，在儿童眼前展现一个活生生的可以与之对话的多彩的世界。让学生真正地认识周围世界，感悟生活，将课程内容与生活的真实情境相沟通、相融合，让学生在感受“真”、领悟“真”中长大。二是“情切”：情境教学正是抓住了促进学生发展的动因——情感。情境教学促使学生的情感参与认知活动，充分地调动了学生学习的主动性，让情感进入课堂。

“戏趣作文”教学中的故事，是将学生整个写作过程置放在某个真实的或拟真的故事情境中，以某一故事中的角色及其表演为基础的状态呈现，从而使整个习作过程改变了原有的面貌。它激活了角色的内在的情感，主动积极地完成相关的任务。其中，故事是构成教学情境的重要方式，它有效地将师生分别置于叙事者营造的情境中表演与观看，而角色自然产生于叙事过程中。

荣维东教授提出“写作即关联—示意”。即写作是一个交际过程，写作者根据发话者的明示行为寻找关联，运用书面符号写作，构造语篇向读者展示交际意图的过程。习作创设情境，有着与写作者交际的意味。也有重在“形真”“情切”的意味，根据不同的写作需求设计不同的情境，使写作过程呈现出境之情切，情之高效的状态。

主题故事式情境

主题板块活动之间本没有直接的联系，把这几个板块置放在一个故事情境中，意在由此相连，有了情节性，吸引学生兴致勃勃加入其活动中。重在情切，突出故事性。此时，创设的情境可以与习作相关，这样材料宽泛、丰富，也易于把板块活动置放其中。

鉴于此，我们在习作教学中在以下几种写作过程中的情形创设不同类型的情境。

话题语篇式情境

在直接指向话题时，情境设置选择关联性强的语篇情境。话语越直接，认知所耗的脑力越小，给作者带来的认知负荷就越小。这样的情况往往呈现出情境中套情境，使之既有交际的功能，又有范例的直接关联。

苏教版小学语文四年级上册习作 2 要求写一写自己的长处和本领。首先与学生一起读一个绘本故事《真正的男子汉》，读完故事，大家成为故事里的同学发表看法，说说自己最值得骄傲的地方。教师相机以故事让同学介绍自己值得自豪的地方。此刻，范文借用故事的画面亮相了，最后总结：真正的男子汉都是有自己值得骄傲的本领的。女孩子也不是不如男生的，她们有自己骄傲的地方。然后学生把自己觉得自豪的故事写下来。这里的大情境是交际。小语境的范例关联性更强，为学生写作语篇提供了丰富的相关性。

图片情境

苏霍姆林斯基说过，儿童是用形象、色彩、声音来思维的。利用图片能够直接激活儿童思维，链接生活记忆，让他们直接抵达生活记忆。经常看到传统的习作命题，为了启发学生思维，列举一些生活现象，但也用省略号给学生拓展想象空间。根据平时作文现象，几乎没有几个孩子会寻找提示外的选材，这样的提示没有激活思维，反而固化了儿童思维，让他们失去了选材这一能力的思维训练的机会。长此以往，儿童在这方面不动脑，对选材会越感困难，思维更狭窄。针对这样的情况，我们做了这样的改造——在呈现要求后将提示改成了几幅图画，这样的图画情境激活儿童对关联事件的记忆，让他们嘴巴说说，身体演演。这样置于图片情境下的习作，一下子打开了学生的关联思维，加之其中学生的说演让往事又逼真地回到眼前。换了这样的“面孔”后，学生作文的选材丰富多彩。

实践体验式情境

与语篇故事情境不同，这一环节中教师设计真实的环境，学生亲历其中，进行角色体验和活动。例如，写身边的动物时，班级养了小金鱼，学生每人体验一天照料金鱼的感觉，与同学及老师分享；写运动会活动时，学生化身为小记者，跟踪观察一个比赛项目，将其过程拍摄下来并用文字报道。

游戏心理情境

在教学中的某个专项训练或课堂上的某个环节中，学生可以按照教师的要求寻找到游戏与某知识相似的特质，以游戏的形态作为活动的情境，切入教学中，获得一种类似于游戏的快乐的感受，同时转化了知识。比如，用司令指挥士兵训练的游戏体验总—分的构段方式，理清总写与分写的关系，用评出最优秀士兵的方法让学生感受分写如何写具体。

实物情境

对于一些静物类观察文，可以将实物与文字配合营造情境。比如，介绍水果时，教师将香蕉、苹果等水果分别置放在展台上，并设置在一个欢乐舞会的场景中，学生选一个水果做它们的代言，以第一人称口述自己的相貌，以争取进场的机会。

总之，创设戏剧性情境是一种整体性的方式，作为环境，一旦成为戏剧成分，它就作为一种观念为环境中的人所接受。其次，它意味着一种质变，一种重生，所有构成演出的要素以活的状态呈现，活着意味着变化，意味着有了情感的需求和欲望，意味着彼此碰撞、交融、互补，从而建立了对话与互动的关系，使课堂带有自我生长性的力量。

第二节 开发内隐情节

情节是戏的灵魂，有了情节，就有了跌宕起伏、扣人心弦的内在吸引力。什么叫情节呢？一位英国著名小说家兼理论家举了一个简单明了的好例子：

a. 国王死了，然后王后也死了。

b. 国王死了，然后王后伤心而死。

在 b 事件中，我们知道两件事之间的因果关系：即国王之死引起王后的悲伤，悲伤引起王后的死亡，这是“情节”。a 事件中缺少这样的因果关系。可以这样说：“情节”是一连串事件的逻辑性的行动和变化，是“过程”的动态呈现。“逻辑性”和“变化”是把握情节的关键词。用杰克·哈特的故事弧线来勾勒（见下图），非常相似。《美国佬》杂志前任编辑吉姆·科林斯说过：“在叙事性写作方面，很少有作家能够明白故事线应该是呈弧线形的，不仅仅是由开头、中间和结尾组成，还有一连串事件带领着读者前行，从而使过程有了动感。”

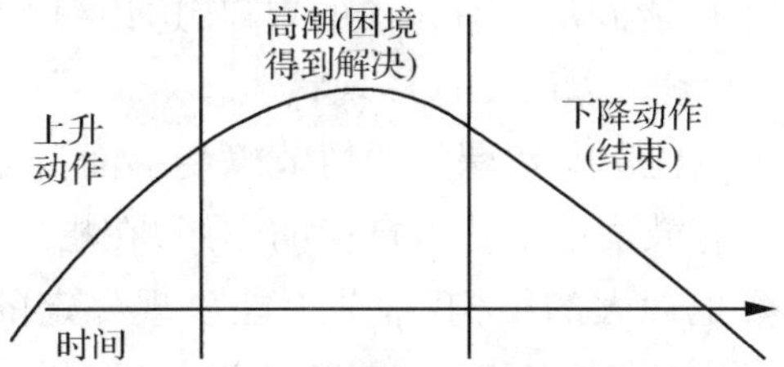

杰克·哈特的故事弧线图

传统的写作教学存在的许多问题都表现在缺少情节上。用情节意识从整体视角看待事物的开始和结束,可以解决教学中存在的许多问题。作文教学中,我们如果注意内隐情节的开发,将有利于关注过程,教学有了层次性,这样课堂才会有生长感。当然,情节需要吸引人,要有一定的架构,要想这样,我们有必要对作文教学中的所涉及的一些元素及教学中存在的问题进行更好的梳理。

1. 写作过程情节化

传统写作教学,将写作只放在两节写作课上完成,这两节课主要聚焦在出“产品”上,忽略了写作过程的计划阶段和检查阶段。有着情节化视野的教学将完整地推动这样的情节过程。“戏趣作文”教学也体现了这样的意识,将习作以写作的过程发展重新建构,而每一个阶段有其内在的过程情节。

仅从写的认知角度去看,在计划阶段,“语言的积累、材料的选择、能力的准备”都是写作前需要有意识积累的。在此阶段,学生将过去分散的板块以习作为中心,将其梳理排列成联动板块,还适当进行增补。共分为“窗口阅读、窗外风景、生活体验、试镜小作、场外呼应”这样多个板块,围绕本次习作每经过一个板块点,活动后内在有所变化,学生前行了一步,越来越贴近行文所需要的储备。到行文时,应该是薄发时,从情节过程看,其实已在高潮。而行文后的修改、演出、发表等,从写作的情感来看已渐次呈下降趋势。有情节感的老师总是在教学中运行着内在情节线,使教学有过程感、动态感,不断推动着教学进行,其课堂也就有了生长。

2. 例文运用情节化

对于例文,不少一线老师感慨:爱你恨你都是你。出示它,却常常让学生思维寸步不离跟着例文跑,一篇习作下来,很少看到学生自己的思维在律动。不让它出场,好多初学者或对于初次接触的新的体例,抓耳挠腮,不知如何下手。这样老师该多纠结呀!且例文的深度也被诟病,教材上的例文,习作水平只能相当于同年龄孩子的中等水平,编者的意图是给孩子鼓励和信心,那对于中上等写作水平的孩子,例文就失去了示范作用。照顾这部分,就等于放弃那部分。

总之,这份“大锅饭”不可能满足所有孩子的胃口,这让编者也十分纠结。但是,“戏趣作文”下的情节元素可以改变这样现状。

针对以上问题,可以让例文按课堂的情节以变形面目出现。在学生下笔前第一次出现原始例文,有鼓励学生获得自信的作用,在指导上不宜过分用力,给学生一定的空间,主要把握大的结构,细节上能呈现一定的张力。学生写好作文后,教师进行点评,发现其亮点之处,或者是例文规则落实的较好的地方,又或者是充满个性之处。这是来自伙伴隐形例文的推动作用。在这其中穿插出示第二篇例文,这篇例文较初始例文习作属于上乘之作。第二阶段点评例文表现出一定的丰富性,有同学成功或不够成功的习作,有优秀的示范例文,让学生从多方面对写作有了一定的认识。在此基础上进行修改。修改后展示较为完善的习作,教师再次出示例文。这次例文是变式的,从而让学生明白一种类型可以有不同的结构和形式,开阔了眼界,也把本节课的学习进行了延伸。例文三次以不同形式出现,弥补了单篇例文的局限,且三次出现的情况也各不相同,推动的方式也是不一样的,目标也各不相同。如果用情节弧线来划分,第二篇例文是本次的最高点。

3. 知识转化情节化

对于文本中所隐含的写作知识技巧,传统的教学总是习惯于将它以陈述性的状态显现出来就算大功告成,这导致虽然揭秘,却不能运用这些语言的密码。学生尽管对这些规律嘴上说得出,可笔下仍然无法运用。这也是习作效率低的原因。有着情节意识的老师会进一步追问:这样的方法有着怎样的思维路径?可以让学习者不仅看到山顶,还能见到一级级拾级而上的山梯吗?从初始读文本到结束时的灵活运用到底有着怎样的过程?经历了怎样的思维情节?有了这样的思考,知识转化的情节图就已经有了方向。

写景物得抓住景物特点写具体、写生动。成人思维与学生思维的最大区别是:学生不能把物质和精神世界相区别,在成年人眼中没有生命的事物,在学生眼里是活的、有意识的。因此,他们用最接近生命的方式观察世界、体验世界——将周围的事物看作是自己的伙伴,有生命、有动态、有幻想。这时,他们就会兴致盎然,天然的诗兴大发。教师顺着学生的思维摸索,观察景物时,启动“拟人化”观察来捕捉发现更多的童趣。通过“凝视”发现事物有趣的样子,通过追问“有什么好玩的想法?”直抵学生天生爱玩、好幻想的内心。“观察—联想—生趣”生成了写景的思维情节。在这样的路径中,每个学生都可以学习,而且都能说出不一样的体验来。孩子眼中柳叶不再仅仅是细长的,还是柳条上扎着的许多绿色的蝴蝶结;假山上的流水不仅仅是细细的,还歪歪扭扭的,像喝醉酒似的。这样的观察生成独特的情趣，这样的观察积累的不仅仅是事物的样子，还使其具有了学生们各自的独特体验。

4. 习作命题情节化

传统的习作命题，总是教师查查相关资料，或想想最近习作内容，找个相关的命题来练笔。或者带着题海战的心理，哪方面类型没练过就出哪方面的命题。这样的命题已经缺少关注学生，关注生命。命题的过程是静态的。在命题者的潜意识中，习作就是教师的要求和指令，练习什么就写什么，很少关注学生的状况和学生情绪的兴奋点及其童真的生活。要改变这样的状况，还得针对问题从情节的角度来命题。怎样的题目能与儿童更贴近？如何获得这类题目？获得以后以怎样的方式来表述？这一系列问题就是情节中一个个节点，攻克它直到学生完美释放生命的表达，这才算完成了习作命题的弧线。

在实际教学中，我们必须改变以往由某位老师出卷时“任性”命题的状况，让学生在场。先建立习作命题库，将命题的第一权利交给学生，开展“发现者”活动，广泛征集学生自己喜欢写的习作。可以在教室的醒目位置设计一块名为“我的话题推荐”展板，引导学生积极关注生活中的故事等。然后由推荐者陈述话题的由来及理由，最后现场投票决定获得大家喜欢的命题，一经采用授予推荐者以“发现者”的称号。各班将这些资源放到资源库中，可以作为周末试卷的习作，也可以作为考场作文的参考，它为命题老师提供了“童汁童味”的生活资料，为命题与学生零距离提供了可能。

教师有必要对于获得的题目进行二度加工，使这样的重温在任何时候都能散发温度，激发热情。荣维东交际语境作文的命题方法给我们带来思考。将写作命题设计成包含话题、读者、目的、文体等语境，在课堂的环境里模拟出真实的生活场景，从而形成真实的任务场景。有了真实感，有了真实的经历，习作就能唤起往日的记忆。这样的命题，显示出动态的推进，呈现出命题内在的情节弧线，在这样的弧线下，习作变得更科学、更灵动，儿童的言语得以释放。

总之，情节是内在脉络，教学中还有很多方面值得运用，如课堂的环节、实践活动的开展都有内在的线索串联，它们推动课堂发展，使课堂有了一种戏剧般的美，更重要的是我们在这样的思考中养成了整体思维的习惯，追踪思维的发展，便于更有效地教学。当我们在教学中发现了问题，不妨从情节入手，去追踪勾勒其发展的弧线，根据这样的弧线去推进教学，这样一来，学习就变得灵动和有效。

第三节 场景炫起来

场景是角色活动和表演的场合与环境,多指戏剧、电影等艺术作品中的场面。它能奠定感情基调,营造氛围意境。人物的活动离不开场景,必要的场景是人物活动必须的舞台。场景是为人物服务的,恰到好处的场景对塑造人物形象、推动情节发展有重要作用。教师要结合场景的作用巧妙地将其运用到作文教学中,增强教学效果,提高教学效率。

教学中场景设置按制造场景的事物分为物化场景和身体场景,按场景的来源分为迁移场景和自创场景,按场景的状态分为动态场景和静态场景。不管怎样的场景创设,都必须为教学服务。

唤醒记忆

场景让人有身临其境之感,同样的场景可以唤醒人物的记忆,再现当时的情景。展现场景,发现写作中的问题,这是场景元素用到作文教学中的一种方法。有位同学写班级小伙伴细腻而有爱心,每天早早来到班级,帮蚕换桑叶。下课就跑过去,趴在蚕盒旁边深情地望着小蚕,守护着小蚕。其实,这里就是两个场景。修改时,要借助场景将人物在场景中的活动展现出来。于是,现场制造物化场景,将桑叶盒放到桌上,那位男孩帮蚕喂桑叶。这是一个物化场景,这样的场景唤起了写作者的记忆,小男孩的活动也就栩栩如生展现出来。

营造氛围

身体场景最大的特点是灵活性,且调用身体体验世界。让它与作文结合起来,极大地调动了想象世界,为作文的修改提供了形象的视觉。有儿童表演习作中乌贼吐墨的情景,教师追问当时海中的情景。学生们争先恐后地上台表演:分别用手的张合表现发光的深水鱼;用不同的开放形状表示美丽的珊瑚;两人四条手臂合作出山峰、峡谷。这就成了大海中乌贼吐墨的场景。于是学生们在营造氛围的基础上将这样场景融入文章中,大海的宁静和海底动物的生存状态就更加具体了。

迁移感受

迁移场景是将学生熟悉的某个场景再现出来。这样的场景让学生带着熟悉中的新奇感去写作。熟悉是因为经常看到,惊奇是因为没有亲历。将这样的感觉迁移到学生眼前,起到激荡人心的效果。此外,让学生迁移感受更是醉翁之意不在酒,迁移的不仅是场景,更是其背后的一套可嵌进教学中的活动方法。

迁移《中国好声音》的模式来点评作文。首先,在班级讲台后面有较大空间的地方布置好四位评委的座位,这四位评委是由同学选出来的,他们背对同学而坐。这样的场景布置一下子将学生拉到节目现场那种紧张、期待、激烈的氛围中。然后运用选歌手的方法评选好作文。首先也将台下的学生分为若干小组,每组四位选手,它们面对评委的背读自己作文,评委认为不仅作文好,而且朗读得声情并茂的可转身,获得转身最多的将被评为“好作品”,评委转身的、没转身的都要说出理由。另外对其规则也做了小小的改动,观众也可以做评委进行点评,获得正式评委认可的同学将争取到做评委的机会。台上评委获得台下观众认可人数多的可以在下一场比赛中继续留在台上。活动中,选手们及时修改作文,当场提高。

呈现思路

相对于迁移场景来说,呈现思路的场景是学生自创的,他们可用身体和物件充分发挥创造力,而且全凭需要。表演是一个团队的合作,但每个故事角色未必有那么多。在创意剧场的戏剧表演中,怎样让每个演员都有合理的工作而且还符合故事的需要,怎样能够让大家每个时间段都参与进剧表演中,必须提前好好设计一番。这需要老师适当地进行提示,慢慢地儿童就会有了这样的意识。

在苏教版小学语文三下习作 8 的童话故事表演中,教师运用思路隧道的方法,叫停表演,问问小猪刚进门时家里的情景,然后由学生即兴表演出来。两个学生相对而立,臂搭着臂,这就成了张临时的桌子。“桌子”上摆放着文具盒的盘子,盘子里放着各色才借过来的橡皮、铅笔等独特的“小糖”,猪妈妈在厨房里忙着做饭。这里是一派温馨的家的氛围,相机让学生面对观众说说看到的情境。这样一来,视觉画面就化成了抽象语言,相信学生修改作文时一定会将其写进各自的文章中。

快闪反思

动态场景是根据需要将一个故事里的几个场景由一组同学不断地呈现出来,从而发现习作中存在的问题。我们可以发现,特别是中年级同学,其作文往往是对几个场景的描写,却没有将人物活动凸显出来。怎样让他们生动、形象地感受这类不足呢?运用动态场景演示就是最好的方法。

例如,在“唤醒记忆”中所列举的男孩细腻且有爱心的例子就可以这样表现出来。为了表现灵动性,我们采用身体场景的方法来演示。两个孩子用身体搭成桌子,男孩早晨给蚕宝宝喂下桑叶。然后迅速撤换,变成另一幅下课时的场景:一个学生捧着桑叶,另一个学生弯下身体。男孩托着下巴凝视小蚕。场景一闪而过,接着由观众讨论,想想自己都看到了什么镜头,从而生成对人物活动情景的仔细描写，让读者对养蚕男孩留下深刻的印象，否则其作文就是场景在不断地变换了。

分解捕捉

作者通过比较可以将场景的效果凸显出来，感受其场景的好处，心向往之，主动运用。而对于文中通过场景描写达到不同效果的，作者可以通过表演关注其戏剧化的元素，在分解中感悟到写作的方法。下面是一位同学在旅途中游览时看到的场景：

（一）

远远的，金黄色的沙山就呈现在眼前，线条分明，山体细腻柔和，一队骆驼缓缓前行。

（二）

远远的，金黄色的沙山就呈现在眼前，线条分明，山体细腻柔和，一队骆驼缓缓前行。我开始直着背，放眼扫视，前面的驼队迤逦缠绵，走出一条优美的曲线。鸣沙山像被海浪冲刷过似的，一层层的堆砌着。我发现我的这匹骆驼总爱把脑袋贴在前一骆驼的后腿上，大概是它的孩子吧？那萌萌的依赖的样子让人觉得心疼和愧疚。它低着头，在软绵的沙子上深一脚浅一脚地前行。

如果要表演，关注这里涉及的元素。第一篇例文只有“山、群体骆驼”，第二篇例文是“山、群体骆驼、我、眼前两只骆驼”通过比较，第二篇例文最大的特点是场景中多了人在场景中的移动，读者随着人的视角移动目睹了更多的景物和情境，就像与置于场景中的人物一起坐在骆驼背上走在沙漠里。这样的场景描写更有真实感，充满生命力。因为表演，作者发现场景描写元素的不同，及其效果的不同，在亲身体验中感受到场景描写的妙处，在以后的写作中学会主动运用场景描写。

第四节　新奇无处不在

戏剧的新奇性元素融在作文写作的教学中，它鼓励老师在遵循学生身心发展规律的基础上，使作文教学充满创意，从而给写作者带来新奇感。它包括教学材料的创新、写作样式的创新、写作活动设计的创新、教学方法的创新等，体现了超越学科、超越文本、超越教学、超越课堂的特点。

1. 写作方法新奇

新奇的写作方法基于符合儿童的认知特点，又具有帮助性，它能吸引学生兴致勃勃地使用。如化抽象为形象的思维导图写作法;连环图画式写作法;词语混搭的离奇构思写作法。学生对这些方法都特别感兴趣。浙江省特级教师张祖庆老师所上的《曼陀罗创意写作法》一课,学生观看微电影《神奇飞书》的一个片段,然后让学生发散思维,自由提问,接着把问题整理成九类填入九宫格内,再围绕这些问题编写有创意的故事。该作文教学的主要内容是创意写作的技巧,包括自由提问、九宫格构思法以及电影创意手法的借鉴,目的是把孩子们引向广阔的想象世界,体验创意故事的编写。这样的方法既形象,又好玩,为学生写作提供了实实在在可操作路径。

2. 活动设计新奇

创意写作教学中,活动设计的创新体现在对活动情境的创设上。越来越多的教师重视写作教学中的“真实”:真实的读者、真实的情境、真实的写作类型。基于真实化写作的理念,写作活动设计也焕然一新。比如,说明不再是说明,而变成对毕业纪念册的创意描述,变成创意纪录片的设计文案;叙述不再是叙述,而变成了对毕业纪念册中班级故事和老师同学的素描;说服也不再是说服,而变成了请家长为毕业纪念册写序的邀请信。这是成都人民北路小学李兰老师所设计的“毕业季写作微课程”中的活动设计,每一项写作活动都围绕“毕业纪念册制作”这个真实的写作项目而展开。

3. 写作材料新奇

戏趣作文教学中写作材料的新奇包括整本书阅读、绘本、新闻材料、微电影、小视频、非连续性文本、教材插图、微博、微信……它们给学生的写作带来崭新的刺激和体验。例如,我们在朋友圈链接中,就将这些类型分散植入,极大地调动了学生写作的热情。当今名师中,蒋军晶老师的《流浪狗之歌》一课,教学材料是一则经典的无字绘本,让孩子们为绘本配上文字。洗练的画风、简单而耐人寻味的画面,为孩子们的想象提供了巨大的空间。张祖庆老师则充分利用自己海量的电影收藏,巧妙地把微电影引入写作课堂,《月神》《神奇飞书》《更好的世界》电影不仅为孩子们打开一个新的审美世界,也为读写结合打开了一扇窗。

4. 写作形式新奇

“戏趣作文”的写作形式更为丰富、灵活、体贴。由教师引入语篇概念,用语篇写作替代作文这个概念,强调了文章只是写作的一种样式、一种结果,而对字、句、段、图、表等的写作,只是为了让它们达成特定的交际意图,这也是写作的结果。对联、广告词、海报、产品命名、ppt 制作、目录……所有这些,与“文章”一道,统统构成了写作的结果——语篇。

5. 写作结果新奇

以上四点的新奇都在于重视教学本身的创意,是教师思维的创新。写作结果的新奇在于学生写作者思维的创新。这种新奇也包括很多方面,从文章的选材方面开始,选择新颖的出乎人意料之外的材料。构思方面,可以尝试打破平常的表述方式。比如,叙事文可以将每个场景进行不同的组合,可能形成插叙、补叙、倒叙等多种形式。表达形式方面可以力求突破,对本来无生命的物体描写可使用第一人称叙述等;写作内容新奇,语言上能积极主动地使用具有新鲜感的词语;情节构思上能用意外推动意外……

第五节 写作中的表演

“戏趣作文”教学强调用表演来体现理解,这种表演是一种表现,既有身体的动作,也有人物的语音,还有外在可以看到的、听到的一切。借助这种种表现表达自己的理解。但一切的表演都要与学习建立联系,否则,它就与娱乐行为没有太大的区别,其价值意义就值得怀疑。“戏趣作文”教学的独特价值就在于它为学习提供了一个符合学生学习方式的学习空间,学习行为是在表演者和观看者以角色为载体互动中发生的。我们在这样的教学过程中开发了在习作教学中表演的方法。

(一)表演与习作的缝合

1. 好玩的声音

在通常情况下,学生习作写好后,不太愿意主动修改,即使回头再读,也是马虎应付,没有将内在的主动性投入到修改上。“戏趣作文”教学离不开用声音表现,借助声音特质吸引学生专注于自己的作品,对自己的作品进行多次审视,从而发现问题。

我们做了一个以下的尝试:让学生做个播音员,来个利用百变风格读稿件,或者是新闻风,或者是导游风,或者是百家讲坛风,或者是演讲风……既要让人感到有不同的风格,还要在读稿时通顺、流畅。根据特点适当加上动作以增强表现力。在这样的游戏中学生化身成为主持人,其注意力被成功吸引到自己的习作稿件中,在多次朗读中,自然而然会发现其作文稿件中存在的问题,从而主动去进行修改。而不同的风格又让他们乐此不疲地读稿。

学生们还可以发挥创造力来表现自己。学生自己创新朗读方式,展示朗读。这个形式给学生更大的发挥空间,爱怎么读就怎么读,只要自己开心。有的打着节拍读，有的先低声读忽然又大声读……各种花样，逗乐自己，也逗乐别人，就在欢乐中其作品得到主动和积极的审视。

2. 动作放大招

学生作文时细致地描写人物的一举一动，写出人物的具体动作，那么其所写的形象就会跃然纸上，鲜活起来。但是学生观察不够仔细，动作往往是一闪而过。对于这样的情况教师可以专门组织学生做个动作专项练习。通过表演把熟悉且连贯的变成陌生的，从而使每个动作都很清晰。可以先初步感受，将大动作分解成若干小动作来表演。例如，对于“我把爆竹放在地上，点着爆竹芯，连忙跑开了”这样放爆竹的过程，学生先将这里的三个动作拆开用慢动作演出来，再用语言描述。第一个动作摆放爆竹分解出“我捏着爆竹，蹲下身子，把它小心地立在地上”，第二个动作点着爆竹分解成“拇指用力一按打火机，身子离得老远，伸长胳膊，一点儿一点儿地往前凑。靠近时，战战兢兢地将火对着爆竹芯，‘哧’的一声，火苗着了”，第三个动作连忙跑开了分解成“站起身子，掉转头，撒腿就跑”，再将这三个分解后的动作连贯起来，又生动地表现出作者胆小、谨慎的性格特点。

3. 在语言跳跃处表演

皮亚杰认为，认知能力发展经历了三个阶段，首先是动作，其次是形象，最后才是语言。这说明，学生的语言习得不仅是模仿，而且是以自身认知能力的发展为基础的。学生表达的语言因认知的不到位而表现出跳跃性，教师在此处停下来，鼓励学生演一演，还原已有的生活状态，在表演的基础上一步步将表演转化为语言，提高了语言的表达质量。

在学习《李广射虎》一课时，教师指导学生迁移运用人物对话中加上合适提示语这一语言表达的方法。

展开想象将两位随从的话写出来，注意提示语中关注人物的神态、动作，表现人物的不同特点。教师发现学生在提示语或人物语言方面表达得比较空洞。于是，教师在此处停下来鼓励学生来演一演。学生两次表演，第一次整体感受语言，听出了什么。第二次关注人物说话时神情动作。在此基础上学生把看到的、想到的用语言表达出来。其语言非常灵动：

一位随从倒抽一口冷气，瞪大眼睛道：“哎哟，我的妈呀！李将军射中的竟然是大石头，真是力大无穷啊！”

另一位随从双手抱拳：“将军高超的箭术真让末将大开眼界啊！”

动作的介入，使学生兴致盎然，印象深刻，在表演的基础上发展了语言能力。

4. 在需要补白处表演

学生写作，最大的障碍是不能将事情活灵活现展现在眼前，从“完形论”的视角看，有太多需要补白的地方。虽然艺术上要求文章不宜写得过满，要留空白给读者以想象的空间。但对于小学生来说，只有先学会填满，才能够给读者以艺术留白。引导学生在习作空白的地方进行表演，是补白最好的自然生成方式。表演要借助语言、动作，细腻地表现表情，甚至可以运用旁白道出人物的心理。因而，对那些不能将事情写得具体的学生，让他们将自己的某一处作文内容表演出来，是治疗上述问题的最好方式。

（二）演绎的方式

将整个写作过程看作是一场表演，理想的演绎方式是使作文具有多重叙述聚焦点。使所有学生都有机会参与“舞台的演出”，同时，也可以多重视角体味看表演的感受。以这样的观点看待整个写作过程的演绎，可以体会到以下的几种呈现方式：

1. 整体式出演

将整个写作过程的多个板块置放在故事情境里，每个板块的活动都是所有学生全体参与，在这样的大情境中，这样的视点是集体聚焦式的。体现面向全体理念，每个学生都得以在角色活动中体验。这样的方式一般用在大的情境中，整个习作课堂的大情境也使用这样的方式。整体性情境是“整体式出演”必要的方法。

2. 多重式呈现

这是同一情节在不同人身上的重复表现，每一次表演都是学生通过其不同内在的聚焦者的眼光表现出来。从整个写作过程来看，其中的板块活动汇报要使用多重式呈现。板块内的活动呈现、某些活动评价也需要使用多重式呈现，这是师生共同的互动。多重式呈现便于呈现事物不同的方面及人物的理解和感受，也给观看者不同的视角，更是互动生成必要的环节。

3. 固定式聚焦

由一个人作为唯一的聚焦者将某个故事持续地叙述出来。这样的聚焦常用在练习创作时，自己演演说说创作故事，然后将其动笔写出来。如果创作的过程中遇到写不下去的地方，就放下笔继续演。儿童在呈现身体的过程中体现了身心的解放，在轻松的氛围中依据身体唤起生活的记忆和经验，实现身体与思维的沟通，从而让表达得以继续。

另一种情况是仍然由一个人作为唯一的聚焦者，但是这样的聚焦目的是呈现给观众的，表演者在不同角色之间不断地进行转换，利用这样的穿梭游移，带来多元化的视点，传递给观看者学会关注多元视点，从而获得对事情的整体关注。比如，中年级学生难以对整体进行关注，只是将镜头聚焦在主角身上，在概括出三言两语后就没法再写了。怎样突破这一难点呢？先在交流中发现事件的具体角色。表演中，一个人承担多种角色：发令员、观众、运动员、队友、“我”，在这样的穿梭中，观者的目光自然企及不同的角色，体验其不同的情感、态度、行为，有了这样的体验，学生写作过程中的表达就能有整体的关注，将角色表现相互融合。在这里，知识是动态的，是处于开放之中的课程知识，教师的个体知识、学生的个体知识在动态的表演中综合、生成、转化。

4. 中心式聚焦

聚焦点是变化的，不同的角色由不同的人表演。但是整个故事的旁白都是由一个人叙述，其他人则根据叙述来表演故事中的角色内容。整个表演是以旁白叙述为中心，但舞台聚焦的对象是故事中的角色。这样的方式便于减轻表演者朗读台词的负担，表演者只要记住故事中自己的语言便可以演出，更有利于表演者集中精力把在准备过程中的理解通过表演展现出来。这样的呈现一般都放在作品写好后，同组选一篇对故事有了充分修改的作文而进行合作表演时使用的。

第六节 “戏趣作文”常用方法或技巧

在“戏趣作文”教学中，内容似一般教程处理，由重组单元板块组成。每个板块之间都有相应的目标，并必须有连续性和进阶性。写作过程是在戏趣活动中进行的，没有严格的剧本，在创作的作品基础上口头生成，包括动作、语言、情节等，主要是利用表演再对作品进行修改。参照台湾地区戏剧家黄美序的教育剧场常用的方法以及教学实践，总结以下几条“戏趣作文”常用的方法和技巧：

1. 角色扮演

参与的学生选择故事中的某一角色，经由扮演来体验该角色的特点及与其他角色的关系。

2. 定镜

运用肢体停滞的姿势，以展现整体想表达的某一时刻或概念。

3. 小组演绎

由小组成员自行设计排演方案，进行即兴表演，这是教学中常用的方法。这样的方式让大家都能投入戏剧的创作和表演。

4. 游戏

传统游戏用以建立信心、信任及其规则。这个作文游戏用于具体的情境之中，开发其与作文教学相似的规则与玩法，用以辅助教学。

5. 即兴创作

角色根据习作集体创作场景、动作、对话等，最好从某个情节片段开始。

6. 集体图画

参与者用文字或图解共同完成一幅图画或文字说明，常用来进行情节构思。

7. 思路隧道

这种方式可以公开地显露出表演者在表演中的某个时刻表现其个人的情感、想法与反应，以及借此突显外在的表演、谈话与内在思考之间的对比。在进行这项表演活动时，引导者可以轻拍某角色的肩膀，表演者动作暂时定镜，引导者提出相关问题，了解表演者的内心世界或询问观看者眼前看到的，引导者的问题可能更多地会结合习作来提问。演员不是以自己个人的观点，而是以剧中角色或人物的身份来回答，从而加深学生对角色的理解和体会。

8. 动作叙述

由参与演出的人以叙述的方式来形容或描述故事，其他人则将叙述或对话以动作表现出来。

9. 教师入戏

教师扮演故事中的某一个适当角色，以开启、引导学生认同某些事情，并在表演过程中掌握故事的发展、探索的可能和学习的机会。

第五章

建构“戏趣作文”的教学框架

第一节　建构原则

一、整体性

教育的目标是培养具有健全人格、全面发展的合格人才。近年来提出的核心素养这一育人目标是对人的关键素养的聚焦。我们各学科教学都要有这样的远程意识和近景转化。如何让这一大的目标在课程中转化，是课程建构者必须厘清的方面。基于这样的思考，我们架构了这样多维立体的框架图，进行顶层设计（如下图所示）。其中，把“戏趣作文”教学置放在这样的整体视野下，可以看出，宏观上最终指向 O——最高层，“人的发展”。往下一层中观层面转化 D——课程目标的核心形成，“学科素养”，再往下转化至最具体实践化的微观层面 D1——“戏趣作文”的核心形成，“写作素养”。上述大目标在这样层层转化下落到“戏趣作文”的微课程目标设计上来。我们在微观层面同时从三个维度进行具体的目标落实。第一维是写作态度，包括言语生命、言语意识、言说欲以及综合素养，这是学生写作动力的源泉以及综合素养的赋形落实。第二维是写作知识，作为写作者，必须获得策略性知识将语篇写清楚、写具体、写生动。第三维是写作思维，贯穿于选材、构思、表达、实践评改全过程中，这是学生写作的关键性经历。学生在情境实践中完成这一过程与方法。在这样的大视野下建构框架，使素养的实现不再是模糊笼统的空中楼阁，而是建立了实在的具体思考和路径。

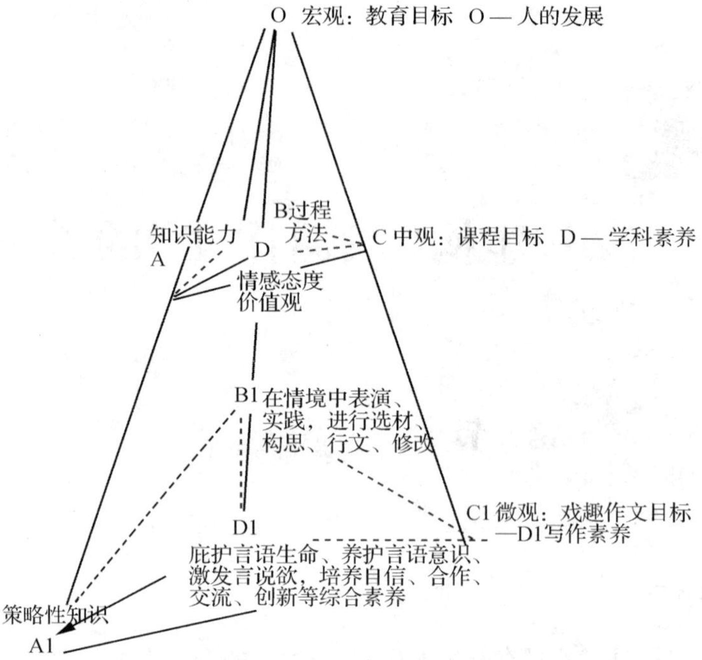

教育目标多维立体框架图

二、主题性

主题是载体，更是整体思维。系统论认为，有结构的整体大于各部分简单的相加之和。教材中的内容错综复杂，而将其按体式进行分类重组，就呈现出事物清晰的要素。语文学科必须按要素并根据学生的生理发展、心理发展、语文素养的构成等特点，梳理贯穿科学合理的认知主线，使其呈现出相互咬合、螺旋上升的有层次的序列。这样就细化了每一学段每类文体的具体写作能力目标。形成了类文言语线的主题。将这样的能力目标分散植入阅读窗口、窗外风景、试镜小作、试戏作文、现场实拍、场外呼应、链接朋友圈中，形成单元习作的主题包。在每个主题中统筹安排各板块活动，实现板块间的互动，使教学活动更加简洁高效。“戏趣习作”教程编排力求系统、有序，努力将知识、能力、情感、实践等方面紧密联系在一起。注重听、说、读、写、演之间的有机联系。

三、结构性

结构是组成整体的各部分的搭配和安排，它的特征是整体性和关联性。在“戏趣作文”教学中，“结构”至少包含三种内涵：习作的“知识结构”；学习某一知识的"方法结构";教学某一习作知识的"过程结构"。将主题内容置身于整体视野下,用知识结构、心智模式、系统思考等潜态方式,组成一个统一的有机的整体,以一定的结构形式呈现,其中,迁移能力比知识点要强得多。在教学过程中,学生掌握结构就掌握了学习的主动权。教师要思考如何将知识结构转化为学生的认知结构,如何在转化过程中获得方法结构。教师在教结构时,必须调动学生的主动性,激发学生的积极的内心体验和感悟,再通过让学生运用进行内化,使结构真正融入学生的认知中。缺少学生的积极参与和感悟,结构只能成为僵化的知识,迁移度微乎其微。缺少实践运用,结构只能是纸上谈兵,难以实现真正的内化。杭州师范大学的叶黎明教授提出的教学设计的"完形"意识,正体现过程的结构性,摘录《创意写作教学的创意在哪里》部分内容如下:

教学设计的"完形"意识是指教师从整体性出发去设计一节课,其中的每一步骤、结构,作为整体的一部分是不可分割的。所以,考量一节课的质量,作为"完形"的整体性、完整性,无疑是评判的重要标准之一。蒋军晶老师的《流浪狗之歌》一课,总体结构呈台阶式递进结构。教学的第一板块是观看绘本,概括故事的大致内容。这是较低层次的阅读理解,即"读懂"——把一幅一幅图片组合起来,从整体上把握其情节。第二板块是再看绘本,交流自己最感动的画面与细节。相比第一板块,这里有一个台阶的提升:从客观的叙述到主观的言说,从理解到感受,从对画面与故事的注意转向对自我内心体验与感受的捕捉。而这两个板块,都是为第三板块——图配文的写作实践——铺垫,学生只有经过了前面两个环节,才能顺利地对其中的四幅绘本展开描写,所以,第三板块与前面的板块之间又存在一个台阶式的提升:从整体到局部,从感觉的粗略把握到感觉的精致表达。在图配文写作环节,蒋老师又将其分成三个小步骤,首先是猜写,教师出示一幅图,让学生猜测,别人会写些什么,怎么写,然后出示他人的配图文字。这个环节,功能是技巧的示范与引导,高明的是,这些写作技巧全部了无痕迹地渗透在师生对话中,有人称这是知识的"软着陆"。示范引导之后,跟进的是写作实践,最后是写作结果的交流与分享。这堂课结构的整体性,突出表现在写作活动设计前后勾连,步步推进,一气呵成,形成整体,任何一个教学板块的顺序都不能改变。

四、趣味性

戏剧中蕴含着独特的可开发潜能的心理活动,包括心理距离、审美、仿似等心理现象。这类心理活动带有游戏色彩,而且可以拉开心理距离,所以能够调动参与者全神贯注地投入,在打开心扉的同时愉快地创造,在创造过程中交流、感悟和学习,因此有利于营造具身学习的文化生态情境,促使学生在积极的学习中开发心理潜能。“戏趣作文”教学主张在作文教学过程中融入戏剧的故事性、情境性等元素,学生用即兴表演、角色扮演、模仿、游戏等方法进行活动,参与者在彼此互动的接触中发挥想象,表达思想,掌握一定的心智能力,增进美感。它改变了传统的习作教学姿态,使教师懂得为何而教,知道怎么来教,让消极的知识传递变成积极的知识运用,让平面的习作课变成立体的写作。真正实现让每一次写作都面向生命开放,让每一篇习作都能成为儿童进行言语交往、实现自身内在意愿的载体和手段。

五、生成性

生成呈现出共同的基本形式:有向开放—交互反馈—集聚生成。在“戏趣习作”的过程中,以情境下的实践实现开放,激活相关资源,为全体学生提供参与的平台。在此基础上进行多维度的网状的反馈,筛选有效资源,提升已有资源质量。最后对上述过程中形成的相对分散、局部性的认识,进行聚类、清晰化和结构化的处理,形成相对完整、丰富和较集聚前更高一级水平的概括或更进一步的问题。这个步骤也在师生讨论的过程中完成。这样的生成是建立在教学复合、交互作用、有机活化基础上的,常用在表演后、展示后的评价阶段。呈现出教学的丰富性与复杂性。

六、体验性

体验既是“以身体之,以心验之”。在“戏趣作文”教学中的体验是一种生命成长的体验,是作为演员和观众的教师与学生,在面对面互动中发生的“生命生成”,而且是以“角色体验”为核心的生命生成。体验具有对理性思考的优先权,在体验中,实现身心对世界的开放,才可能触摸到隐含在天地之间的“理性”。伙伴、老师在体验中互动、推进,使生命体验得到完整、补充、生成,理性在这样的动态中带着生命的体温被真正纳入认知结构。生命在体验中获得了新质。

第二节 搭建框架

“戏趣作文”虽是以创作、表演、模仿、游戏等形式进行,但其实是醉翁之意不在酒,形在此而意在彼。将“理”立体地化解在“人、事、情”三维中,使学生的写作兴趣和写作能力协同提升,从而得到最大化发展。有了“戏”的形式,生命已经开放，在开放中如何遵循身心发展与母语学习的规律，使这样的“理”既合情又有效。在此基础上，提出戏趣作文“结构系列”构想。

此外，杭州师范大学叶黎明教授在《语文课程知识初论》中提出：写作教学内容在课堂上的主要落点应当是“以语用为中心的动态语文知识”和“真实而具体的文体知识”，其实质就是习作知识教学走向具体明确，精准适用，方式上要求动态、真实。

让教学有节制，让知识有节点，同类文体类型的习作教学，在年段和学段之间构建一个层层递进的知识阶梯，让习作训练拾级而上。这样的文体类型阶梯，让每次习作教学既相对独立——知识精当不宽泛，层阶分明不牵扯，又互为基础——前一次教学是后一次的基础，后一次教学是前一次训练的延续。这样的结构化使知识变得具体。在戏剧化的教学中，学生经历亲身体验、表演式等戏剧元素、方法的开发，生动、积极地触摸知识，又从观众、演员、引领者的相互评议中获得了动态的知识。这样的知识是在教学复合、交互作用、有机活化基础上的，从而真正地成为生命的自身成长。这样的戏趣方式与这样的结构相融合，是作文教学的理想化状态。

这样的思考下，我们以“戏剧”融合，通过对文体主题分类、序列的梳理、主题式单元戏剧化课程、戏剧化课程实施，将小学习作教学趣与理相生，使小学习作教学进一步得到深化、细化、趣化。

一、类聚：文体主题分类

目前，各种版本的语文教材各具特色，但都是以人文主题为单元，且各种文体混编，与习作文体也不一致，阅读与习作勾连不明显。这些弊端导致教师无法将阅读教学中学习到的语言文字直接运用到本单元的习作中。阅读的言语表达价值只能是散点的，纷乱的，不能形成表达的合力。汉语具有丰富的文体，不同文体具有不同表达结构和言语形式。温儒敏教授主张阅读更需依存文体，忽视对文体的关注，可以视为语文教学进步停滞的根本顽疾。因此，要使小学阶段习作呈结构化体系，首先从内容归类开始。

小学阶段的写作以记叙文为主，通过对小学阶段作文内容的整合，不难发现，小学作文的教学内容不外乎事情、活动、景物（游记）、人物、动物、静物、想象文、应用文、童诗等类型。小学语文的教材内容也大体如此。2011 版新课标强调语文教学是一门学习语言文字运用的综合性、实践性课程。阅读教学也由传统的主要关注内容理解和体会思想感情，转向不仅关注写什么还要关注怎么写。管建刚老师的“指向写作的阅读课”引起专家和一线老师的关注。这样的文体归类，更便于构建真正的指向实践、指向表达的主题单元，将阅读、口语交际等按类融入其中，形成了言语学习运用的结构链，最大化地提高习作教学的效率。

二、阶列：言语能力排序

叶澜教授强调，有结构的整体大于各部分简单相加的总和。如何从知识与技能，过程与方法，情感与态度、价值观三个维度上构建小学阶段作文教学的结构序列，是一项非常复杂的工程。但放在“戏趣”的背景下进行作文教学，清晰理出作文的核心能力目标，已经实现了在三个维度基础上的构建。对于作文教学的能力目标，过去因为没有这样的归类，只能以笼统的表述来概括。现今，文体明晰了，各种文体在小学阶段的表达的具体要求也就不难梳理了。在这条纵轴线上，仅有某类主题的总的核心目标还显得层次不清，只有在这样的核心目标下，运用结构化思维，整体考量课程标准、身心发展规律、教材特点来分解落实，才能确定各主题的年段目标、学段目标、学期目标、单元目标。这样的目标相对独立，又互为勾连，循序渐进，拾级而上。这就避免了过去年段目标笼统表述，造成目标不明晰、不精准的现象。建立这样的纵向能力目标序列，就形成了同类文写作的知识结构链，既可以系统引领着习作的方向和航程，也为作文评估提供了清晰的标准，成了检验、评价、反馈学生习作的靶心。以写人文为例，我们梳理了八个主题。

年级	三上	三下	四上	四下	五上	五下	六上	六下
年段总目标	能从外貌、语言、动作、神态、心理活动等方面对人物展开描写；能通过典型事例的叙述和细节刻画来反映人物的性格习惯、精神风貌等特点。							
能力训练点	外貌特征	外貌、爱好	动作、神态	动作、语言	心理活动	典型事例	细节描写	议论抒情
能力目标	1. 了解写一个人的外貌可从其长相、身材、衣着、神情等方面展开描写；2. 能有顺序地观察和描写人物的外貌特点（一般先整体后局部或从上到下等）。	1. 能有顺序地观察和描写人物的外貌；2. 描写时能抓住人物的长相、身材、衣着、神情等方面的特征；3. 能写出人物的爱好。	1. 学习通过一件具体的事来表现人物某一方面的特点；2. 在叙述事件时能通过人物的动作、神态等刻画人物。	1. 继续学习通过一件具体的事表现人物某一方面的特点；2. 叙述事件时，在学会通过动作、神态刻画人物的基础上，进一步学习通过语言描写表现人物的特点。	1. 学会选取一件典型事情表现人物的特点；2. 在学会抓住人物动作、神态、语言的基础上，进一步学习通过内心描写表现人物情感，刻画人物形象。	1. 懂得围绕中心组织材料，通过一两件事集中表现人物的特点；2. 学会观察周边的人和事，能表达自身对生活的感悟。	1. 进一步学习围绕中心组织材料，通过一两件典型事例刻画人物的写作方法；2. 学习在叙事中抓住细节描写来表现人物形象。	1. 继续学习通过典型事例、通过细节描写表现人物特点的写作方法；2. 在文章中尝试用议论、抒情的方法，使中心更为突出。

在这样的贴身的“理”中,“戏趣作文”教学以开放的、积极的姿态融入,使实现“人、事、情、理”在内在视域的通达成为可能。

三、戏构:主题单元课程

课程内容是习作目标达成的载体,建立作文教学的目标体系,就是要建构成一个完整的内容体系,形成内容结构。实现纵轴中最小单位的单元目标,才是一步步实现主题核心目标的保证。在横轴线上,打破语文教材的单元呈现形式,按新的主题构建单元,将教材中的阅读、口语交际按习作主题重整、删补,将每一主题的习作过程以长程式形式呈现,每一主题习作长达两周。在“戏剧”的元素下,将内容从窗口阅读(课内阅读)、窗外风景(类文阅读)、体验生活(素材积累)、试镜作文(小作)、试戏作文(大作)、实拍剧场(口语交际)、场外呼应(整本书阅读)、链接朋友圈(周末练笔)这样的多个板块,再将单元主题习作目标统整分散入这样的板块中,使教学呈现一种互为联系、互为推动的系统,最终形成整体合力,有效地循序渐进,从而达成单元目标。

四(上)　年级戏趣作文序列设计(动物类)

单元	能力训练点	能力目标	窗口阅读	窗外风景	体验生活	试镜作文	试戏作文	实拍剧场	场外呼应	链接朋友圈
六动物	活动特点	1. 抓住动物的活动进行观察,能通过具体事例反映动物的活动特点; 2. 在描写中融入对动物的情感。	《飞檐走壁的虎将》《白鲸》	《母鸡》《麻雀》《变色龙》《顽皮可爱的猴子》《可爱的小毛驴》《可爱的“小黑”》《小白鸽》	仔细观察自己所喜欢的一种动物(家里的,邻居家的,小区里的,动物园的,网络上的),反复观察,拍出视频,拍出照片,附上文字说明。	观察自己所熟悉的一种小动物的活动,抓住其特点,将其活动时的一连串动作写出来。	提示与要求:动物世界的居民和我们人一样,也各不相同,分别有自身的性情和本领,请以“______的××”为题来向大家介绍某种动物,注意要通过一件具体的事例来表现它的活动特点。	用自己的表演把喜欢的动物带给大家。	叶广岑的动物系列小说	看熊猫宝宝骑摇摇马视频,其玩得高兴时,一不留神滑落下来,无辜的模样萌翻了所有的观众,根据视频写一则故事。

在写作内容设计上,各年段不是均匀分配各主题的训练内容,而是根据言语交际功能发展的年龄特点突出重点训练内容。吴立岗先生认为,小学低年级

语言交际功能发展的特点主要是想象和自我表现的功能，作文训练内容突出童话体写作，培养学生想象能力，通过想象材料培养遣词造句的能力。小学中年级语言交际功能发展的特点主要是观察和自我表现功能，作文训练内容应突出素描作文，培养学生观察能力，通过观察产生材料、命题，表现中心，组织片段和简短的记叙的能力。小学高年级语言交际功能发展的特点主要是个别影响和自我教育的功能，作文训练内容应突出实用作文和读书笔记，培养学生抽象观察能力和概念思维能力，能灵活运用记叙、说明、议论、抒情等表达方式。从学生的特点看，其某方面发展既有连续性，又有不均匀性。因此，训练内容的安排就要重点突出。例如，根据小学中年级的特点我们会在三年级上半学期安排这样的训练内容：母子牵手式（总分式结构片段练习）、有序进场式（连续式结构片段练习）、小小摄影师（校园一角）、名人照相馆（我的自画像）、小小文具店（我喜欢的一种文具）、动物T台秀（我熟悉的动物）、植物T台秀（我爱吃的一种水果）、我们一起飞（编童话故事），其中训练内容三、四、五、六、七都强调通过观察产生写作材料，重在对外形的观察，其中也有简短的记叙。

四、解读：课程板块实施

探讨“戏趣作文”单元课程，不难发现，它涵盖了写作的全过程。包括了计划—运行—检查三个完整的阶段。一次主题习作的过程就是表演一场戏的过程。但是我们不能把“戏前作文”与“戏演准备”等同起来，这里的计划阶段的“戏前作文”指的是为完成一次成功的“游戏作文”而做的阅读准备、选材准备、能力准备、情感准备等。它使每一环节之间既有联系，又有推进，成为“戏趣作文”主题总能力形成的一条能力线，这样的准备过程适合于所有的习作，这就是“戏趣作文”前内在的结构。

有了前期准备，我们到了运行阶段——写作阶段，这里的写是主旋律。在写中融入了戏剧元素，辅助写作。相较于传统习作的以写作作为产品、作为取向的观念，似乎已近尾声。而在“戏趣作文”教学中，这个环节才是“戏”的初始准备，真正的舞台上的表演还在后边。也正因为如此，才给了习作较为持久的动力。写好后可能实拍剧场的前期就已拉开序幕，必须为表演做准备——进行靶心式修改，由教师结合本次习作要求，用戏剧作为美化提示，要求学生进行修改。

写作后的实拍剧场涵盖了大作后的点评修改阶段，表演中的及时点评，尤其是对表演过程中出现的繁多的信息筛选、重要信息的放大等。这样的作文一般以创作的故事为主，适当提及戏剧的内涵。注意表演只是解决了学生写作兴趣的问题、知识转化的问题、人的全面发展的问题，而核心指向仍然是作文过程，完成习作教学的任务，获得适当的言语技能，让学生在作文实践中习得技能，不断地巩固这种技能。

与前期准备同时进行的还有场外呼应——整本书阅读，以与主题习作有内容和写法的勾连作为筛选的标准，它作为一个故事情境将主题习作各个板块链接起来，使整个主题活动成了一场有情节的戏。链接朋友圈是主题的延展，与周末习作相连，可以是对习作内容主题的扩展，从身边生活—社会生活—神奇生活三个方面延展，其目标是在习作的同时拓宽视野，关注社会，热爱生活。

整个习作过程体现课内主题一出戏，整本书阅读创意戏，链接生活身边戏，体现了由课内走向整本书再到关注生活这样的内在发展情节，体现了写作就是写作，它关注写作意识、写作过程、写作知识的转化等写作能力素养的培养；同时也体现写作不仅是写作，它还将写作与人的终身发展联系起来。在这样的视野下建构写作教学，是对人的关注，是当今人才核心素养的落实与生根。

第三节　"单元类结构表达"教学

2011 版新课标强调课程的目标和内容须聚焦于"语言文字运用"，突出了在语文课程学习过程中对祖国语言文字运用的核心目标。综观当今国内语文教学，课堂上已经有意识关注语言文字的学习，表现在教学中不仅知道写什么，还体会怎么表达，并将这样的发现在课堂上进行实践运用。这样的转变是可喜的，但是这样的转变还远远不够，表现在教者心中只有单篇意识，没有单元意识，没有在阅读与本单元习作之间找到有效的结合点。其次，篇与篇之间也没有形成写的结构体系。只有基于本单元习作视野下，本着整体性和结构性的教学思想，将单元教材在语言表达手法方面寻找到连接点以与阅读教学进行统整，组成言语学习的结构，以结构类化的方式促进语言文字的学习与运用，才能彰显阅读资源对于单元习作作用的最大化，语言学习运用效果的最大化。下面就以苏教版小学语文五年级上册第五单元的阅读教学谈谈看法。

一、类联——寻找单元教材读写连接点

"类"指许多相似或相同事物的综合。类联是指某类阅读教学内容的集聚整合。它因相似性的整体集聚，可以形成一种持续的、连贯性的知识能力，从而在教学中形成一种合力，提高了教学效率。实践中，我们首先面向整册教材，进

行重组整合，按文章体裁归类聚焦。有些需要调整和补充，有些可以直接使用。苏教版小学语文五年级上册第五单元就是在这样宗旨下的聚焦。本单元三篇文章分别是《黄山奇松》《黄果树瀑布》《莫高窟》，都是景物类文。但习作5却是“写一件亲身经历的事”，我们将其改为“写一处你曾经游玩过的地方，注意把自己的所见、所闻、所感生动形象地展现出来”。本单元习作就属于以写景物类文为主题了。

接着在类文基础上寻找读写的连接之处。本单元习作要求是“注意把自己的所见、所闻、所感生动形象地展现出来。”在小学阶段写景类文的总目标关照下，具体转化为五年级上册写景类文单元目标：①学会按游览的顺序有详有略地描写看到的景物。②能运用多种感官去观察、感受景物。③抓住景物特点展开描写。各课与此次习作目标连接的点是：①清晰的叙述顺序。②都能抓住景物特点进行形象的描写。这样的连接点为确定每一课的言语教学内容选择提供了基础。

二、寻异——甄别单篇之间读写变异点

寻异是在单元习作目标的统领下，挖掘语言表达连接点中的相异之处。它为编织语言能力的结构链，打通与习作能力的联系提供基础性资源。

本单元的三篇写景文首先都是很有序，但顺序却不同。《黄山奇松》采用定点换景的方法，随着观察视线的移动，按照观察的先后顺序来写的。《黄果树瀑布》则是按照游览的顺序，用移步换景的方法，按时间推移的顺序写。《莫高窟》则是归类介绍，按景物的不同类别写。其次，它们抓住景物特点描写的方法也不同。《黄山奇松》与《莫高窟》都通过点面结合的手法描写景物的特点，但《黄山奇松》描写点的时候运用实写、联想的方法将景物的特点写具体；而《莫高窟》则是点、面都通过排比等手法将景物的特点写具体。《黄果树瀑布》不仅写出了瀑布形宽声响的特点，而且还随着观景时间的推移，将感受写得非常细腻，这种感受是随着观景时间的推移而逐渐深入的。《黄山奇松》与《莫高窟》都是抓住特点将所见的景物写具体；而《黄果树瀑布》则将游览时所见、所闻、所感做了全方位、多角度的具体描写，这样的具体描写又不同于前两篇的，它是在前两者具体描写的基础上增加了层次。

三、建系——构建单元读写教学知识系

建系，就是在单元中建构读写知识结构体系和言语教学目标结构体系。对单元断裂的、离散的知识点进行梳理与归纳，使知识呈现出整体的结构，根据这

样的结构以及学生写作学情、整体的写作素养等情况确定合理的言语教学目标结构，在这样的结构下进行写作教学，促进学生在阅读中最大化地吸收习作营养，最大限度地彰显阅读教材中的单元"类结构"习作教学的育人价值。

在知识结构体系的构建中，本单元的三篇文章都是写景，却各有特质。内容上，有自然景观和人文景观。表达形式上，有点面结合的写景，也有先写面再写点；有通过实写和联想的方法抓住景物特点进行具体描写，也有通过排比的方法抓住景物特点进行具体描写，还有通过所见、所闻、所想进行多角度描写。从观察点看，有定点换景，有移步换景……在单篇与单元的比较中，学生的碎片知识就会由浅入深、由简单到复杂，逐步发展和完善。

基于对知识体系的梳理，针对阅读与习作的链接点及各篇之间的差异点，我们又梳理出单篇的言语目标结构体系：《黄山奇松》作为基础篇，学生读了课文后明白了其是抓住景物的典型特点通过点面结合的方法来具体描写的。进一步学习通过实写和联想的方法将点写具体。《莫高窟》作为发展篇，能运用在基础篇上习得的方法结构分别梳理出彩塑、壁画、藏经洞的特点及进一步感受点面结合写法的好处。而运用排比将点或面写具体的修辞手法就是变异之处，是本篇教学的发展点。《黄果树瀑布》作为提高篇，运用前两课的方法梳理出文章景物的主要特点（声响形宽），学习从所见、所闻、所感多角度进行描写，而每一角度都是通过多层次的方法写出其变化。这样，就形成了习作能力达标的内在逻辑链，不仅将之联系，而还逐步提升；也习得了习作课需要的习作技巧，为写作减缓了坡度，真正实现了习作的长程化读写结合的有序教学。

四、架构——促进单元教学的策略迁移

架构，就是建构框架，形成结构。在语言教学中，教师本着整体性、结构性的教学思想，将通过一组体裁、语言表达手法等能寻找到连接点的教材与教学资源进行整合，组成教学单元结构，进行再开发、再创造的一种形式。包括言语内容学习的方法类结构、教学该结构的过程结构。按照认知规律，学生学习一项新的语文知识，都需要经历"认识—实践—总结"这样一个完整的认知过程。因此，言语内容的学习必须从感性开始，在品读中形成言语表达的认识，自觉主动地实践中迁移言语表达的方法，回顾总结中明晰方法。通过本单元的言语教学内容的学习，我们总结出这样的过程结构"品读课文—发现表达—情境迁移—梳理总结"。

在具体的环节中，我们又将方法细化，如品读课文这一环节，形成了"抓住特点—想想画面—诵读感悟"这样细化的方法结构。"情境迁移"中形成"入

境—迁移—表达—回顾”这样的方法结构,有助于学生学一组带一类,在迁移中真正会学。

如《黄山奇松》先学迎客松。在你眼中迎客松“奇”在哪里?找出相关词句。在交流中想象画面,相机朗读并读出感受。在互动中相机明确相关表达手法——联想。这样的表达就显得更生动了。如果这是联想,那上面那部分就是实写。为后边写作的发现做相机的铺垫,后讨论如何写出“奇”的。这一环节学完后总结回顾学习方法:悟出“奇”,读出“奇”,表达“奇”。同样表达“奇”是通过抓住特点运用实写和联想的方法来描写的。将这样的方法提供给学生,学生主动学习陪客松、送客松的段落的结构,增强了其学习的主动性,提高自主学习的效率。同样,大的结构为迁移运用本单元同类文的学习提供了很好的自学路径。结构,就是学生真正主动学习的工具。

五、研策——生命视域下言意同向共生

(一)“长程两段式”教学实现言语迁移的自动化

“长程两段式”的教学策略旨在将每一单元的教学分为“学结构”和“用结构”两段,从而体现知识的结构性和学习的方法性。在单元类结构表达中,也有多个维度,首先是全单元的长程两段,以整体性、结构性审视单元表达,旨在将单元中每篇课文中言语表达结构作为“学结构阶段”,到单元习作时则是“用结构表达”。其次,学结构本身的长程两段,将学习前两课的言语教学内容时获得的方法结构,带到第三课学习时进行运用。再次,学结构第一课的长程两段式,将学习迎客松所获得的方法结构运用到学习陪客松和送客松两个段落上。

本单元中,从“学结构”上看,阅读教学中单篇的学习目标分别是:《黄山奇松》了解定点换景的方法,随着观察视线移动,按观察的先后顺序来写。重点学习抓住景物的特点通过实写和联想的方法将点写具体。《黄果树瀑布》了解用移步换景的方法按时间推移的顺序多方位来写。重点学习随着时间的推移写出不同的感受。《莫高窟》一课了解归类介绍,按景物的不同类别来写,重点学习点面结合的方法描写景物并运用排比的方法将点或面写具体。单元习作时是“用结构”,写一处景物,能按一定顺序,运用多种感官,抓住景物特点将景物写具体、写生动。可以看出习作中已是综合灵活运用所学的结构,此时的运用将促进结构的自能化。

(二)“内隐视角”中营造“言语”的解码形式

按照认知规律,学生学习一项新的语文知识,都需要经历由感性走向理性的教学过程。语文教学文本言语密码的解读,包含着鲜活的生命感悟和体验,

是由内而外、由隐而显的揭示。根据生命特点,从内隐视角由内而外进行揭示,通过生命的情境、情意、情欲、情智等内在方面的引领,发现言语的形式,促成对言语的最人本的认知。这就要我们在教学中能从内容入手,千方百计引导学生走进文本,感受语言文字的意蕴,与内在情感共鸣,才能产生探究如何写作的冲动。

1. 体验律唤醒“言语生命”的情感

体验特指生命体验,是一种直觉呈现,它是生命所必需的历程。在阅读活动中,召唤学生能自觉主动地进入情感体验,把自己的知识、生活经验与正在发生的文本的言语世界结为一体,与文本情境融为一体,就轻而易举地开启了品味语言文字的大门,获得有意义的言语陈述性知识。只有经历言语体验,生命的内在性、能动性、个体性才得以张扬,体验后内心的形成物才能与文本产生共鸣。

《黄果树瀑布》一文的第六自然段是站在瀑布下第二次感受,也是学习写感受这一表达手法的一个点。教学中,教师从唤起学生的内在情感入手引导,“感到‘每个细胞灌满活力’特别有意思。你认为‘灌满活力’是怎样的感觉?这种‘活力’能看到吗?能听到吗?可是在作者笔下,‘活力’看得到也听得到了。轻声读读,你眼前仿佛看到什么?或者听到什么?”学生的想象活了,好像放电影一样,教师在这样的情感激活下再引导学生进一步探索:作者是怎样把感受写得既能让人看到又能让人听到的?

2. 适应律同致“言语生命”的情境

“适应律”就是适应语境、还原语境,以文解文,以心契心,以言传言,在语境中破译言语的活性。只有遵循适应律,以适应学生言语生命的情感营造言语情境,才能有效驱动内在需要,激发本真欲求,引导学生率性、愉悦地探索,促进主体在生态的认知中实现自我。缺少这样的生命主体与言语认知活动情境的和谐,言语的学习难以与生命产生共鸣,精神的家园变得萧条冷落。

李玉贵老师在讲授小学语文二年级《北极熊学游泳》一课时设计了“读读课文,想一想这篇文章的内容哪些是真的?哪些是假的?”这样的问题让学生兴致勃勃地分辨出文章真实的部分与虚构的情节,从而引导学生初步感受童话的特点,即在真实生活的基础上展开合理有趣的想象。而这样的问题真是学生阅读后自然而然要提出的问题,正因为以心契心,所以对于二年级的学生来说并不轻松的言语教学任务就在四两拨千斤中迎刃而解。师生间言语生命得到交响和共振。

3. 变形律顿悟“言语生命”的形式

心理学研究表明,儿童是用形象和声音思维的。教师针对文本语言的特点，还可以变换文本的排列形式，进行朗读，在具体的外化形式中，释放言语生命的内在冲动，爆发对言语形式的顿悟。缺少言语生命的欲望，难有创造性的、陌生化的发现，更难以有心灵的愉悦。

笔者在讲授苏教版小学语文四上《田园诗情》一文的第四自然段时，将本段用诗的形式排列，借助多种感官来体悟，形成对言语表达的规律的顿悟。在朗读的过程中通过具体的排列形式发现句子对称的特点。除了文本的变形，还可以根据生命特点对认知形式进行变形。对于文本内容理解没有难度，但言语形式比较特别而学生不能敏感发现的，可直接从言语形式教学入手，从而丰富学生对内容的体验，培养学生对言语形式的敏感。对于内容理解有难度的，要在充分理解内容的基础上，再回溯到言语形式的感悟上，寻找语文体验的根。

4. 推进律明晰“言语生命”的思维

儿童的思维是动态的，它根据不断变化的环境、条件来改变自己的思维程序、思维方向，富有创造性、灵动性，但缺少稳定性，有时一闪而过。根据这样的特点，老师需要在重要的节点不断地梳理清晰，达成言语生命灵动和稳定的和谐。缺少这样的推进，学生的思维呈散点状态，思维的路径在生命的体验中难以形成，言语的形式难以发现。只有在不断推进中明晰言语的思维路径，言语的解码才带着生命的体温，在认知中呈现“有形”的状态。

苏教版小学语文四上《但愿人长久》一课写法最大特点是心理活动的变化。如果引导学生发现这一特点并运用到写作中，对描写心理活动的指导一定有实效。笔者从文入手，引导学生思考：全文主要写了一件什么事？这件事的整个过程有一根情感线贯穿其中，来推动事情发展的。你能找出这样情感变化的关键词语吗？（思念、埋怨、宽慰）然后笔者总结：如果一个词语就像一颗珍珠，那么全文的文脉就是由一颗颗珍珠线穿起来的。通过这样的适时停顿，学生对变化初步有了感知。学习思念部分后梳理：思念的心理活动也是有变化的，你能学着理文脉时串珍珠线的方法，把变化的关键词找出来穿成珍珠线吗？（小时候、长大以后、如今）而第4、5自然段心理变化的珍珠线又是什么呢？（责月、转念、祝福）在这样的几次推进中学生对文本后的语言已经由“动”变“静”了。

（三）“培元固本”下释放“言语”生命律动

从文本中获得的规律性的语言表达，只有用到语感实践中，学生深层语用能力才真正得以提升。而要唤醒言语主体的自动化表达，教师必须设置以人为本、实现言语精神的“培元固本”的生态情境，吸引言语生命主动加入，在心相印、共成长中言语生命得到最大发展。在教学中，教师一方面尊重学生先天性的素质，即言语生命，另一方面借助后天环境引导学生生发言语动机，在言语实践中使言语规则浸淫学生天性的土壤，学生的潜能得以开发。

1.“同气相合”诱发言语生命场

同样的声音能产生共鸣，同样的气味会相互融合。教师在教学中创设与生命同频道的情境，将程序性知识形成的心理基础与学生的生命对接，引领学生走进语言实践活动的场景，诱发情感，更易激发学生内心言说的冲动，诱发生命言语的活动场，促进学生语言的发展与精神的发展同步。在角色表演、现场采访、鼓励激将中最能诱发言语生命的冲动，将言语学习的所得自然、主动、创造性地运用。如果缺少这样的言语生命场，语言运用将会是被动的、应付的，重则表现为焦虑、退缩，缺乏自信，最终导致言语生命的毁灭。

《黄山奇松》一课主要学习抓住事物特点通过先实写，再加入联想，联想时可以用上比喻、拟人等方法来描写景物。在教学中，教师结合课文最后一个自然段对黄山松姿态的概括描写，相机辅以各种松的图片欣赏并自由言说，学生在视觉的冲击下，言说的冲动得以激发。在此情境下，选择印象深的一种姿态来演一演，说一说，也用上先实写后联想的方法将这种松的姿态描写生动。这样的表达链接了学生内在表达的欲望，言语的迁移主动自觉，言语的学习成为生命最大的生长。

2.“有无相生”促成言语个性化

“有”是一种统一、规范，是言语程序性知识认知；“无”是一种顺应生命野性，自读自悟。有无相生则大体则有，定体则无，“有”是一种大体大规则，目的是促成“无”，高效地促成其自悟。语文课程的终极价值是言语生命生长，它是一个从自为到自觉的过程，这途中需要唤醒和点化。“有”是唤醒和点化的过程，“有”中注重“多元启悟”，体现听说读写的优化组合，联络互动，将言语理论、言语实践、言语表现有机融合、知行递进。

经过苏教版小学语文五上《黄果树瀑布》一课的学习，学生获得了用比喻联想的方法将感受写生动这一言语秘诀。教学中，教师在已有文本比照的基础上，设置了变式的规则情境：“瀑布从岩壁上直泻而下，阳光照耀下，闪闪烁烁，坐在下面，仿佛置身于________。”让学生针对比喻联想的方法说说感受。此环节学生还处于仿说阶段，没有跳出语言的规范。最后，课件出示一望无边的油菜花田，让学生想象自己置身其中，随着时间的推移，说说感受的变化。此环节鼓励创新，将规则活化了，为学生个性的表达创造了空间，扶助学生言语生命的自生长，促成每个言语生命的最大发展。

3.“多维一体”推进言语表现欲

“多维一体”是将“听、说、读、写”，“游戏、学习”，“学习、生活”，“课内、课外","文本内容、形式"进行整体联络，从而促进生命获得完整的经验，促进言说的迸发力，推进言语表现欲。言语生命强调自生长，但并不是教师不作为，而是要教师能够以外活内，促进学生自悟。没有这样的"活内"，课堂教学将失去意义。只有这样一体化地聚集，才能产生震撼言语生命自悟的强大力量，推动学生言语生命充满活力的生长。

苏教版小学语文五下《黄果树瀑布》一课，课前设置游戏环节，从文中抽出"漫天浮游"一词充分释放，自由表达，不思考，不修改，不停笔，什么词跳出来就写什么，你会发现，原来封锁的那些词全都"怪异"地跑出来，这样长期的练习将是开启学生言语生命之门的钥匙，极大推动其言语表现欲。课堂中促进自悟"怎样将看不见的感受写得让人看得见"。学生还尝试将看瀑布"漫天浮游"的情景和感受具体写出来。学完这些后去赏瀑布，在生活与文本之间创设联通机制，进行回流演练，让眼前的景与文中的描述自然相融，学生既可深入体会文本表达的内涵，又形象鲜活地激活自己的语言机制，并将之进行个性化表达。最后带领学生去赏油菜花，在习作课上写此处景物。这样就多维一体地完成整个系统的生命言语由自悟到自觉的过程。

4. "无中生有"牧养言语内图式

小学生的思维是模糊的，这导致其在写作时，落笔与所掌握的陈述性知识有落差，有的学生更是无从下笔。如果在学习时，能"无中生有"，生成一种思维的路径，为写作搭建思维支架，这样的每个路标就成了言语的"驿站"，学生可以在每个"站台"忘我表达，达到言语内图式的自然牧养，也不会迷失方向。这样轻松的环境营造助成言语通畅表达。

苏教版小学语文五上《师恩难忘》一课学习叙事中抒情。刚开始，学生用以抒情的语句较为单薄。怎样抒情才能增强感染力？学生通过读文及类推，发现可以借助描写事物、写人物活动、环境描写等方面抒情。加上修辞会更生动。如借物抒情："这一列列方阵，就是一层层浪涛，不断推动时代步伐。这一列列方阵，就是一列列战车，开赴保家卫国的最前线。这一列列方阵，就是一个个音符，唱出赞美祖国的最动听音符。啊，祖国，我为你自豪！"

总之，阅读课堂上的表达教学，只有基于单元视角，以整体性、结构性审视单元表达，用"学结构"和"用结构"的方法进行类结构化的表达教学，阅读才能最大限度地发挥对习作表达的促进作用。反之，阅读教学中散点状言语表达的学习，很难形成合力，反而使单元习作与阅读教学"花开两朵，各表一枝"，相互脱节。对阅读教材通过"类联、寻异、建系、架构、研策"进行分类、解读、分析，才能真正彰显表达教学的育人价值。

第六章

“戏趣作文”主题单元“境域化”建构

“戏趣作文”的课程架构为习作教学搭建了理想的蓝图，它尽量贴近了学生的身心发展规律，使习作教学效益最大化。这样的架构是一种理性的构建，要真正实现个体言语生命的成长，还必须有能打开每个具体生命之门的教学活动。叶燮云：“达者通也，通乎理，通乎事，通乎情之谓。而必泥于法，则反有不通也。”因此，在这样大的架构下，实践层面的教学活动必须能沟通事与理、理与情，只有实现沟通，理性的写作规律法则才不再是固定的形式，而化为流动活泼之气，获得“之际”的维度在人那里敞开，才真正意味着人打开两者之间沟通转化的维度，将彼此原不相与、不相通、不相知的人与事、人与理、理与事、理与情、事与情等沟通与互动起来。将戏剧元素与教学整合，将跨进了一个“人—事—情—理”相通的境域中，这样的境域是开放的，戏剧的故事性、表演性、情境性、新奇性等元素对生命体开放的是多元智能视野下的开放，每个生命可以找到自己打开的方式。生命真正得以在“人—事—情—理”境域性的活动场域中实现通达与转化，言语得以自觉且自主地生长。通过研究，我们在长程教学视野下，开发了“戏趣作文”的境域性通达的坐标体系。

第一节　主　题

故事有生物性特点，每个学生都爱听故事。故事又是戏的最基本特征，一出戏就是一个故事。戏趣作文从主题开始，就着力创建一个可以被学生围绕、支撑、包裹、主动参与的戏剧环境。这样的环境一旦为戏中人物接受，就能够深深吸引学生，目光聚焦其中，产生浓厚的兴趣，始终保持一种期待的心理，关注过程中发生的事情，进而参与到教学过程中来。

在整体视野下，对整本书进行开发，创设能与各板块打通的动态情境，每一板块就成了情节的冲突处，解决了它可以继续前行。这样的主题情境的创建使板块之间的活动有了一根内在的情节线，学生置身其中，就变成其中的角色，进行着相关的活动。在这样的戏剧环境中，学生将主动接受规则，往故事的更深处前行。从而使读与写有了对话，真正落实了读与写的促进。

基于这样的思考我们为每个主题选择一本类型与之匹配的整本书全班共读。借助推进读书融合写作的活动，在此基础上各年级主题有了单元情境。下面是四年级上册的各单元的故事化情境设计：

四(上) 年级戏趣作文主题故事化设计

	一	二	三	四	五	六	七
单元情境	《报童的夏天》(事情)	《猫哈拉商店》(静物)	《今天我想慢吞吞》(景物)	《烂泥怪》(想象文)	《谁是接头者?》(人物)	沈石溪作品(动物小说系列)	《爸爸出门以后……》(应用文信件)
能力训练	有层次	有层次(设施：空间陈设)	写具体	想象奇特，内容具体	动作、神态	活动特点	掌握书信的格式，会写书信。

主题确定了，围绕结构序列中主题的各板块活动，如窗口阅读、生活体验、试镜小作、试戏作文、实拍剧场、场外呼应等就可以嵌进故事的情节里。每一次主题作文过程都是动态的、不断生成的实践活动的过程，有着“剧生活”的感觉。这样的“剧”中，每个参与的人都是主角。以苏教版小学语文四年级上册第六单元作文练习介绍动物为例，主要说说你与动物相处的故事。我们链接的沈石溪的动物小说《与狗熊比举重》进行共读，围绕它开发的主题情境如下：

公狗熊也学着我的样抱起一块沉重的大石头往上抛，石头没抛上去，它自己倒一屁股跌坐在河里。它恼羞成怒，爬起来再次抱起那块不听话的石头往上抛。它又失败了，累得嘴角吐着白沫，似乎一只后脚也被石头磕伤了，但它仍固执地爬起来扑向那块大石头。这哪里能接到？我乘机逃离险境。公狗熊在母狗熊那里丢尽了脸面。后来呢？听说有一天，动物之王老虎要举行一个盛大的动物T台秀，那次出丑的公熊认为是个好机会，兴致勃勃参加了。会有哪些动物？现在，你就是其中一员，想好自己是谁了吗？（生即兴自我介绍）。有不少动物开始打扮自己，做美容，买新衣，练猫步（即兴表演）……都想成为T台上最最与众不同、最最闪耀的那颗明星。

这一天，大家从四面八方赶到了现场。这里真热闹。小花五颜六色，尽情展示自己美妙的身姿，知了在树梢热情地欢迎。远处是一片一望无边的大海，那是供海洋动物展示的场所，有白鲸在炫泳技（即兴指名表演）。到了入口处，一名帅气的狗先生拦住了(教师化身狗先生),他彬彬有礼地说:“对不起,先生们,女士们,你们必须要通过一件事来说明自己的活动特点。”这可有点糟,小动物在家光顾着打扮自己,可没注意如何介绍自己啊!小狐狸有勇气,上前一步说了半天。可是,狗先生直摇头,这是为什么呢?接下来连着几个动物的自我介绍都没过关,大家都垂头丧气。这时,只听一个粗声粗气的声音,原来是狗熊,它侃侃而谈,狗先生直点头,面带微笑,恭敬有礼地请它进了会场。公狗熊得意地望着母狗熊,终于争回了面子。你们知道他是怎样介绍的吗?再读读《与狗熊比举重》这个故事,就能猜着了。(“动物们”再读故事,以及窗外风景的同类文),有的是时间准备,我们再走近一组故事,一定会闯过这一关。(第一板块:窗口阅读)

离T台秀比赛时间还有一周,大家在生活中仔细寻找你的同类(家里,邻居家,小区里,动物园,网络上),反复观察,拍出视频,拍出照片,附上文字,只要用心,一定可以顺利过关的。(进入第二板块:生活体验)

经过几天的准备,咱们一定胸有成竹。现在我们来到会场门口,一个个汇报介绍,学生自主发现喜欢的动物,看看大家各自哪里最精彩。(生成习作能力要求)既然真正的T台还没开始,我们不如把这绝招学一学,用上了就让人眼前一亮呢!选择动物的一个特点用一连串准确的动作将其活动写具体。(进入第三板块:试镜小作)

真正的期盼已久的T台赛即将开始,选手们都已经做好了充分的准备工作,为了保证选手没有遗憾,我们先不妨复习一下这次比赛规则。要求:

1. 抓住动物的活动进行观察,能通过具体事例反映动物的活动特点。

2. 在描写中融入对动物的情感。

要想比较流畅地介绍,必须先像壁虎、白鲸它们一样先把介绍词写下来。(进入第四板块:试戏作文)

T台秀比赛开始了(屏幕上打出字幕),班级里播放音乐,组内先进行预赛,推选出参赛者。大家合作参与编导参赛者的表演。最后进行决赛,下面的观众是动物评委,根据习作要求和表演水平分别评出T台模特一、二、三等奖(进入第五板块:现场实拍)。全班进行二次修改。

T台赛结束了,你有什么新的发现吗?

这个动物习作主题教学过程主要是将叙事与教学联系起来,通过叙事构成教学情境,有效地将师生置于叙事营造的情境内表演与观看,将心理力量转化成教育力量,将学习与学习者建立实际的关联,“理”的发现变成主动自觉,生命、文本、情感得以沟通。

第二节 窗口阅读

2011 版新课标强调语文课程是一门学习语言文字运用的综合性、实践性课程。写作主题单元视角下的阅读课的言语学习与运用点如何选择，如何与习作主题的能力点融通形成合力？如何在阅读教学中将戏剧元素融入言语教学中达成主动积极地转化？单元之间的阅读课之间又该有怎样的联系和提升？这是这个主题板块所聚焦和突破的问题。

一、阅读教学的结构探索

接触到一篇文章，首先要以“语言的视角”解读为本，关注其表达方式，比如，叙述、描写、抒情、议论、说明等。对这些表达方式可以了解更加深入、细致，比如了解其如何进行抒情、议论等；其次，关注表现手法，也就是写作手法，例如对比、联想、想象、象征、衬托、借物喻人、欲扬先抑等；再次，关注修辞手法或说明手法。教师只有在这样的写作知识背景下，才能对一篇文章的表达有着多角度的把握，从而在这样的解读下进行主题单元视角下的言语学习内容的策划。

窗口阅读，是读与写结合链接的一个重要平台。根据认知结构迁移的图式理论，在两个不同领域的问题中，找到共同的结构特征，从而在两者之间建立起部分映射关系，由此获得一个类比的写作策略。这一理论启示我们：阅读与写作结合的可能性在于两者具有相同的结构特征。由阅读可以获得一类文的认知结构，在大脑中形成一套文章的结构图式，这种结构图式与习作形成映射关系，成为写作时先行组织者。因此，窗口阅读的语言学习目标要关注本主题的习作目标。

主题单元下每篇阅读课之间的联系和推进，以单元习作目标言语能力点为核心分解。在窗口阅读的一组课文中呈现结构化分布。也就是将归聚在窗口里的各篇同类文，根据本单元植入的阅读板块的习作目标以及教材特点，对各篇阅读的言语学习认知进行布点，最终得到围绕主目标所要迁移的一套认知图式。

我们知道，如果教者只有单篇意识，没有单元意识，没有类文意识，往往会将一篇文章附有太多的信息。只有将窗口阅读中各篇文章的语言习得指向一个共同的单元表达的目标，才能防止阅读中信息过剩和信息冗余对有效认知资源的挤兑。同时，根据系统论理论“有结构的整体大于各部分简单地相加之和”，在窗口阅读教材中，将单篇教材在单元表达目标的核心指引下，才能形成既有联系又有区别的逻辑式推进目标链，从而更加有效地促进阅读窗口单元表达目标的达成，使读写技能实现最大化的迁移。

苏教版小学语文五年级上册第5单元整合后“阅读窗口”共有三篇文章，分别是《黄山奇松》《黄果树瀑布》《莫高窟》。本单元习作要求是“注意把自己的所见、所闻、所感生动形象地展现出来。”在写景类文小学阶段的总目标关照下，具体转化为五年级上册写景类文单元目标：①学会按游览的顺序有详有略地描写看到的景物。②能运用多种感官去观察、感受景物。③抓住景物特点展开描写。单元与此次习作目标连接的点是：①清晰的叙述顺序。②都能抓住景物特点进行生动具体的描写。也就形成了本单元阅读窗口的言语学习运用的目标。师生在这样的阅读板块核心言语目标下，甄别本单元单篇之间读写变异点，建立了阅读窗口言语目标结构体系：《黄山奇松》作为基础篇，学生读了课文后明白了抓住景物的典型特点通过点面结合的方法来具体描写。进一步学习通过实写和联想的方法将点写具体。《莫高窟》作为发展篇，能运用在基础篇上习得的方法结构梳理出彩塑、壁画、藏经洞的特点及进一步感受点面结合写法的好处。而运用排比将点或面写具体的修辞手法就是变异之处，是本篇教学的发展点。《黄果树瀑布》作为提高篇，运用前两课的方法梳理出文章景物的主要特点（声响形宽），学习从所见、所闻、所感多角度进行描写，而每一角度都是通过多层次的方法写出其变化。这样，就形成了实现阅读窗口单元言语习能力达标的内在逻辑链，不仅联系，而且逐步提升。为写作减缓了坡度，真正实现了习作的长程化和读写结合的有序教学。

一篇习作需要的写作知识也是丰富的，我们除了可以将主题习作的能力点分散植入阅读教学以外，还可以适当地进行共通性的文体知识渗透，对低年级词句赏析，中年级的构段、拟题等，高年级的构思、选材、布局等进行有计划的关注。

二、言语学习的戏趣化实践

阅读教材中的写作知识是隐秘的，如何让它明晰并能成为学生自身的构建，是我们在教学中必须探索的问题。新课标改革对于知识观的变革做出了反应：“改变课程过于注重知识传授的倾向，强调形成积极主动的学习态度，使获得知识与基本技能的过程同时成为学会学习和形成正确价值观的过程。”“语文是实践性的课程，应着重培养学生的语言实践能力，不要刻意追求语文知识的系统和完整。”华东师范大学卜玉华教授在教与学的视角下提出的“人—事—

理—情”内在视域的贯通和转化,现象学视角下的对知识的转化提出将科学知识从规律性中还原到更广阔的地基,在“具身”与“意义”的维度下展开。戏剧元素的融入,表演的具身认知性、实践性、主动性都向我们揭示它在学生学习中展现的独特魅力。

(一) 阅读课堂就是一场戏

戏剧化教学的理念是把培养学生主动健康的发展意识与能力作为核心。基本价值观是“生命极其具有实践形态的表现性”。在这样的价值观观照下,教学行为也随之转换,那就是尽量给学习者提供表现的资源,促使其更好地在多种活动中表现其学习成果。教学过程就是为“表现”而教学的过程。

探讨戏剧化课堂教学的研究,首先要意识到我们每天的课堂就是一场场戏。

首先,我们有原始剧本——那就是教材。

其次,我们有演员。师生都承担着不同的身份角色。教学过程就是对课程的实践性行为,是把隐匿于文字中的课程外化表现出来的行为。在这个过程中,教师和学生都具有外化的表现,都是一种表演性行为。教师的表演激发学生主动的表现,学生的表现满足自己及教师等他人评价。

再次,我们有故事。教学过程是叙事过程,是有情节的。

可见,构成戏剧本质的那些要素,演员、观众、故事等在教学中都可以找到。我们的教学富有戏剧性重要特质。西方研究者也将戏剧外延进行了前所未有的拓展。强调表演由四大元素构成:娱乐、仪式、治疗和教育。教育成了戏剧研究的重要一部分。

以上的共通为戏剧化教学提供可能。但教学的戏剧性真正得以实现,必须创设“有意为之”的戏剧性,才能使教与学在戏剧性的效果中高质量地完成。有意为之,即戏剧元素与学科教学的巧妙融通,达到共赢。

教育戏剧家张晓华提出:教育戏剧是运用戏剧与剧场之技巧,从事于学校课堂的一种教学方法。它是以人性的自然法则,自发性地与群体及外在接触。在指导者有计划与架构之引导下,以创作性戏剧、即兴演出、角色扮演、模仿、游戏等方式进行。让参与者在互动中,能充分发挥想象,表达思想,由实作而学习。以期使学习者获得美感经验,增进智能与生活技能。

教育戏剧的本质,是运用戏剧元素,即运用情境、场景、情节、角色扮演、情感体验等元素,把情感态度和价值观,把相关教学内容传递给孩子,培养孩子的正能量品质。这就构成了戏剧化阅读教学叙事的戏剧方式。

(二) 初开戏趣课堂之窗

平常的课堂教学是我们常态的职业生活之一,教者心中向往的高质量的职业生活应该是每节课都能与学生经历一种活泼主动的生长。可以说，平常的课堂生活质量就是我们情绪的引潮力，使我们的情绪潮起潮落。可是，日常的状态往往是：学生注意力不够集中、课堂沉闷、思维固化……学科素养的整体性、实践性、不确定性在日常课堂上难以体现。课堂中教师的预设成了课堂的必定走向，孩子的思维被绑架，更难寻觅生成、创新的影子，师生缺少课堂的快乐情绪。这样的教学状态，怎样改变？

笔者多年前上过一节课《蒲公英》，当时，华东师范大学新基础教育研究团队的李政涛老师曾提出关于表演有哪些育人价值的问题。像一颗种子种到笔者心理，但未适时浇水，也未为发芽做充分而必要的努力。

语文教学百花齐放，各种学派最后沉淀下了各种实质性的思考，其思维的原点都应该是孩子，以人为本，适合学生的年龄特点，适合生命发展规律的教学活动才是有生命力的、有价值的研究。张祖庆老师的“创意教学”和“大理猫猫果儿社区”的流动课程都是在这样的原点下开放出来的生机勃勃的花朵。

尝试以戏剧的方式打开阅读教学之门，我们便渐渐发现有种变化在悄然发生。学生的课堂语言生动鲜活了，思维多元了，在课堂中，不断有惊喜生成。原本上课总是沉默的后进生开始加入进来，他们那么投入，让你看了非常感动，这是过去很难看到的景象。

短短半学期，真的会有这样令人欣喜的改变吗？讲授苏教版小学语文三下《鹬蚌相争》一课时由于受课文影响，笔者只想到用手夹手的姿态来表演蚌夹住鹬的情景。孩子们的生成却很丰富，他们在表演鹬时，头一伸一伸的，两条一扇一扇的胳膊成了翅膀。怎样表演蚌呢？有横向张开双臂打开合上的，有纵向打开的，头也跟着上下一点一点的。到蚌夹鹬时，是用双手夹住鹬的头再相持。不得不说，他们的想象力完全不同于成人，而且表演得形象有趣。《鹬蚌相争》一课的讲授，是笔者第一次将整篇课文放手让学生们表演。前面的试验都是一个小片段，像这样整篇的放，而没有教师的任何指导，这样的原汁原味到底会怎样？笔者心里还是忐忑的。第一次文本演活，带来的惊喜连连：自主安排的站位就让人眼前一亮，渔夫是躲在一角的，两个主角站在一起，旁白站在台的一侧，这样的站位透着一种自主和创意。相持的表演既形象又让人耳目一新，那被夹的“鹬”拼命在“蚌”的“嘴”里拉伸着脖子，两人的对话也非常符合角色身份，渔夫上场还进行了补白。在评价的基础上第二次提升将故事怎样演长，学生的生成正是要求他们获得的。可见，在积极的表演中他们已经生成新我，或许有的同学还没有达到那样的高度，但同伴的合作与帮助让他们对此有了体验。

在表演的课堂中,学生的言语敏感度增强了,他们对课文积极关注和理解,主动探究文本言语密码……这些都成了他们探秘寻宝津津有味的事。他们感到只要有发现都是宝呢!《鹬蚌相争》中描写鹬蚌相争的句式很相似,对于这样的相似,学生自有独到的体会:感到河蚌的话语可以将对手压住,攻击力很强。而从《放飞蜻蜓》一文学生发现人物的对话中有人物活动的描写,从《你必须把这条鱼放掉》一文开头景色的描写学生对写景又有了全新的感受及体会。

在表演的课堂中,学生注意力集中了,爱动的孩子反而变得特别愿意参与了。每次展演总是获得台下孩子情不自禁的掌声。虽然演戏的艺术不是我们追求的,但因为大家都同在一个环境中,全身心投入,所以彼此才会欣赏到别人表演时而自己没想到的内容。同时,也意味着学生对文本的理解能力、表现能力增强,策划能力、思维灵活度都得以开放。只有当生命全身心投入时,才可能进入审美状态。

当你觉得孩子难教时,那是因为你与他们的对话不在同一频道上,我们需要不断改变打开的方式。从某种意义上来说,戏剧化教学将语文课变得轻松清晰起来。课堂中老师的台词少了,孩子自主实践的时间长了,但老师课前准备得更全面了。只有充分地对教材进行全面把握,才能应对每个在戏演中生成性更多的课堂,正因为课堂有了不确定因素,学生们才有了生成的空间、成长的空间,教师的组织、引领、提升才更为重要。

(三)阅读教学的情境设置

1. 情境设置:但肯寻境变有境

英国戏剧理论家阿·尼柯尔认为,一种凭借其特异性、特殊性与不落俗套,进而感染、刺激和震动观众的“情境”,是戏剧性构成的内在因素。表现性课程本身的情境性以及任何教学——哪怕是最简单的教学过程,都是以处于某一情境中的角色及其表演为基础的。教学中的情境设置使师生深陷其中,兴致盎然。在设置的情境中学生成为主体,积极主动地投身于当下的活动中,在亲历性体验中获得自身的成长,在互动交流中得以提升。在教材中,各类文本的体式不同,设置情境的方式有别。根据文体特点设置情境,展开语言活动,才会获得理想的效果。

(1)故事类文本情境。

① 表演式情境。

故事类文本本身就有了显著的戏剧特质:情节、人物、场景,本身“吸粉”级别就很高。教学中,利用情境、角色、气氛、情绪等设计让学生融入故事中,让学生专注在当前设计的目标情境下并使其感到愉悦和满足,而忘记真实世界里的情境。

苏教版小学语文三下《鹬蚌相争》是一个寓言故事，这样的寓言故事知识性目标就是了解寓言的特点，明白寓言故事所意涵的道理，非常简单。在日常教学中，许多老师觉得没什么可教。但当把《鹬蚌相争》置放在学科核心素养的大视野下，我们将发现它是一篇很好的素材。故事虽短，五脏俱全，更适合开展表演性实践，致力于语文素养的整体形成与发展。在合作排演的过程中，学生通过表演表达对语言的理解，在理解中将文本语言通过表演外化，在这样的来回中语言能力得到建构与运用。例如，“就这样，鹬和蚌相持着”中的“相持”的表演，它在具身化的认知中成为语言积淀和心智发展的资源，随时可以被提取出来，发挥作用。这样的表演情境使学习者全身心投入，鹬和蚌角色的情感、语气、态度等都自然弥漫其间。在这样的环境中，学习者被裹挟、被包裹，主动参与其间；在这样的环境中，一切来自语文的学习目标被隐匿，学习者沉醉于当下的情境中；在这样的环境中，一切语文学习的活动，其实又在隐没中大张旗鼓地进行着。在评价表演时，对鹬与蚌的互不相让的态度有着明显的感受，写得好，演得也好。学生很快从“威胁、毫不示弱、得意洋洋”等丰富的神态、语气方面感受到提示语的“活性”。而他们对于人物语言鲜有关注，老师一句“它们的对话很有意思，仔细看看，你有什么发现?”一个点拨，学生的思维“流淌”出来了：有的句式非常相似；有的句式相对，只改了几个字；这样相似度极高的回击能压制住对方……这样的语言特点就很快被挖掘，被揭开，甚至被津津乐道地使用。后面的环节设计——“被关在笼子里的鹬和蚌，你望望我，我望望你，后悔极了！它们会说什么呢？请你们展开想象，写下它们的对话。注意用上较为丰富的提示语。”也是非常精彩的。

在这样的表演情境中的语言学习活动，还生发出好多附加值：策划能力，表现在角色的不同站位的形式上。多元表现能力，表现在鹬蚌相争时有的用手张合表现壳与鹬的嘴；有的则用拇指食指表现出鹬的嘴；有的则是将自己的头整个伸进模拟蚌的两掌中。合作力、动作设计能力、理解文本能力……学生在人文性关怀中实现语言能力的提升，在综合的活动中整体提升多重素养。

② 故事会情境。

民间、神话等故事想象力丰富、内容朴素却真实生动，故事性强，主角性格形象鲜明。这样的文体更适合把“讲故事”作为语言实践的主线。教师设置“故事会”的情境，让学生发挥耳朵、嘴巴、肢体在学习语言上的作用，还原文本“口耳相传”的过程，让学生一遍一遍地听故事，一遍一遍地讲故事，将课文的消极语言转化为自己的积极语言。

情节是故事类文本发展的重要线索，学生用一种戏剧化的形式，如“读故事按顺序播放画面”的形式可以很快把握故事大意。例如，在苏教版小学语文三下《日月潭的传说》一文中孩子播出这样的画面就可对传说有整体的把握了。学生交流画面的同时生成概括性词语，在好玩、有趣地播放情节图的形式中，巧妙地借助这样的图画和词语支架，就能讲清故事的主要情节了。

学生理清大框架后，就用“播放画面，抓住关键词”这样的理趣来说清小细节。顺着框架的每一环节衍生出神奇画面和相应的关键词，从而得到每一部分支架，这就成了故事的支架图，在这样的趣味情境中，故事讲起来就非常高效了。如果让学生再用家乡话播放一小段就更有趣了。

③ 对比式表演。

情景设置根据文本需要，有时只要抓住文章的关键处，通过比较就能起到四两拨千斤的效果。苏教版小学语文五下《水》一课课后练习三的问题直接指向了表达的方法：“缺水给村里人带来了‘苦’，可作者却具体生动地描述了水给村里人带来了‘乐’。找出有关语句读一读，体会一下为什么这么写?”这是反衬的写法，是文本重要的表现手法，但对这样的手法如果仅仅是概念性地了解，文本表达的独特之处并未掌握。进一步怎样写出乐的才是文本表达独特的地方，是言语教学的重点。教师在讲授过程中，通过集中这两个片段进行直观性比较，将两者不同之处凸显出来：

（一）

只有在下雨的日子里，大家才可以痛痛快快地洗上一回澡。先是像我们这样的孩子，全身脱得光溜溜的，在雨中奔跑跳跃，大呼小叫，尽情地享受水带给我们的抚摸与清凉，还仰起头，张大嘴巴，去吃来自天空的水。然后大人们也加入到了洗澡的行列里来，只是他们远没有我们这样的无遮无挡——男人们穿着短裤，女人们则穿着长衣长裤。

（二）

从头顶倾注而下的水滑过了我们的脸，像一条小溪流，顺着脖子缓缓地滑过了我们的胸和背，然后又滑过了我们的大腿和膝盖……在水的滑动中，我听得到每个毛孔张开嘴巴的吸吮声，我感觉得到血管里血的流动在加快。水，它不多不少，在抚摸过全身的每一寸皮肤后，刚好能润湿脚板，地上几乎没有一滴被浪费掉的水。

集中后比较，写“乐”是用了点面结合的方法的。一场雨是场面描写，着重抓住人们动作来表现雨中的痛快，尤其是抓住孩子的动作表现。大人的表现是对孩子的对比、补充。这里的场面描写把人物的活动交织在一起写，侧重于动态描写。接下来“一勺水之乐”则是点的描写，是细节描写。教学中如果缺少对比，再深的体会感悟都会显得苍白无力。因为细节处侧重心理描写，侧重感受描写，这样才会让人感到细腻生动，真实可信。因此，“点面结合”手法的学习才是本课的核心价值所在。

怎样让学生自己在语言实践中体会以获得这样的感悟呢？聚焦两个场景表演。表演需要反复读，真正进入文本的世界，与自我进行交汇。在表演中，第一个场景热闹，人多，有一群孩子和一群大人，孩子的表现各不相同。跑啊，跳啊，叫啊，仰起头，张大嘴巴吃水等。第二个表演则尤为安静，运用中心式聚焦，聚焦点是表演者，整个故事旁白由一个人叙述。表演者用手指划出水流过的路径。引导者适时叫停，让表演者说说感受。这样的比较，就很明显将两者的不同之处呈现出来。动、静描写，点、面描写以及动作交织和感受描写等，学生们都可以在对比表演后真实地获得，在互相交流中获得提升。

④ 凸显环境式表演。

故事类文中，环境是为塑造人物形象和表现文本主题服务的。对于环境，儿童往往会不去关注，而我们利用身体资源借助表演则对此关注比较醒目。苏教版小学语文四上《李时珍夜宿山寺》一文中皎洁的月光透过露天的屋顶，照进房子里。最后圆盘似的月亮，慢慢移到了中天。学生会用身体表现月亮的变化。此刻，教师追问学生看到了什么？此刻，月亮如果会说话，它想告诉你什么？学生轻而易举地明白景物衬托了李时珍的辛苦。

（2）景物类文本情境。

儿童对阅读景物类文章的兴奋点比较低，主要是因为这类文章更多的是对景物陈述性的再现，无吸引人眼球的故事情节，而且很多孩子对所描述的景物比较陌生，无亲历的情感体验。根据这样的学情可以将整篇文章置于戏里，使之有了情节，从而激发学习的积极性、主动性，在表演中强化了理解，提升了对于关键词的细腻感知能力。

学习《美丽的南沙群岛》一文，教师拿着小三角旗戴着太阳帽走进教室，扮演导游进行自我介绍后引入旅游第一站——参观南沙群岛历史博物馆。从而将课文的第一自然段内容转化成博物馆的资料，在表演中完成了对重点词语的理解及对文本表达内在结构的发现。接着跟着“导游”去海边，看到了海里的富饶物产（出示图片），再读读文字，通过表演将这些物产生动地带到眼前，从而将第二自然段转化成戏剧台词。最后“导游”叙述南沙不仅物产富饶，风光也很迷人（出示图片），“游客”指点自由说。“游客”读文准备上台表演，从而将第三自然段转化成戏剧台词。最后“游客”们在回程路上自由地表达感受。

用画面、生动的音效、老师渲染性的语言等营造出一种置身其中的情境。

学生在这样身临其境中进行情趣性的活动,在身心开放中触摸语言的秘妙。文辞优美的散文,语言韵味十足,形式上自由活泼,不受约束。学生可以在情境中设计配音活动,在浸润式朗读中,活化语言文字,在节奏与语言相通处发现语言的奥秘。

《田园诗情》一课语言工整对称,富有节奏美。因此,将感受语言的美、发现如何表达这样的美以及如何运用展示这样的美作为本课语言的学习点。课文第四自然段中句子结构相似,很有对称感,读起来朗朗上口。在教学中,先想象课文描绘的景象。通过想象,将语言还原成画面。这样的画面,因性格或对生活的印象不同,学生看到的画面会不同,在师生差异、生生差异中每个人的画面都不断得到丰富。在这样的想象中学生也把自己情感融入了画面里,以己之心观照其境,自然拉近了学生与文本的距离,为领悟作品的妙境和真谛带来最积极的情绪色彩。接着开展配音活动,在浸润式读后出示画面、配乐,展示配音效果。学生在读的实践中借助声音发现对称和富有节奏的表达特点,由此推进对课文言语形式的关注,显得水到渠成。这里有个体读的感受,带着个性的体验和多维对话的碰撞,实现语言秘妙的生成与生命的转化,然后将"绵羊那么悠然自得,小鸡、长毛山羊显得多么安闲,它们又有哪些具体的活动状态,请你选择其中一种展开想象也写上几句,注意表达形式的对称。"作为写的要求,这样的写既是对文本表达的迁移运用,同时也进一步具体感受到动物的悠然自得和安闲。言语的学习运用都是在鲜活有感的情境中进行的。

(3) 说明类文本情境。

常识性课文一般是以说明为主的文体,通过对事物的特点、性质、成因、功能等特征做客观的科学的说明,使学生对事物有所了解,从而获得知识。小学语文教材的常识性课文一般可分为两类:一类是介绍性的科学小品文,它以平实的笔法,准确地介绍事物和知识,说明事物发展变化的过程等,如《太阳》《鲸》等课文。另一类是文艺性的科学小品文,这类文章的特点是运用文艺的笔调,如对话、故事等形式来加强说明的形象性,如这里主要谈的是常识性说明文的情境设置。基于说明文围绕某一事物从不同方面介绍的特点,将其设置在不同情境中,整体纵向看,每个情境有一定的内在关联,且体现戏剧的特点,或平滑自如地转换,或精于制造高潮等。这样,一节课就被处理成多场戏,教学因此有了表演游戏的兴味,将本来枯燥的说明变得充满趣味性和表现性,带给了学生情感的愉悦和表现的欢乐。

苏教版小学语文三下《恐龙》一课,学生对恐龙是非常感兴趣的,但这样的兴趣往往会让课堂方向跑偏,成为一堂知识介绍性质的自然课。怎样借助恐龙知识的兴趣开展生动活泼的语言学习,从而使重点回到学习怎样介绍上来？又可使学生的热情不减,从而回归语文本来的轨道？本课设置了这样连续性的情境:穿越→寻找森林中的恐龙→“我”的恐龙展厅→参观恐龙副展厅→恐龙电影厅。第一个情境是在教师描述画面展示中来到两亿年以前。第二个情境活动中,先借助文字介绍寻找相应的恐龙,并说说是它的理由,从而对恐龙的类型和外形有了形象化的了解。然后借助文本分别概括各种恐龙的特点。并选择一种恐龙同位组合以第一人称方式用两种不同的方法自我介绍。例如,“我”是个庞然大物,身体比六头大象还要重,每踏下一步就发出一声轰响,好似雷鸣一般。在这样的活动中,学生感受到抓住事物特征运用说明方法介绍的妙处。下面自己设计恐龙展厅,给展厅取名,写一段话介绍自己的恐龙,尽量运用说明方法。接着来到副展厅,做个讲解员介绍恐龙的吃食和繁殖。最后凭着在展厅、副展厅得到的入场券进入电影厅观看恐龙视频。

这样的不同情境设置正贴合说明文介绍事物时围绕事物不同方面介绍的文本特征,但每个情境却有一定的暗线联系,“‘我’的恐龙展厅”将学生对恐龙的兴趣链接到一个很好的语言表达窗口,使之得以宣泄,微视频的播放也把学生的情感推向了高潮,这正也表现了戏剧的情节性特点。

(4) 说理类文情境。

从小学四年级开始,语文教材就编排了一些说理文。说理文语言凝练,层次清楚,有理有据地阐述观点,是培养小学生逻辑思维能力的有效载体,是语文学习走向实践、走向应用的必不可少的一种文体。但又因此类课文一般缺少扣人心弦的情节与生动活泼的语言,与以形象思维为主的小学生缺少审美趣味的对接,不易引起他们的喜爱。综观现在说理文的教学课堂,都呈现出沉闷的低效的现象。老师说教太多,学生索然无味。怎样才能让说理文的课堂生动起来、美起来?

对于说理,学生不全是空白,他们也是有一点说理经验的。因此,学习中,学生基于已有经验,设置辩论情境。这样的情境富有挑战性,使得整个教学焕发出热情,迸发出思维的火花。而在辩论实战中明白说理的相关知识,学生在这样的情境中得到生动活泼的发展。在辩论过程中,学生因需要时将课文置于眼前,发现相似之处与不同之处,此刻因需而学,有主动性,提高了学习效率。

其次,说理文字里行间也会激荡着情感的波澜,有的说理文与其说它是一篇说理文,还不如说它是一篇演讲稿。《谈礼貌》一课就有着这样的特点,只有用饱含感情的陈述来唤起读者情感的认同,才真正能够说服别人。因此,开展不拘形式的演讲活动,让学生在品读、诵读的基础上站上讲台,像演讲者那样去演讲，学会用举例说服别人，学会在演讲中与观众交流，在获得心灵启迪的同时感受说理文事例的严密。在说理中，促进对文本语言的吸收积累，学以致用，生成个性化表达。

总之，当教学被置于某种“情境”之中，教学也就有了戏剧的环境。其中的人就扮演了情境中的角色人，情境中的要素为其接受，以“改变、发展、需要”等“活”的状态呈现着，这样的情境将课堂中生命的活力释放了出来，教学得以高效运转。

2. 角色开发：远近高低各不同

(1) 角色化身，趣味朗读。

不管是以怎样的形式切入教学，课堂中的读是不能改变的，怎样能让学生兴致勃勃地读呢？在戏剧化教学视野下，设置读的情境，变换读的角色，让读也变得有声有色。对词语、课文朗读的检查设置“勇登挑战台”的情境进行。学生此刻就是一名名挑战者，面对词语关，句子关，片段关自主选择，能做到准确、通顺、不打结便属于挑战成功。在挑战过程，学生有时是越挫热情越高，兴致越来越浓。

管建刚老师讲授《陶校长的演讲》，课堂一开始，反复朗读是课堂的主线。通过读概括课文里陶校长讲了哪四方面内容，此处最精彩的是管老师寻找了班上不同孩子扮演学校内的各个角色，竞聘不同职务者的朗读让平淡的读变得富有乐趣，在朗读中也明白校长讲话的语气。教师在这样的朗读中经常变换情境，学生才会有新鲜感、刺激感，读书热情高涨。

(2) 角色表演，花式聚焦。

① 教师入戏，引导聚焦。

教师担任戏中某个引导性的角色，制造各种问题，同时控制剧情的发展，让学生尝试在活动中解决问题，完成整个戏剧的表演活动。在通过表演性的教学行为呈现课程的时候，教师要呈现多样化的聚焦方式。比如，在《鹬蚌相争》这个故事中，采用了如下聚焦方式。

固定式聚焦。检查朗读时聚焦一位同学朗读课文。其他同学边听边在脑中播放画面。学生的听与想都聚焦在叙事同学的行为中。

不定式聚焦。故事中不同情节通过几个不同的聚焦者眼光表现出来。例如，情节发展不同阶段的鹬和蚌由不同的同学来表现。

集体式聚焦。相机聚焦集体中的一组角色或人物。如下情况：

师叙述情境：一天，天气晴朗，微风轻拂，软绵绵的河滩上躺着一只河蚌，它尽情张开壳儿，(蚌1演，蚌2演)灿烂的阳光照在白嫩的肚皮上，多自在啊！听，它在说:(蚌3说,蚌4说……)有只鹬看见了,口水直流,心想:(鹬1说,鹬2说……)

在这一过程中,教师要注意创设多样化的叙述视点。教师在课程的呈现中要注意多视点,在《鹬蚌相争》一课中,教师的叙述是第三人称视点,讲的是别人承担角色的故事。这就为在叙述中提出问题“鹬们,你们怎么拔的?”“鹬啊,你松开它的肉,否则,肉没到嘴,你也累死了。”“蚌啊,你怎么想的?”提供了自然性。能从不同的视点叙述,可以培养学生看问题的不同视角,从而培养学生看问题的全面性。

② 即兴表演,立体聚焦。

即兴表演是一种不用剧本的表演方式。一般故事比较短小或摘取某个重点片段,在小组合作或独立思考的情况下进行演出。这也是课堂上常用的方法。教学中,教师可采用这种无须表演技巧的方式来检测学生对文本的理解程度、对教学活动的反馈力,还可以借此培养学生的策划能力,想象力、创造力、表现力等多方面的综合能力。

开放舞台,创新表演。对于短小的故事,或者文中重点的片段,完全放手,由学生去编创。不同的小组可能编创出不同风格的表演。如《鹬蚌相争》一课,表演故事时学生首先进行演前讨论:

故事中有哪些人物?我们把故事演出来,如何分配角色?然后小组合作,组长迅速分配角色,把课文演活。接着表演者上台展示,台下同学成立鉴赏团。看完后可以说说精彩的地方,也可以提出建议。在表演中,有的组鹬夹蚌用手对手演示,有的是双手夹头。相持中有的甩动身体,有的则是头在双手中挣扎。对于威胁、毫不示弱的情境,表演者各有各的理解,各有各的表现,呈现出缤纷的形式,折射出的是看得见的思维,触得到的带有个性体温的理解。在表演中,学生对教材内容自主做了处理:补充文中的空白处。渔翁喜笑颜开地上场捉住鹬蚌,表演时,添上了渔翁的语言。这与“完形论”解释相一致:人们在面对一种不完满时,会不由自主地产生一种填补“空白”使之完满的心理趋向,这种补充过程激起大脑的冲动力和知觉的兴奋,从而产生一种内心的平衡和身心愉悦的感受。接受美学则认为:在读者通过想象和思考亲自参与的对于作品的填补过程中,实现对作品更深的理解,而作品本身也获得更多更深远的意义与价值。对于教学而言,空白的意义在于它具有生成性力量,它能在课程、教师和学生各自蕴藏的精神能量之间形成转换。由此,生成了故事表演延长的方式,如下:

1. 这出戏很短,怎样把它演长一点,生动一点呢?有个好办法:提问。就是把你还想知道的提出来,进行想象补充表演。默读,还有哪些问题想知道呢?

2. 出示问题:老师将你们的问题与我的问题整合成以下几方面。

(1) 蚌晒太阳怎么个舒服法?

(2) 鹬刚见到蚌时有什么表现?

(3) 鹬怎样拔自己的嘴的?

(4) 渔翁有什么表现?

……

其实,空白点的创设归纳一下无外乎在语言方面、在角色行为方面、在故事情节发展方面、在表演性结尾方面构建想象空间。

角色交融,互动提升。故事进行整体性表演时,不同角色的演员借助怎样的形式才能做到整体关注,而不是专注于自己的一亩三分田呢?在活动中,学生自有办法。在《海底世界》一课中,表演“海底动物各有各的活动特点”一段时,有个表演深水鱼的同学,在朗读表演自己的台词“还有些深水鱼,它们自身就有发光器官,游动起来像闪烁的星星”时,其他演员,此时也跟着用手表演出闪烁的星星。这样的创作给了我们表演策略上的启示。绿叶衬托红花,彼此相得益彰。相互合作,相互衬托。我是你的绿叶,你是我的绿叶。从而使小组中全体成员都在关注文本语言的过程中积累了语言经验,获得语言提升。对于民间传说神话故事等,主要分角色讲故事。角色可以讨论分配。或根据每个情节发展来分工合作。各人承担一部分。一人主讲时其他人表演,大家既是独立的说故事者,同时又成为他人故事的表演者。从而使整个故事过程变成每个人都始终参与的过程。真是你方唱罢我登场,从而使学习活动真正面向全体。即兴表演形式特别受学生欢迎。因为开放,学生有自主的权利;因为可以连贯的展现,有情境感;因为个性色彩浓厚,学生的独特性创新得以呈现。学生的生命热情得以最大限度地释放。同样,台下观众也看得兴致勃勃。但是,教师在这样的环节后一定要组织大家评价,在评价中引导学生聚焦所要学习的内容。

创意表演,建构读写。《槐乡五月》这篇课文第一自然段,语言如诗般美妙,是值得进行语言积累的材料。怎样在这样的语段教学中,能够生动活泼地积累语言,又获得美感体验,还又对表达有一定的体会。首先,老师朗读,学生展开想象:五月,当我们走进槐乡时,看到什么?闻到什么?其次,指名朗读,大家听,能通过朗读把看到的画面展示出来。再次,小组合作,分角色表演。讨论如何分角色。在讨论中明晰较好的方案和有创意的方案,只要理由合理即可。较好方案:每人都有角色,角色分配顺应文本表达路径,显得清晰。创意方案:角色清晰,有不一样的表现。第一种:总分结构(总写齐读,写槐花多、白的一人演,写槐花形态的一人演,写小蜜蜂与孩子的动景一人演,写槐花香的一人演)。

第二种:创意(总写部分齐读,写槐花多、白的一人读,其他配演;写槐花姿态的一人一句对读;写动景的一人一句对读;写香味的齐读;另外为了便于表演,相互为对方配台词)。在这样的角色分配讨论中,学生体会到文本整体的表达方法,这才成为他们内部的语言知识。创意分配是在明白结构的基础上进行更有戏感的分配,这样会更有意思。角色分配好以后,开始排演,要求能够准确熟读台词,尽量记住,这样会更有表现力。展示后分享自己最喜欢的句子,看有什么发现。进行对称的练写。这样一个片段,学生在表演的情境下按不同任务和角色多次朗读,甚至在表演中已经能熟读成诵,注意了语言积累,学生还在朗读中想象画面,在表演中展现形象,得到美的陶冶和熏陶;而在角色分配中、自主选择朗读中发现了语言表达方法,这样的方法是学生在自己反复朗读中发现的,是建构于自己知识体系的。最后进行实践迁移。这个过程体现了吴忠豪所说的“丰富语言经验是学习语文的基础,强化表达实践是学习语文的重点”。而这一切都是学生在人文性环境下,在戏剧表演的环境下兴致勃勃地进行的,其目标有了较高达成率。

3. 内外互转:心有灵犀点点通

(1) 表演入境,生成支架。

对于写事类文戏剧的转化,不必全篇表演,事情的情节已经可以吸引孩子了。戏剧化则放在难点的突破上。例如:苏教版小学语文三下《雪儿》一课的难点也是课后习题中的,描述“我”和雪儿告别时的情景。怎样能条理清楚地将雪儿与“我”的依依不舍比较丰满地表达出来呢?表演是进入情境的最好方式。教师引入情境,展示雪儿在空中飞翔的图片,进行入戏叙述:看着雪儿翱翔蓝天,回忆相处的点点滴滴,“我”与雪儿告别时的情景是怎样的呢?学生语言加动作表演,在表演中教师相机指导,最后生成总结出这样的思路:告别(告别中有感谢,告别中有回忆,告别中有祝福)—雪儿依依不舍—放飞,这就巧妙地化解了表达思维的难点。表演的过程,就是通过认知、语言、动作、思维进行学习的过程。因为有了动作的介入,有了表现的平台,同学们学习兴致盎然,同时发展了语言、认知和思维。

(2) 角色分配,发现表达。

学习苏教版小学语文三下《庐山的云雾》的第二自然段时,学生讨论小组表演时如何分配台词,教师引导学生发现内在的言语表达方式来分配角色。基于此,学生讨论后生成这样的分配:中心句齐读。作者其后对四个不同位置的描写分别由四位同学表演。这样的分配使学生在表演过程中认知了作者围绕“千姿百态”这一中心句分别从四个不同位置来具体写出庐山云雾姿态万千。从而在建构角色中完成言语表达方法的认知与迁移。

分配角色时渗入探讨言语表达的结构：思考如何分配角色及这样分配角色的理由，选择最合理的方案。借形式激发沉浸对语言文字的探讨。最后总结角色分配方法。如《庐山的云雾》第二自然段表演后，师生评价中对“笼罩、缠绕、弥漫、遮挡”这几个动词有了进一步形象的理解，欣赏了用词的准确，想象了画面，并再次朗读感受。教师点评：四位同学彼此独立，真的是各不相干吗？读一读，你发现什么？在教师的引导下学生发现前两句句式结构相似，后两句句式结构相似，建议表演后两两牵手以表关联。接着设置情境迁移“云雾铺在山脚又会是怎样的姿态呢？仿照其中一种形式说一说。”说完后站到相应的队伍中。在这样的互动中，教师与演员、演员与观众之间发生了精神能量的转换。

角色构建中适时进行梳理总结。将分散的与局部性的认识进行聚类、清晰化和结构化的处理，形成相对完整、丰富和较集聚前更高一级水平的概括或更进一步的问题。例如，角色分配方案定下后师生可以共同完成上面的总结，角色的分配依据文本的表达结构会更为清晰。多人读中心句以强调其概括性，围绕中心句找到分写的几方面分别朗读表演。还要发现分写句子之间的联系和区别以将其展现出来。

（3）动作唤醒，勾连生活。

戏剧化不仅仅是表演，更是借助肢体动作语气神态自然表达，动作带入意境，与生活勾连，唤起记忆中的情境，从而使语言灵动流畅欢快，促进语言的发展。苏教版小学语文三年级《雪儿》一课，教师在教学中让孩子看图说说信鸽的样子。有孩子情不自禁地手舞足蹈，喜形于色，表达角度也出乎意料：全身雪白雪白的，毛软软的，摸上去柔柔的，让人觉得自己像摸在棉花上。不仅自觉说出颜色，还链接了生活经验及类似联想。如果仅仅去教这样写作知识，学生觉得困难，更没有表达的喜悦。相信只要进入境域中，学生自然会自觉主动地把一部分写作技巧运用其中。我们要做的就是想方设法让他们进入情境，对他们不言自通做提升性总结。这样的技巧就已经内化了，这不是枯燥的理性知识能达到的。

（4）演示生成，细化过程。

维果斯基强调“活动”的作用，运用外部活动和内部活动相互转化的辩证法，揭示儿童思维发展的动力。而表演就能实现内外的相互转化。将表演、语言、思维联系在一起。在学习《花瓣飘香》一课时，教师把女孩小心地摘花时的情景请学生演一演，观众交流看到了什么？用边表演边描述的方法还原生活细节。从而文中“小心地摘”变成了“她俯下身，拨开花丛，左手扶住花径，右手拇指与食指捏住花瓣，屏住呼吸，轻轻一提，花瓣落了下来。接着双手捧着，放到鼻尖,轻轻一嗅,花香钻进了五脏六腑中。然后飞快地穿过田野,跑远了。”这样的表演将人物对花的爱惜生动地展现在眼前,语言、思维也得到发展。

(5) 角色朗读,凸显形式。

戏剧化教学营造了一个生动的环境,为学生提供了主动参与的空间。教学中,教师稍加点拨,学生就能发现言语的形式,这将起到四两拨千斤之效。对于某些在朗读中能够体悟到的特殊的言语形式,借助分角色朗读的实践形式,将会有自觉地发现。《槐乡五月》中大量对称的句式在分角色朗读中就能把握。《我和祖父的园子》“祖父戴一顶大草帽,我戴一顶小草帽。祖父栽花,我就栽花;祖父拔草,我就拔草。”中“整齐中的不整齐”的表现手法,也在分角色朗读中把握住了。

(6) 互言互形,共境演绎。

戏剧化教学,促进动作、语言、思维的发展,在学习活动中经历了语言—形象—语言的过程,将文本走了一个来回,在这个过程中,学生得到了主动的发展。苏教版小学语文三下《大作家的小老师》一课中,学生们在朗读时读出了小姑娘的可爱,萧伯纳的富有童心。这里小姑娘的外貌抓住特点,语言简洁。抓住皮肤、眼睛、蝴蝶结的特征,寥寥数语就将一个可爱的女孩形象展现在眼前。那么哪些地方表现大作家的老顽童特点呢?(老:白发、白眉毛、白胡子;讲究:穿着笔挺的西装;眼神柔和顽皮……)也用简洁的语言,抓住重点部位表现人物特点。于是,就创设了大作家这样的外貌:他高高大大,西装笔挺,头发胡子眉毛都白了,像盖了一层雪,眼睛流露出顽皮的神色,真是亲切极了。然后根据不同的身份抓住特点用不同的语气介绍,加上适当的表情。在分角色演朗读中,两个人物形象已栩栩如生地初步站在读者眼前,带着读者生命的气息,既富有个性,又有迁移运用的共性。在互动表演中自觉主动修改,从而达到朗读表演时形式一致的美感。

4. 多元转换:点滴戏语总关情

在戏剧化教学中,教师的语言就是流动的戏,对言语表达形式进行转换,变得更接地气,也变得更有意思。

(1) 由形生戏。

学习苏教版小学语文三下《简称歌》这一知识点,记忆简称对应的省名是难点,对于学生来说既抽象,又缺少一些相关知识的积累。创造性的戏说成了最好的学习方式。与学生一起创编,如“豫的简称是河南”,戏说创编为“大象在河的南边喝水”。效率极高,当堂孩子们就在兴致盎然中掌握了内容。

(2) 由意生戏。

将总分构段方式戏说为“母子式”,表演前通过讨论得出方案,母亲(中心句表演者站在第一排中间),分句表演者并列站在第二排,这样的站位让学生形象化地理解了总分的构段方式。

(3) 类比生戏。

管建刚老师在讲授《陶校长的演讲》一课上,提出“作为普通人对于全面发展的健康与道德,你怎么选?”孩子激烈地讨论,谁也说服不了谁。正当要陷入僵局时,管老师打断思路,通过阅兵仪式上联合国组织潘基文和俄罗斯普京的入场顺序,让孩子明白出场和压轴一样重要,这样的类比让孩子联想到,原来健康与道德一样重要!留给人的印象深刻。

(4) 由情生戏。

贴近儿童情感的语言,会让儿童在趣味中完成活动。对于文本中对称的句式,用“跟你学”的形式戏称。文本表达运用时,可以说成跟他“过一招”,管建刚老师的风格是幽默风趣,在《陶校长演讲》中发现文本表达形式时让学生发现说话的套路:原来四个问题句式相似,原来文中四个问题的顺序与结尾相呼应。别着急,发现这份故意,你的道行还浅,再找找。一种更大的故意还藏在后头呢!就这样,学生就在老师语言设计的戏境中饶有趣味地去探索。

语文核心素养指导让学生完成语言建构与运用等核心素养的提升。戏剧化教学只是改变传统阅读教材的方式,让学生健康活泼地主动发展。

5. 量身定制:此时无声胜有声

戏趣化教学视野下的作业设计,形式上通过设置一种情境,吸引学生积极参与,内容上将作业不再定位为完全是课堂教学的附属,而是重建与提升课程意义及人生意义的重要内容,成为学生课外、校外的一种生活过程和生活方式,成为链接阅读和习作素养的桥梁。它从预习、作业布置等方面量身定制戏趣味道的形式与内容。如中年级定制这样的预习单:

① 小喇叭广播开始了:正确通顺地朗读课文。

② 各显神通:叫醒不理解的词语。

③ 我有千里眼:画出课文的情节图。

这样的预习单形式让学生有一种游戏感、角色感,在玩中学。内容上也激发了其自主性、创造性。其中“叫醒不理解的词语”体现了一定的开放性,可以“用身体叫醒不理解的词语”。其实就是对与不理解的词语理解后来表演,但是直接指向演,这期间一定要理解,可在戏化教学的视角下,当学生兴致勃勃关注演时,他们所有的学习准备被隐身了,这样的学习变得有意思也更有效了。也可以借助图画和适当的文字说明来“叫醒”。在预习《美丽的南沙群岛》一课时,学生选择了“水天相连”和“碧波浩渺”画了一幅大海的景象,还配上了对于文字理解的简要说明。教学中,选择了他们的作业配合教学,取得很好的效果。

课后作业的延展也是有趣的，形式多样的，包含着语言的创造性实践与运用。在学完《美丽的南沙群岛》一课后，我们设计这样的作业：

南沙群岛主权长期存在争议，除中华人民共和国与越南均声称拥有该群岛完整的主权外，马来西亚、菲律宾则宣称拥有部分岛屿的主权，并且皆有部署军力在此地区确保自身的权益。而文莱与印度尼西亚则是宣称拥有此区海域的主权，进而间接包含了南沙群岛部分水域。假如你现在就是我国的外交家，你会用什么样理由义正词严与他们据理力争？先读读课文，找出铁证如山的理由，再上网搜集资料。两者结合写出你的理由，准备在会上有力地去驳斥他们，捍卫我们的国家主权。

这样的作业是以外交家的角色去参与的，既来自课本，又延展课本内容，是一次非常好的语言实践活动，同时，也是一次爱国主义教育的无声渗透。

戏趣阅读教学视角下的作业还体现了为学生创造实践机会的理念，这与小学语文新课程标准中提出“语文是实践性很强的课程，而培养这种能力的主要途径也应是语文实践，不宜刻意追求语文知识的系统和完整”的标准相呼应。例如，在学习《槐乡五月》一课时，正值槐花盛开，布置学生与家人一起做一顿槐花饭，感受它带来的美味与乐趣，并让学生把自己的体会写一写。这样的体会不求长篇大论，要求有感而发。有的用小诗，有的用图配文，有的介绍制作过程……学生们兴致勃勃完成这样的作业。

总之，在戏剧化教学中的“剧”基于戏剧，超越戏剧，重游戏精神，重体验与表现。“戏剧化教学”是以课程整合的视角，对传统的戏剧教育进行课程化改造，其“宗”指向“人”，指向儿童未来发展。在学科教学中融入戏剧元素，形成戏剧课堂的新形态，能够锻炼学生的想象能力、思考能力、表演能力、语言能力，更重要的是能让学生养成一种自信表达的良好习惯。

（四）写景抒情类散文教学结构谈

“活”画 “传”神 “长”言

小学阅读课文有不同的文体，抓住文体特点解读教材，设计教学策略，无疑是找到文章灵魂的密码。以写景抒情类散文为例，它们语言优美，意境清幽，具有诗情画意。这类散文，景是真景，物是真物，只是通过描写使景物变得有情有义，让作者所表达的情感自始至终与所写景物相融相和。这融入的情就是文章的神，体现了形散而神不散的特点。那么，怎样抓住文体特点进行有效教学呢？笔者进行以下尝试：

1. “活”画：生动语言创设的意境

以形传神、创设意境是写景类散文最重要的写作方法。因此，只有透过文字看到一幅幅生动的画面，才能进入文章描述的意境中，才能得到审美愉悦，从语言中汲取最大的营养，体会到作者的细微情感。怎样做到这一点呢？

① 想出“心中画”。

凭借文本语言展开想象，将语言描述的景象在脑海中呈现出来。画面是否生动丰富，是否与学生的生活经验有关。因此，充分调动学生已有的生活积累是教学中教师需要关注的。学生在学习《田园诗情》中第二自然段时，边读边想象课文描绘的景象。通过想象，将语言还原成画面。这样的画面，因性格或生活中留下的印象不同，看到的画面会不同，在差异中每个人的画面不断得到丰富。在这样的想象中学生也把自己情感融入了画面里，以己之心观照其境，自然拉近了学生与文本的距离，为领悟作品的妙境和真谛带来最积极的情绪色彩。

② 营出“境中画”。

心理学研究表明，儿童是用形象色彩和声音思维的，他们能够敏锐地感知鲜明的富于色彩、生动的声音的形象。教学中，用直观的手段将语言描述的景象呈现出来，更容易将学生带入意境中。如在《田园诗情》一课第三自然段的学习过程中，老师通过播放《赛马》乐曲与语言描述把学生带入了马的自由奔跑的意境中，学生的形象思维能力被调动了，那些哒哒的马蹄声，把学生一下子带进了辽阔无垠的草原。老师的语言描述推波助澜，让他们与骏马一样为体会到的自由的意境而快乐。

③ 读出“话中画”。

朗读可以活画语言文字，在教学中要读出“话中画”，一定是学生在有了一定体会后才能读出画面感来。如在学习《田园诗情》一课时，为了体会牲畜们生活的牧场环境的美，学生们首先找到描写牧场环境的句子，捕捉关键词语联系生活实际交流形象、感觉等，带着这种感觉读好词语。最后把词语带到句中，边想象画面边朗读整个句子，学生就能通过朗读读出画面感了，既受到了熏陶，也进一步感受了意境的美。

2. “传”神：领悟语言表达的情意

传神，就是教师利用适切的系列方法激发学生积极主动有效领悟语言所传达的情意。阅读散文，形是血肉，神是灵魂。在课堂中上学生在丰满的“形”中一层层深入，“神”渐渐浮现，由模糊走向清晰，从而真正抓住散文教学的精髓。

① 感受“神”之影。

教师要根据学生的认知特点，耐心陪伴学生走完认知过程。教学中，教师首先要尊重学生，把文章原原本本地交给学生，力求让学生对文本形成一个“属于自己的”“整体的”感知。如在学习《田园诗情》一课时，揭题后学生交流眼前浮想的画面。然后朗读课文，想想荷兰给自己的印象，这样对文章的情感基调有了粗浅感知。然后进一步理清写作顺序，每部分浓缩成标题式，帮助弄清文章主要内容，再将文题与内容互相观照，从而对荷兰的田园风光有了整体的感受，内在的神韵也在心中若隐若现。

② 体悟“神”之真。

通过对事物进行具体形象的逼真描绘传递出文中主人公的主观情感，这是景物类散文最重要的方法。阅读这类文章，“循其形，入其里”，在“活画”中，体会文章的诗画意境，然后进一步推进，聚焦那些一字传神的词句，品味其中传达的情意，根据自己的生活经验和知识由此及彼、举一反三地进行想象、联想和补充。把自己的感情流程和作者的思想融合在一起，以体察作者的情感，探明散文的内在精髓。如在精读《田园诗情》第二自然段时，边读边想象画面，再交流喜欢的地方及理由。在交流中聚焦关键词语，引导学生联系自己的生活经验想象、补充，语言传达的那种温馨、自在之感由内心自然流淌出来，相机再通过朗读表达情感，这样的“神”更丰满、厚实了。

③ 析出“神”之形。

散文中有些重点句子或词语最能揭示主旨、升华意境、涵盖内容，奠定文章的感情基调，表达作者的情感，这也就是散文的“神”，也是“神”眼。这些点睛之笔往往在文章的开头或结尾。教者引导学生抓住“文眼”，挑破“点睛”之笔，准确理解作者的思想感情，从而清晰出散文之“神”。如《田园诗情》最后一个自然段“这就是真正的荷兰。”就是“神”眼，在已经通过一系列意象感悟荷兰的幸福、自由、悠闲、宁静后，对“真正的荷兰是什么”学生一定能透过景看到情，透过田园看到诗情。再补充作者的写作背景，学生就轻松透视出景物背后作者表达的情感——对自由、平静、幸福生活的赞美和向往。

3. “长言”：迁移言语表达的智慧

长言，在这里指向的是语言文字的学习和运用。笔者认为，阅读课堂中，语言文字的实践应是对文本语言文字学习效果的检验，是文本语言表达方法运用、内化的过程，是学了本节课中而获得的语言的生长。作为抒情类写景散文，可以尝试从哪些方面实现语言的生长呢？

① 传神词语中寻找。

小学课本中写景类文语言生动优美。有时，一个词语甚至是一个字眼的使用，就能让景物变得鲜明生动。品味写景类文语言，要重点品味那些能一字传神的动词、形容词、数量词等，品味这些词对描摹景物、传情达意的表达效果，并将这种对文字的敏感的感受能力内化成为自身的语文涵养，这也是语言的一种生长。

《槐乡五月》是苏教版小学语文三年级上册的景物类散文，文中多处传神之词值得品味。第一自然段感受槐花的香时，教师让学生读读体现槐花香的语句，然后体会“浸”这种表达的多种独特的韵味。在此基础上发现写景时可以运用能传达神韵的动词，往往会更加生动。最后，出示句子填写传神动词，这样学生的品词、用词能力达到历练和生长。

② 形神结合处寻找。

散文文辞优美，语言韵味十足。同时，散文形散神聚，形式上自由活泼，不受约束。根据这样的文本特点，寻找散文类各年段语言学习和练笔的点。例如《田园诗情》一课语言工整对称，富有节奏美。因此，将感受语言的美、如何表达这样的美以及运用展示这样的美作为本课语言的生长点。而能通过运用进一步感受荷兰的悠闲、自由，与散文的“神”相融合，从而达到言意皆得，这才是言语实践运用有生长的设计。本课文第四自然段中句式结构相似，很有对称感，读起来朗朗上口。学习时发现这样的表达特点，然后将“绵羊那么悠然自得，小鸡、长毛山羊显得多么安闲，它们又有哪些具体的活动状态？请你选择其中一种展开想象也写上几句，注意表达形式的对称”作为写的要求，这样的写既是对文本表达的迁移运用，同时也进一步具体感受到动物的悠然自得和安闲。

③ 析“神”总结中寻找。

散文教学最终要准确理解作者所表达的思想感情，也就是清晰文章的“神”。整个教学过程对于文章“神”的体悟是有过程的，但还显得零散、朦胧，抓住点睛之笔表达自己感悟到的神，也是最佳的一种方式。这样，既落实了文本价值、达成此类文的教学目标，又将原先的点状思维切换到整体思维，视角从一个意境转化成一系列意境，在这样全方位扫描中训练了整体思维能力，活用文中的词句，对前面的感悟又是一种提升。正因如此，在这样的练笔中，也让人看到本课的生长。如《田园诗情》一课，学生在想象、朗读、品味中感悟了荷兰的幸福、悠闲、自由、宁静后，教师扣住“文眼”——“这里是真正的荷兰”一句，以“真正的荷兰在哪里？结合文中的词句和自己的感悟写出来”这一提示进行练笔。

总之，依据文体特点展开教学是走进文本的最佳路径，在这样的路径中要注意遵循学生身心发展的规律，做到方向科学，形式生动，这样，就能最大限度提高阅读教学效率。

第三节 窗外风景

写作教学要重视写作意识的培养，带着饱满的文心走向主题。窗外风景就体现了这样的思想。内容上分为两个层次，主要是同龄人的优秀同题习作和经典的同类文。儿童的习作接近学生发展区，可以与学生发生共鸣，给予潜移默化的影响。结构上较为常规，对于初学者来说能够带来帮助。经典的同类文意可以提高孩子的阅读层次，使其接受优质语言熏陶，同时开阔了眼界。作为名家的作品，大多更加灵动，是规范后的变式，通过阅读也传递给学生这样的信号，同类文的谋篇布局是多样的，现在学的只是一种基本的范式，自己也不要墨守成规，可以创新。

操作上以自读自悟为主，与窗口阅读并行，窗口阅读的方法结构尝试用到窗外风景的阅读中，从而打通了课内阅读与课外阅读的壁垒，实现课内、课外联动，使学生在潜移默化中积累语感，积累篇感，积累类文。反馈方式可以是课堂中类文对比，也可以是课前五分钟播报或某个片段的表演。通过这样的反馈方式推进持久阅读。

第四节 生活体验

巧妇难为无米之炊，对于学生来说，写作首先要有丰富的素材，这就得靠平时的积累。生活体验是素材积累的一种形式，因为随时、随地、灵活、便捷，随时可以记入口袋中的小本子上，所以，我们还称为口袋积累。因为搭配戏的方式，增强戏感，转化为生活体验。戏趣化主题作文的口袋积累从内容上分为常规积累和指向积累。常规积累不确定类型，范围广阔。指向积累与习作主题勾连。从类型上看，可分为“体验式活动”积累，如校园寻春、一根棒棒糖几次舔完、亲吻一次爸爸试试、校园的桂花树、我帮家里刷马桶、我为妈妈画眉毛、我为爸爸刮胡子、我为奶奶剪指甲等；还可以是“动态推进”积累，如蚕的生长过程、植物的生长过程等，这种观察，需要推进式不断观察。但不管是哪种类型的积累，都要学生能主动观察生活。不经过有意识地引导，大多数学生对熟悉的生活会视而不见，不能主动有意识地观察生活。将积累活动置放在游戏式活动体验中，形成“境域化”的口袋积累，增强积累的“敏感力”，快速、敏锐、兴致勃勃捕捉生活中的点滴。我们总结了以下几种方式：

（一）做做美味豆

词汇是最基本的语言单位，是进行思维和交际的重要工具。对于新鲜词语的积累是口袋积累的长期保留项目。但积累的词语只有主动用到自己的表达中，才能成为个人言语的认知图式的一部分。传统的积累简单、机械，没有激发学生的主动性。所以,教者还必须开发形象生动的积累词语的方式,让学生能自觉主动经历词语的输入、记忆、内化、运用过程,这样的积累才会高效、有用。“做豆豆”游戏可以融入这样的过程。对发现新鲜的词语的过程我们称作“寻豆”,这寻豆要求寻靓豆,凡是让你觉得新鲜的词语都可以称为靓豆。如果是两个字的词语就是两粒豆,如果是四个字的词语就称为四粒豆;如果是三个字或其他多个字的词语称为怪形豆;把它所在的句子多读两遍,然后记到摘抄本上,称之为“剥豆”,就是从句子外皮中把它脱离出来,这样的词语积累使孩子有了一定的语境感。接着进行“煮豆”,对积累的词语放在口中多读几遍,读得越多,煮的越熟。最后是吃豆,那就是在写话中随时运用啦,凡是能运用上的都是吃到了豆子,自己圈上用到的觉得新鲜感的豆豆,老师注意表扬,获得的成功就尝到了豆子的美味啦!当然,如果想先尝为快,即时仿说也是品尝的方法。老师经常会问问,同学们吃到美味豆了吗?或让学生把美味豆展示出来。这样的形式可以让低年级的学生兴致盎然。

(二)心理咨询师

著名儿童心理学家孙瑞雪在《完整的成长》中说道:“儿童的认知是从感觉开始的……感觉帮助儿童发现着外在的世界,也帮助儿童发现内在的世界。发现了,儿童才能产生下一步探索与创造,才能流向下一步的心理与认知。”让儿童跳过感觉,直接上升到理性是很难的。“对于儿童,任何一种未知到来时,他们都先用感觉拥抱它……通过感觉获得的东西,就是内化的东西。”而内化的东西,才能真正在童心中驻足,才能真正进入儿童视野,变成了熟悉的新鲜的东西。根据认知特点、心理特点,我们组织“心理咨询师”素材积累方式:首先,梳理出贴近儿童的多种情绪及感受,喜(好玩、有趣、自豪、得意、骄傲、兴奋、幸福、庆幸、愉悦、美好、赏心悦目……),怒(生气、发火、愤怒、气恼、烦闷……),悲(伤心、伤感、同情、后悔……),惊(惊奇、惊喜、惊讶、惊慌、好奇、神秘、佩服、惊叹、疑惑……),恐(害怕、担心、紧张、畏惧……),羞(不好意思……),思(想念、思念……)。让学生把这些画在素材本第一页,用六棵树长出六种概括的情绪,分属它的情绪就在枝叶里,每天做一次自我心理咨询,结合自己的感觉回味生活,也可以适当补充。如果有哪种情绪,就顺着那个情绪找到那个事。把那片情绪叶子画到素材本里。例如,一个孩子,坐在爸爸车上,看到早点摊上蒸笼的烟雾冒出来,那样的景象让他产生幻想,自我在想象的世界里神游,自得其乐。梳理时就钟情于“喜”那棵情绪树了。其实,当学生有捕捉感觉的意识时,同时也就有了素材。

(三)素材套餐银行

有了素材,只有及时记录,以后才可以及时提取。首先最基本的存储方法,就是寥寥几笔,写出主要事件。但麻雀虽小,却要五脏俱全。起因、主要过程、结果都得有,还有就是得在100字以内。从而训练学生的语言概括能力。同时,每天用5分钟的交流评出最吸引人的事件。在评比中,学生渐渐发现,在事情的经过部分得用简短的词把情节发展记录下来,那样才足够吸引人。如:

题目:逗“虫”。感觉:喜(开心)。事件:星期六,我和帅帅去公园骑自行车,看到一只西瓜虫。我们拿起木棍,往西瓜虫身上一靠。它便圈成一个球。帅帅接着唱走调的歌。我碰它的头,碰它的尾,碰它的肚子,西瓜虫跟着缩头、摆尾。最后把西瓜虫放在手里转了好几个圈,把它放进草丛里了。

这样的素材不仅清楚地记录了事件的经过,还努力呈现出了情节。拿木棍逗—唱歌逗—放手心里逗。但短小的篇目想要吸引人,必须把情节说出来,培养学生的概括能力。同时,也减轻平时负担。借助这样的短小素材训练,既促进学生丰富过程性,又培养概括能力。素材积累也需要有适当的停顿和回味。利用这个节点让学生回望自己的感觉过程,挑一件自己最想表达的事情进行谋篇布局,写出提纲。这样的提纲素材训练学生构思能力,老师及时批阅指导,避免成篇后再“劳师动众”地修改或重写。也减轻了学生的负担。到周末时,就选择提纲素材作为周记,学生既有选材,又有构思,来自真实的生活,写起来轻松很多。

(四)小小摄影师

对于活动类文,有一种现场性、氛围性。再现了当时的场景,才能产生情感共鸣,才能激活表达欲望。对这类作文素材的积累,教师与学生共同参与,及时拍下微视频,就能轻而易举地解决写作时冷却的热情和模糊的记忆。这样的视频积累方面教师要注意对学生进行指导。活动前教师要与学生一起梳理这类文章重点观察的镜头。活动文重点部分无外乎点面结合去描写及进展式推进情况,再理清面是整个大场景,点是场景聚焦的重点人物。有了这样的思考,就可以梳理“拍摄”时需要选择的“重点镜头”。首先,拍“面”上整体场景全镜头,然后拍“点”的特写镜头,注意细致,从头到脚,从声音到动作都要细致停留,为以后写作提供丰富的记忆。此刻,特写镜头不一定是一个人,也可以是多个人,还可以是空镜头,只留物来衬托。其次,推进的镜头选择过程中有变化的一次来进行拍摄。最后,还可以再次回到全景。这样的拍摄为写作留下了既有指导性又非常丰富的素材。对于需要细描的可以用连拍的方法,对细微的表情又可以用照片定格的方法去捕捉。到习作时,同学之间不同的素材就多角度生动地将记忆升温,很快回到现场,激活了此类习作的鲜活性。

(五)书中勾记忆

学生的生活并不是成人想象的那么乏味,他们自有他们的世界。一支笔能在手中玩成陀螺，为一张纸屑是谁的而大战一场，课上偷传小纸条……这些在他们看来就是再平常的事，很难被有心录入选材中。但当有童书记录相似的生活，就能一下子唤起他们的记忆，与书中人物发生共鸣。这些现象每个人都经历过。这样的一闪而过的记忆让它在笔尖留住，就可以成为很好的素材。每读一本童书，都安排这样的活动《我想起了……》，用简要的语言把它记录到口袋积累里，一本书读完了，交流被勾起的记忆，这是被书本唤醒的。而在生生交流中，往往又碰撞出记忆的火花，二次填补，周末习作就从素材库中选取。这样的多元化的积累，将书、读者、作者拉到同一时空中对话交流。

（六）神秘小侦探

教材中的不少习作是需要仔细跟踪观察的。仔细观察某个事物，需要仔细地多次观察，学习《第一朵杏花开了》一课，学生明白了只有通过精确、细致的观察，才能掌握事物变化的规律。现在学生的生活节奏紧张，平时过的就是家庭、学校这样两点一线的生活，大多数学生很少有意识地去观察事物，“凝视”事物。这就需要教师引领，首先在兴趣上引领，创设观察的情境，做个小侦探，能从蛛丝马迹中觉察事物，让学生在角色心理中，采用角色的思维，像专业人士一样去观察、思考和探究。对于不善于观察积累的孩子来说，需要教师根据观察的情况适当地推进，提升孩子的观察力。如，苏教版小学语文三下的习作 3 要求写一写自己的新发现。我们对学生为期两周的观察做了分步指导。第一步：走进大自然走进生活，去观察身边的事物，把让你觉得新奇的、有趣的地方记录下来。第二步：继续跟踪观察，进行你的发现之旅。如有新的现象则记录下来。提出问题进一步探究或查阅百科全书之类的资料尝试自己解决。在观察中，要注意每天抽 5 分钟反馈，以了解学生观察中存在的问题，不断调整指导方案。并对记录方法做出适当指导，例如，做观察记录时要写上观察的日期、天气、气温等，第一次记录时要将观察到的新奇的、有趣的现象准确地记录清楚。比如观察蚕的生长过程就要把它样子、颜色、大小、吃食等较准确地记录下来，便于第二次观察时对照发现不同。第二次观察将发现的不同、产生的疑问记录下来。这样的观察指导既渗透了写作指导，又有科学精神，让学生有种神圣感。而其中的角色心理让他们有一份自豪感。像这样的观察还有很多，如花鸟虫鱼观察、风雨雷电观察、日月星辰观察、神情态度观察等。

（七）小小幻想家

除了材料可以积累，能力也是可以积累的。通过长期的练习形成某种能力。写作中，学生需要有触发力。也就是看到一件事，马上想到另外一件事，并由此不断发展下去。这样，可以把很多无关的事情紧紧联系在一起。而人有了这种能力，就能天马行空，随心所欲了。写作中有了这种触发力，就可以产生出无限的张力，给我们更大的享受。而这种触发力的训练，需要以想象力做基础。可以做一些连词游戏。将几个毫不关联的词，把它组成一个句子，甚至一段话，变成一个故事。同样的几个词，经过不同的组合，可以写出不同的句子和故事，这真是太异想天开了。

（八）四季撒欢者

现在的学生离他们这个年龄本该有的生活越来越远。孩子们的童心已经过早地淹没在竞争的压力里。而从人的发展来说，童年的生活是人的一生的底色，是最不该丢失的体验。那么，积累童年该有的快乐和感受，对学生的健康发展更有意义。我们受英国一家民间组织“国民信托”的启发，根据季节特点列出每个季节要做的事：堆雪人、踢毽子、打冰凌、逮虫子、扑蝴蝶、捞蝌蚪、打水漂、做泥饼、搓柳笛、上树摘果、钓鱼、看日出、观星星……在做这些事情时收获到快乐，更收获到丰富的体验，为习作提供了丰富的题材。

第五节 试镜小作

“试镜”也就是真正写作前的一种准备，像影视剧开拍前试镜头一样，虽然不是正式的，但是可以预测开拍的质量。这样的写作一般是针对本主题习作水平提升的一处核心的瓶颈问题实施有效干预，以解决完成本主题习作实际困难的最大诉求，减轻主题习作的教学负担，利于主题习作时综合运用课程知识。正是基于这样的考虑，我们提出了主题习作线上试镜小作的构想。试镜写作必须注意：一个指向主题习作核心写作知识的学习目标，一个简化的学习内容，一个学生乐于参与的情境活动，一个有效帮助学生克服困难的简易支架。同时，可以在30分钟内实施完毕，便于教师的组织与评价。试镜写作教学设计旨在满足学生完成主体习作时的某个核心需求，来解决主题习作时具体问题。通过微型化的指向以及具体明确的写作指导来“变构”学生的写作知识状况。

苏教版小学语文五年级下册习作4的内容是写一篇参观或游记，要求按一定的顺序，抓住重点写出特色，写出自己的感想。作为高年级学生，前两者在中年级已经有所掌握，而如何将感想写好是一个难点。针对这个情况，在试镜小作把这一点作为重点突破。首先设置情境，课件出示一大

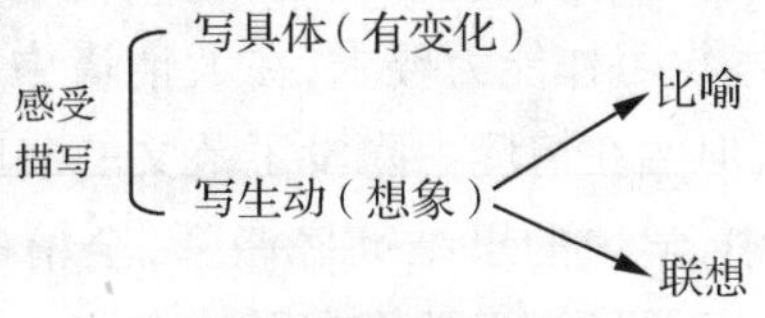

感受描写构成图

片油菜花田，配上优美的田园音乐，学生置身在观光者的角色中，首先采访一进入格桑花田的感受。接着听音乐，放眼远望，再闭上眼睛感受，适当联想，约一分钟后再交流感受。将第一次的感受与第二次的感受集中呈现、比较，发现随着时间的变化，感受也发生变化，越来越深入。从而获得感受要有过程。在此基础上呈现第二次感受的片段，发现感受深入的写法（实写加上联想），从而通过自己的体会生成获得了写感受的支架。在这样的支架下，学生能够有效掌握感受描写的方法，写出如下片段：

站在小山坡上眺望，下面的格桑花密密麻麻，各种颜色拼凑成一块彩色板，一阵微风吹过，格桑花舞动着婀娜多姿的身材，像一群舞者一般。

走下山坡，瞧！这朵格桑花像一个害羞的小姑娘，把脸捂了起来；那朵格桑花像一个俊俏的小伙子，挺立着身子；那边那朵格桑花香气扑鼻，引来了蝴蝶小姐；这边这朵格桑花色彩鲜艳，引来了蜜蜂小弟。我站在格桑花花海中，花香扑鼻，让人心旷神怡。

格桑花花海一望无边，如秋天泼染了五彩缤纷的染料。走在花海中，仿佛置身于五彩斑斓的香海中，四周香气弥漫，我在香海中畅游，每个细胞都灌满了香气。

我敞开胸怀，任丝丝花香飘进胸膛，闻着芳香扑鼻的格桑花，只觉得胸膛在扩展，让花香透过五脏六腑，将大自然无限的清新传递给身体的每一个细胞。

这样就最大化地建立了习作前知识背景、能力背景等的架构，而在试戏大作的过程中则学习灵活运用已经形成的知识结构或程序性知识。

第六节 试戏作文

“试戏作文”，从名称看，已经是整体综合的呈现，与“试镜”的一个镜头有着区别。“试戏作文”与传统作文的课堂模式有着区别，主要呈现出这样的推进结构：“故事创境—引入任务—学生习作—演绎式修改—总结延伸”。主要是结合本次习作能力要求，在大情境中衍生出一个小故事，这个故事是一篇习作范文，但融在情境中隐没了范文的痕迹。习作任务也就是由故事衍生出来。在情境中，学生的思维彻底激活，全情参与，师生互动，达到写作前的“愤悱”状态。在放手写作中，学生有了故事情境，有的会自觉吸收其一些写作的基本方法，这是一种主动吸纳。教师及生生修改、点评中插进表演来帮助激活。最后进行总结延伸。课堂中可以尝试使用以下一些策略，实现境域化建构。

1. 趣味生活点燃写作场

对于每次的主题习作的题目,要善于进行转化。将本来与自己兴趣不大的话题转化为非说不可的迫切需要。习作教材的习作导语显得平淡而理性,对于孩子来说,与习作之间似乎仍隔了一条宽宽的河。作为教师就是摆渡人,能基于学生生活,寻找贴近学生学情、符合学生心理逻辑的切入口,为教材穿上鲜活的“学生装”,使习作直接点燃写作场。苏教版小学语文三下《为别人画张像》一课,除了写外貌,还要写写他的性格爱好。外貌写法在三年级上学期已经学习过,学生已基本掌握了。此处重点是通过事例表现人的性格爱好。课堂开始,教师直接就从孩子的喜好入手,以“取别号”为支点,关注人物的特点。教师说事例同学取别号。初步热身后,也发现了藏着的秘密。每个别号都会有这个人的特点,还让人想起有趣的故事。下面就是学生们的天地,他们大展其才,想想身边有故事有特点的人,为他起别号,让同学猜猜是谁。只是这样的别号必须是赞美的或善意的。这样的别号风趣幽默,学生们兴致盎然。在这样点燃的激情中,学生直逼写作现场。此时,动笔把故事记录下来已成为迫不及待的事了。

2. 思维导图编制习作路

就写作而言,从头脑里所想的,到嘴巴里说出来,再到用书面语言写出来,要经历多重转化。用什么把抽象的构想具体化、把零散的构想整体化、把模糊的构想条理化?英国著名心理学家东尼·博赞在20世纪70年代提出的思维导图,能很好地帮助学生解决这一难题,能有效地帮助学生理清思路、明确中心。

对于《介绍我自己》这样一篇习作,看着题目,学生就会想:我写自己的什么呢?这样的思维拓展,想到可以写外貌、性格、喜欢做的事、不喜欢做的事、伤心事、高兴事等。有了诸多的选择空间,学生就可以根据自己的实际情况来确定到底写自己哪几个方面。

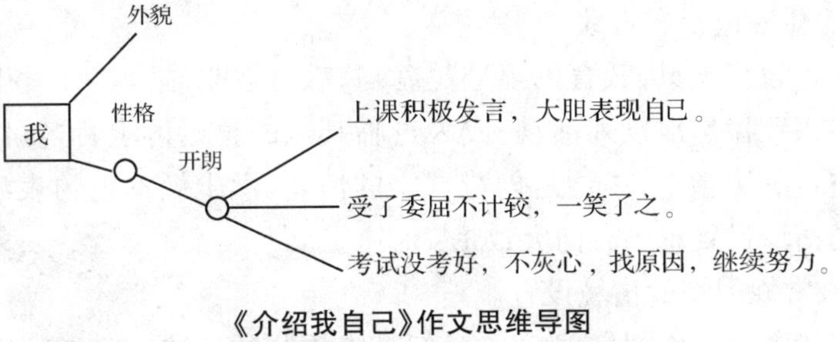

《介绍我自己》作文思维导图

有的学生根据思维导图,确定从“外貌”和“性格”两个方面来写自己。继续追问,哪些事情说明“我”怎样的性格? 最后形成如图的思维路径。

叶圣陶先生说过:“作者思有路,遵路识斯真。”作者写文章都是有一定思路的,把握了这个思路,我们才能发现文章的主旨。写作只有按一定的思路写下去才能使作文条分缕析、主题彰显。因此在审题、立意时一定要理清思路。思维导图就是很好的路径,它能让思维形象地散开来,发现这一个题目下有多少思路可写,然后选择一条最佳思路确定中心、拟出提纲,最后充实它、丰富它,挥笔成文。

3. 下水同游传递共通语

儿童习作与教师指导总会隔着一堵墙,教师没有亲自下水很难体验,师生难以沟通。教师只有投入“习作水池”,创设师生共作的境域,亲自操刀,才有更细腻的体会,才更易感受学生写作的苦与乐,体会难点,才可能有更贴近的指导。学生也会在这样的场景中振奋,写作热情高涨。指导苏教版小学语文三上习作 2 的外貌描写时,教师指导经常比较宽泛,即抓住人物特点具体描写。在写时,才感受到如何寻找人物有特点的地方、对有特点的地方如何描写都是教学中模糊的地方。经过这样的体验,即兴分享经验:“我”是这样寻找特点的,先将外貌部位按顺序列出来,对照观察,哪些地方比较特别,用词概括出来。如眼睛大,发型奇怪,脸胖,鼻子旁边有颗黑痣,爱穿一身黑衣服。在此基础上选两三个部位重点写,多写几句。重点写可以抓住特点用比喻、联想、拟人、比较、夸张等方法来写,也可以写它静态或动态的情景。就在范读和交流中有孩子已迫不及待修改起自己的作文来:

他的发型在男生中算是奇怪的,前面是小平头,后脑勺扎了一根又细又长的编成碎花的辫子,上课时无精打采地耷拉在后背上。下课就神气了,那蓬蓬松松的辫梢跟着风风火火的主人在后背上疯狂地跳起草裙舞。

这就是所谓的不教之教吧? 教师这样亲历写作现场的经验分享,成了打开学生习作密码的一把最合适的钥匙。

4. 现场体验激活言说欲

任何一种教育现象,教育的痕迹越隐藏,教育效果越大。让学生在精心设置的情境中兴致盎然地投入活动,成为身临其境的言语诉求者,习作教学在无痕中悄然进行。课堂中,一种是创造真实的情境,学生做本色的表演。这样强烈的体验的情境设置思维方向大致是:

① 突破常规习惯的情境设置。

于永正老师的习作课《考试》给我们带来深刻的启迪。于老师出了这样的考试题:

知识渊博型小学生测试题。要求：先填写自己所在的学校、班级、姓名，再读读每道题，读后再做。①写出你最喜欢的两首古诗的题目和作者。②默写一首诗，不写题目和作者。（三至九题略）⑩读完以上各题，只做①、②两题。

接下来学生考试，于老师再三强调：第一，要细心；第二，要按要求做。细心到什么程度？把每个字都要看清，时间5分钟。从试卷题目上看，此次考试，不论你是否按要求去做，或没有按要求去做，都会有较强烈的感受，这是在意料之中的。当学生有了较深刻的感受，你不让他倾吐，他也得倾吐，真的会“如鲠在喉，不吐不快”。可见，“感受”是写好作文的必备前提之一。要有感而发，这是这次习作体现的第一个理念。可见，现场设计强烈情感体验的情境可以激活学生言说的冲动和欲求，在言说中自主、自觉地发现言语的密码，从介入教师指导的尝试性言语实践到独立自觉运用这样层次性的言语活动，促成学生自觉自如的程序性知识的形成。

② 戏剧情节般的情境设置。

情景设置有情节，曲折而富有戏剧效果，引起“在场人”的丰富的情感体验和行为表现，我手写我心，一吐为快，写作水平悄然提升。汪智星的习作课例《趣味汉字听写》融入了“中国汉字听写大会比赛”和小品中的多种元素，设置了三次妙趣横生的听写：第一次听写出其不意。教师将引导语与听写置于同一系统，造成与常规理解的误会，产生戏剧式的效果。比如，“我们将进行汉字听写比赛。好，注意，注意。第一次听写结束。”学生这才恍然大悟，在大呼上当的情况下各种情绪饱满，捶胸顿足。二是攻其不备。将发生的行为与听写置于同一系统中造成误会。第二次学生已经开始有了心理上的警惕，这时老师要求用左手练习。在“准备好了吗?”后已有部分能吸取第一次教训了，只可惜多数学生左手不够熟练，任务不易完成。三是挑战自我。第三次听写“魑魅魍魉”是常规思维下的活动，可字很难写，老师故意使用激将法，“上过的二十几个班没一个写出来的”。这更激发了小学生的好胜心理。这个词语大部分学生没写出，但也有初生牛犊不怕虎者，什么“吃妹亡了”等儿童自我现场制作的调料让人喷饭。三个情境，就像三次浪潮，总是一浪盖过一浪，出乎预料，趣味横生。不知不觉中，学生快乐体验、主动习作、主动修改，实现了习作水平的提高。课中不仅凸显了“显性”的情趣价值，更凸显了“隐性”的情趣价值，实现了教育意义之所在。三次情境，三盘大餐，给学生选择空间，你钟情哪一盘就选择哪一盘，体现了在宏观的写作环境中，选择一个微观的写作片段的习作指导策略，凸显了习作指导教学“切口要小，开掘要深”的规律。

5. 角色表演灵动生活语

习作教材中有看图写话的教材，面对这样的习作，教师如果忽略链接学生言语感觉的情景设置,学生的语言往往干巴生涩。苏教版小学语文三下第四单元习作是看图展开想象,写一段对话,注意正确使用标点符号,记述一个有意义或有趣的故事。本次习作的难点预设:人物的语言不够鲜活,对话没有推进过程,提示语不丰富,其实这就是写作与生活隔离的结果。而用唤醒生活的感受,进入图画的情境中,一切都可解决。在表演体验中不断丰富规定的习作要求。教学时,首先得看懂图上画的一件什么事。想想事情的过程。接着同位置合作表演这件事情的发展过程。展示时,观众们仔细观察他们的表情动作,认真倾听其语言。在表演中,教师针对问题不断推进,如对于表演只关注图上这一个画面,缺少过程。此时,需要教师推进:你就是小白兔,和妈妈去采蘑菇,会是有过程的。采蘑菇事件过程还有哪些画面你能表现出来?学生补充画面:路上的情景,采到其他蘑菇的情景,采毒蘑菇的情景,最后结果。将这些情景整理好,从中选出片段来演,演得越来越逼真,学生也渐入佳境:用人物的语言说着自己想说的话。表演中,有些情景不是通过对话可以呈现出来的,教师即兴加进表演互动中,比如,在回答“那蘑菇是什么样子的?你怎样采的?”小白兔边说边加上适当的动作表情。梳理写法时教师提醒不仅通过对话推进,还可以对一些现象进行直接描述(蘑菇的样子,小白兔如何采蘑菇,故事中人物的表现等)。然后独自演练,将故事边说边演。这样的自由,语言、动作、内心、感官一起参与,让他们深深沉浸在了故事中,动作表现勾连了生活的记忆,促进了语言发展。学生习作中出现灵动的词语,“新大陆”“蘑菇圣地”、妈妈调侃的话也非常接地气。看到当时孩子沉浸在故事情境中,边说边比画的那一刹那,笔者认为自己已经推开了那扇进入孩子言语生命的大门了。

第七节 现场实拍

现场实拍是学生对自己的作品在适当加工的基础上通过表演呈现出来。其主要育人价值是发挥学生的主体性和创造性,在修改、排演、展示、评价的过程推进中,对作品进行多层次修改习作,提高习作水平和修改水平,提升鉴赏能力和审美能力,发展了人际互动交往能力。

现场实拍在作文课上已经进行了自我修改。在现场实拍课上,首先四人一小组,从组中选择一位同学的作品作为编演的脚本,当然,要保证每位成员以后都有机会。教师根据习作的目标渗透戏剧表演的要求出示习作任务单进行集体合作修改,对于不同年段渗透的戏剧性要求不一样,低年级学生强调表演由朗读的方式来呈现,如有感情朗读、分角色朗读、想象读、表演读、创编读等形式增强修改编演的积极性。中年级学生融合了低年级的朗读法修改一些常规的基础的标点、词句毛病,对剧本有初步的认识和了解,能适当补充人物内心独白和旁白(环境介绍)。高年级学生更偏向于在综合基础上的渗透,能针对习作类型,在中低年级要求的基础上,能从情节、独白、旁白、对白等方面修改剧本。

这里的“剧本”是动态的,是儿童排演时即兴生成,不要求呈现静态的剧本,但对于补充和修改可以在作品中呈现。苏教版小学语文五上《一件亲身经历的事》一课的能力目标核心是学习准确表达自己的真情实感,把自己的情感融入叙述的事情当中,通过具体的描写表达情感,带给读者以共鸣。所以,指导、评改的核心点就定位在“表真情、写具体”上,实拍剧场的修改可以融合独白、旁白、对白等进行修改,我们做了这样的修改提示:

剧本修改提示:

1. 读读剧本,梳理故事情节,想想该故事情节是否吸引人。

2. 用横线画出提示人物的动作、神态、环境描写的旁白,想想从中能体会到怎样的感情。看看是否需要再修改,用提问的方式采访主创,大家展开想象进行补充。

3. 用波浪线画出可以转化为独白的心理活动的句子,想想从中能体会到怎样的感情。看看是否需要再修改,用提问的方式启发主创,进行补充。

这是第一次的集体修改。在此基础上学生合作设计表演方案,进行角色分配。这样的表演尽量给学生以自主权,让他们能够用自己的理解将故事通过身体动作、语言、神情等表现出来。对于角色,也可能因为作品类型不同,而采取不同方式。对于写人写事类文,他们往往更喜欢一个人叙述旁白,这样角色只要记住自己相关的言语、内心独白就可以放开表演。对于景物类文、静物类文表现是多样的。有的以剧场形式分配朗读来表现,有的按照结构段落以解说的形式呈现……在学科教学中,演戏只是切入教学的一种方式,其中,激发儿童积极性,发挥创造力,比像不像更为重要。当然,学生在需要老师帮助的地方可以发出求助信号,举起左手示意。在合作表演时,学生对于手中的“剧本”可能会有再次的修改,这样的生成体现了动态“剧本”的灵动性,可以随时根据需要修改,也正因为如此,学生变得更为放松,言语生命得到释放,随时随境都会有创造性的语言火花生成。展示时,教师提出适当要求:

评比要求:

1. 对照修改提示,评价剧本。(5分)

2. 演技:声音响亮,落落大方,语言、动作、表情符合角色要求。组内角色配

合自然。(5 分)

3. 我还有其他想法。(2 分)

同时,观众以评委的身份观看表演,选出四位同学作为主评委,要评价亮分。其他同学作为机会评委,每次从学号中随机点出,评价后加入作者所得的总分。点评结束后在主评委和机会评委中评出最佳评委,继续获得下一次习作的评委权。

表演中,观众有问题或教师有提示时可以及时运用定镜的方法,拍一下某位同学的肩膀定镜后,提出问题,儿童以角色的身份回答。这是戏剧中“思路追踪”的一种方法。其实,这是将文章修改具体的一种方法指引。老师再拍一次该同学的肩膀,表演接着进行。表演后评价,小组成员根据评价继续修改。

在实拍剧场中,也可以用“纸戏剧”的方式进行,这要小组成员为自己故事配上情节图,这样由叙述者边呈现画面边叙述。叙述者也可以是多人,根据内容分工,为画面配音。当然,配音时根据剧情需要配上动作演绎,使声音更有情境感。

在实拍剧场,大致形成这样的课堂教学结构:激活—情境创设—创编动态剧本—演绎点评—修改生成静态剧本—总结延伸。

第八节 场外呼应

场外呼应中安排的是与主题习作匹配的整本书阅读。当下,整本书阅读的推进活动开展得丰富多彩,这里不乏杂乱无序的现象:做书签、比赛朗读、竞赛表演。冲淡了孩子安安静静的读书时光,有的则并没读书,从中截取相关需求的也能获得好成绩。且比赛、展示等往往面对的是少部分孩子,没有激发大多数孩子的读书热情。这样的开发消耗了儿童读书的精力,遮蔽了阅读推进的初衷。有些推进则仅仅是从书的内容理解方面推进,使儿童的表达不能有所提升。针对这样的种种情况,我们将整本书阅读与主题习作进行链接。如果说教材主题习作是一种圈养,不管以怎样的方式,仍然是关注知识技能的转化,有着人工的痕迹,那么整本书阅读则更是一种牧养,一种滋润,一种潜滋暗长,润物无声。但这并不代表着对于课外阅读教师不作为,随意散放。那样的读书,不能促进读书热情和读书的深入,有些孩子虽然读很多书,但在表达时仍然生涩艰难。用儿童的方式将整本书阅读与写作进行整合,课内习作有了呼应,同时丰厚了学生的人文底蕴,从而将整本书阅读价值最大化。

这样的主题链接式的整本书阅读，相较于独立的整本书推进，聚焦点更明确，年段感更强，形成的合力更大。在整本书阅读中，有一条贯穿的暗线，这条暗线外化形式是丰富多彩的儿童方式的活动，实质上却聚焦了一种能力的形成。整本书的读写互惠是无痕的、牧养式的。一方面，在整本书中开发习作主题情境，读书与习作密不可分，形成一个可以互动的读写环境；另一方面，在整本书开发的活动中推进阅读的深化，在深度阅读中开展活动，言语方式在各自的体悟中受到经典作品的浸润，带着个性的作家之风，使写有了提高，延展了本主题的写作。

主题链接式的整本书阅读，为主题习作的大情境开发提供了资源，使习作教学有了故事化的背景，激发了儿童兴致勃勃地进行习作主题活动。在故事语境下的习作，有了戏剧的味道，使儿童写作有了读者意识、对话意识，培养了儿童根据实际需要而表达的语言功能。

一本书的阅读，可以链接一个主题，也可以链接多个主题。比如，《夏洛的网》这本经典童话，可以对接童话类文主题、动物类文主题、人与动物故事的主题、事情主题、人文主题方面关于爱的主题。这样的开发、深掘，使整本书阅读有了无限的打开空间。

整本书的推进活动方式生动活泼。但主要体现出这样的四种逻辑形态：初印象—系统印象—透视互动—主题创写。初印象指向的是内容的积累和感受的捕捉，是初读一本书时最原始最细腻的吸收和感受的捕捉，融入的写是直觉的写。系统印象是整本书内容的整体梳理和发现，融入的写是书本语言与自己语言的综合。透视互动是对书的表达形式的发现，是一种迁移的写。主题创写是一种创造，书本上没有的形式，但主题上有所形似，是读完一本书达到的最高阶段。

活动推进形式是开放的，这让儿童有种置身于戏的游戏感，让他们不觉得是在写作，而是在体验生活，丰盈心灵，创造人生，“写”成了留驻美好的副产品。

例如，根据习作主题推荐相应的整本书，从中挖掘本主题教学中共同的言语点，就打通了课内写作与课外阅读的壁垒。戏剧元素的介入，美术、音乐多学科的融合，设计具有核心指向的阅读活动。可以从谋篇布局、写作手法、言语积累、语言组织运用等方面关注言语的学习积淀与运用，形成阅读整本书的阅读单模式，如“竞选小编导、神奇照相馆、小小辩论会、创意剧场”等，它们都是以角色为轴心，其中“竞选小编导、神奇照相馆、小小辩论会”更偏重于角色的承担，它们都有一定的规则融进活动中，因为承担这样角色而应该遵守。创意剧场重于角色的表演。在这样的角色表演、活动中，实现了读者与书中人物、读者与作者的理解和沟通。在言语表达层面也有一条暗线,由整体把握、关注表达、信息提取运用、创造表现、综合运用,它们有一定的渐进性、层次性,在这样的活动中,实现了课内习作与课外阅读灵性连接。

基于以上思考,笔者在整本书阅读创意写中探索了以下几种形式。

1. 竞选小编导

编导达人着眼整本书的把握,既可以关注其情节的架构与故事的编织,关注阅读显性的线索——目录,还要学会发现书中隐藏的线索和骨架。其次,关注目录的命题,发现作者命名各章节题目的奥秘。这样的活动适合在刚得到某本书时。学生们拿到一本课外书,都想能很快地了解它,以满足初次好奇心,怎样能达到呢? 这就要会做小编导了。例如,在苏教版小学语文三下《交友俱乐部》这一写人主题作文教学活动中,推荐了课外阅读杨红樱的《五(三)班的坏小子》。在这样活动中学生发现了从目录中可以编出本书的情节线:“坏小子”的故事—“坏小子”和女生的故事—“坏小子”和老师的故事—“坏小子”和军训的故事。这是编导竞选的基本关。接着是思维延展关:在此基础上接着编创新情节。如“坏小子”和春游的故事、“坏小子”和竞选科学达人的故事、“坏小子”和艺体节的故事等。这些内容来自学生们的日常生活,从而将读书、编剧、生活链接到一起,学生思维得以打开。最后进入创编挑战关:《三(6)班坏小子》情节创编,这是发现隐藏的线索,是思维的一种飞跃。此板块是从读本的某一章节中选取内容,自我独立拟定情节。经过这样的三关竞选,评选出最佳小编导。可以看出三关设计有三个层次:梳理情节、延展情节、创编情节。这样的活动既是对课内短篇文本的梳理文脉方法的运用,又是对谋篇布局能力的一种丰富和训练,学生习作的构思能力得到培养。这对于任何书都适用。

2. 神奇照相馆

此板块主要是关注言语的表达方法。一本书可以链接主题习作的言语点很多。针对每一次习作训练的能力点,进行学习、运用或延展。照相馆的空间很大,同时“神奇”又体现了它极大的包容性,也调动了孩子内在参与活动的欲望。照相馆可以拍有形的:运用语言文字描写的外貌、景物、活动的场景、某个章节的重点画面。将这些文字摘抄下来。还可以进行艺术加工,将文字转成画面,反之也可以。还可将文字“变形”,用不同的风格描述同一片段。将文字或“瘦身”,或“增肥”,或改编排列形式,或改变表达形式——用现代诗、儿歌、童谣、绝句等形式来表达。

苏教版小学语文三下《交友俱乐部》这一主题中习作是为别人画张像,然后写一篇习作。要求除了写外貌,还要写写他的性格爱好。核心训练点是能有顺序地观察和描写人物的外貌,抓住特征来写;能写出人物的爱好。据以上习作要求,整本书推进时设计了《神奇照相馆》活动,学生搜索出本次照相的人物:鲁云飞、米奇、战小欧、黄豆豆。他们都有各自的绰号“肥猫、米老鼠、兔八哥、豆芽儿”,进而发现他们的绰号里藏着的秘密——与人物外貌特点有关。寻找书中外貌描写的部分,用声音照相,通过朗读让人感到人物活生生地站在眼前。接着进行艺术处理——文字变形。在外貌描写中,发现都抓住人物特点来描写、语言简练的相同之处。比如,“肥猫脸又宽又短,笑起来特别像猫。”“米老鼠个儿虽小,破坏性极大。”“豆芽头大身子小。”“兔八哥小脑袋,两颗大门牙。”体会这样描写的风格及好处,知道原来外貌描写的形式是可变的,可以根据需要选择不同的风格。接着,为其进行另一组风格照:对照本主题习作所习得的外貌描写技巧,抓住人物特点将其写生动、写具体。学生运用课堂习得的“抓住特点通过猜想、比喻、夸张等写生动的方法将其写具体”。于是就有了“豆芽儿头很大,圆圆的,活像一个大西瓜,一个如大盆的帽子卡在脑门上,显得头更重了。那身子呀,又细又小,活像根火柴棒,是不是因家人出差没人照顾而营养不良呢?从远看,就是颗名副其实的豆芽儿。”在这样的变形中学生进一步巩固了如何找特点、如何写具体的习作技巧,同时也初步感觉不同的风格在不同文章中的体现。最后,根据外形特点或者选择某个事件中某个场景为不同情境下的人物拍照——配上插图,比如,“用管子偷水的肥猪”或“吹牛的豆芽儿”等。

3. 小小辩论会

这一活动板块指向对内容的提取、梳理、发现,核心目标是在活动中培养对内容提取、梳理、发现的思维能力,促进书本语言的组织、内化、运用。对辩论的话题要精心准备,善于捕捉那些与学生认知有冲突的话题、着眼于整体把握的话题、能够链接学生的生活与感情的话题。如在阅读杨红樱的《五(三)班的坏小子》后,教师在辩论会上设计这样的话题:这几个孩子真是坏小子吗?正反方进行辩论。要求既能在作品中找到有力的证据,还要能结合生活实际来谈。这样的问题,与孩子认知有一定的冲突,且能链接学生的生活和情感世界,学生讨论的积极性极为高涨。

4. 创意小剧场

书中总有某个让人印象深刻的场景,与同伴合作一起编演,这种自由地带有“玩”的味道的合作创编和读演,让孩子“游戏”的快乐与阅读的快乐联动起来。进行编演者要对书中的语言进行揣摩,用自己的阅读感受通过动作、神态、语气、语言等对其加以解释,这样的编演积淀了语言,促进心智发展,自觉内化为表演者认知结构的一部分。在表演中随时被提取出来,自动发挥作用。譬如,学生选择《五(三)班的坏小子》中肥猫再次偷喝我们的水这一场景时,进行多处想象性补充表演。比如,对肥猫偷喝欧亚菲的芒果水后满足的神态进行了补充想象性表演,还对肥猫偷喝艾薇的菠萝水后的动作进行了补充,而对"我们"忍住笑的样子也进行形象化的表现等。特别是对肥猫偷水前的动作进行自说自演:抽出书包,伸进包里,摸出塑料管,左望右望,然后捏住管子,嘴唇一抿,叼住管子,伸进芒果水,弯下腰,使劲一吸。这一连串的动作的生成,是学生们为了需要积极主动地联系生活经验,将之反复演练回放,才逼真具体地展现出来。这里浸含了对文本理解体验,也有自己个性想象的加入,在这样的过程中,书中的语言被发掘、整理、组织、转化、生成,内置于个人心智结构中,促进了语言发展。

5. 读写延伸

这个活动的板块指向书面表达,可作仿写、续写、创写等。在这个延伸中特别强调趣味性,力争最大限度地激活学生内在的言说欲,使得表达过程成为情感的满足、快乐的享受。同时,延伸中强调整合,唤起多个领域智能的参与。多元智能理论认为人都具有多种不同的智能,言语智能较低并不意味着其他智能就低。因此,文学延伸中的整合,可以挖掘个人比较出色的智能,从而获得解决问题的自信,促进更加积极主动的参与活动,使某方面的不足得到最大化发展,从而促进言语的发展。如将《五(三)班的坏小子》的读写延伸活动设计为"写一个'我身边的坏小子',可以配上插图,也可以演一演",这样的设计就包含了多个领域智能地唤起。延伸还要强调自主,在读写延伸活动中应该强调自主,教师应该尽量做多维度设计,以供不同喜好的学生的选择。如对《一个完全被搞砸的故事》设计中要和学生去发现、感受;去开拓关于指纹的认识,写绘指纹画;关注表情,制作表情包;演绎亲子双簧;用拟声词作诗。

第九节 链接朋友圈

在教学中,我们常常感到一个主题仅写一次,学生的习作技巧等还都不够熟练,如果就此停止,不利于习作的程序性知识形成。在这样的思考下,我们将周末习作与主题链接,形成主题习作的朋友圈。

这是针对习作主题延伸出的话题。内容上是对主题的延展。课内习作为主题类文打开一扇窗,整本书读写开阔了视野;朋友圈的链接意在引领儿童关注现实,热爱生活,拓宽视野,了解大千世界,体现了写作、育人的共融共生。从写的视角分析,课内是一种习作知识、技巧的习得,整本书阅读是一种看得见的熏陶、滋润;生活中的写作就是一种对已建构的知识技能的自由释放。

在内容上,一次周末习作的主题与内容经历了从课内到整本书再到生活这样的过程,体现了作文过程将提高综合素养培养语文能力融为一体,实现儿童在作文中自我生长,自我创造的过程。

在形式上,周末习作仍然是情境下的写作,或者是经历的一件特别而真实的事情,或者是真实情境下的活动,或者是某个新闻的链接。范围与主题作文形成“日常生活—社会生活—神奇生活”这样习作领域的全覆盖。

第七章

"戏趣作文"习作要素"境域化"方法

作文的本义是表情达意、抒发生命感悟。我口说我话，我手写我心，让表达成为生命言说的内在欲求，是小学生习作教学的最高境界。叶圣陶在《对于小学作文教授之意见》中提出："小学作文教授之目的在令学生能以文字直抒情感，了无隔阂；朴实说理，不生谬误。至于修辞之工，谋篇之巧，除非必要之要求。能之固佳，不能亦不为病。"那么，在实现顺应舒展生命本性的同时，又能适当地获得写作的方法规范就成了我们作文教学不懈的探索。将戏剧跨界，与作文教学整合是"戏趣作文"融合两者的方式。将整个教学活动以整体的方式置于某种与孩子天性相通的"情境"中，在这样的"境域性"环境中，教育作为一种观念为环境中的人主动接受，角色、规则等教育演出的要素以"活"的状态呈现，从而意味着生命能量被激活，需求、欲望、改变、发展、转化成为可能。可见创设戏剧性情境是通往作文教学生命表达的一条最佳路径，作文教学中我们对教学要素进行了戏剧化开发。

第一节　写作内容境域化开发

作文教学内容包括教材作文、专项训练习作、日常练笔、考场作文等，对于这些内容设计情境让学生能在逼真的场景中出入进退、视听言动、举手投足，释放生命，打开生命与外界沟通的大道，将成己、成事、成人放置于动态关联与生成的过程中。

一、习作话题情境化

"戏趣作文"在主题板块用故事形式将其穿成了一个有意思有意义的一场戏，在试戏作文板块中，将对整本书二次开发补充，形成习作话题的情境，将例文或教师的下水作文嵌在情境中,形成了作文与故事的一种对话互动,呈现出一种交际语境写作的状态。对于苏教版小学语文四上活动文写作,对《闷蛋小镇》进行开发呈现出这样的情境:

这是一个什么都没有的小镇,连列车都不愿意停下来。在这个鸟不生蛋的小镇,街上难得看见人走动,这里没有百货公司,没有汉堡、炸鸡店,没有大书店,也没有像样的咖啡馆……这样一个没得逛街花钱的地方,简直闷蛋到无以复加。

但是,就在这样的闷蛋小镇里有好吃的闷蛋面,有可以长高的闷蛋大桥,有红辣椒车队、三民小学单车队、闷蛋抢匪的故事。还有好玩的活动。(出示活动例文)我们现在不如一起去。看,来到小镇门口了。这是谁?(课件出示一个奇怪的居民),听,他在说什么?播放录音:请你们停住脚,凡小镇外的人,到这里必须提供一个很好玩的游戏。我们赶快想一想!在学生介绍的过程中居民适时提出写作要求。

这样的故事,为学生提供了主动围绕、支撑、包裹、参与的习作空间,学生自然进入镇外人的角色,老师成为那个小镇的居民,故事中的要求自然也就为角色接受。每一次习作过程就是在故事里的行走过程,说、读、看、唱、听、演、写,就是一部精彩的电影,只是我们时而看别人,时而变身为故事里的主人公。

二、专项训练镜头化

镜头可以记录微细节,“镜头下的世界”能成就“笔尖上的繁星”。让生活、角色、习作相融通,镜头后的眼睛成就习作的资源。专项训练重于局部的细微化,强调一练一得。根据主题习作中所需的能力,将设计相应的专项训练整合到“试镜小作”训练内容里。例如,四年级安排的一次写活动的主题习作。其中将活动过程中的场面生动具体地写出来是这类习作的重点。可以将场面描写作为专项训练。相机结合学校开展的活动进行拍电视活动。这样的活动有效地将师生置于情境内,学生自然就变身成“摄影师”。这样的过程完成了拍摄融于写作的活动。为了很好地完成这个角色,“导演”“摄影师”拍前先要构思,对取哪些镜头要有大概的思考。远景镜头如何构成(可以通过拍摄众人或物件),音响师寻找音乐(耳听)。在第一个镜头拍摄中,摄影师要对整个场面中凸显的景物、人物有个整体的拍摄,可以让人对活动中的“面”有了观察和感受。选定特写镜头多部位拍摄,手、头、面部、腿等,还可以采取多连拍的形式,使镜头下的主角成为一个动作明星。特写镜头中还可以运用空镜头,镜头下没有人,只有环境或景物,例如拍摄拔河比赛就只拍摄绳。在这样的拍摄中,完成“点”的观察。在这样的角色化实践中，学生全身心参与，在兴致勃勃中拍摄，自觉主动地吸收读写技巧。

这样的镜头拍摄可以用于多种专项训练，如静物、景物、事件的某个重点细节等，借助摄影师这一角色，用习作的眼睛去拍电视，将拍摄的表现方式与习作的表达方法相融合，如特写镜头就是细节的刻画，空镜头就是环境的衬托，声像音乐等就是声音描写，话外音就是心理描写，等等。

三、日常练笔敞开化

生命需要倾吐与倾听；生命需要表达与分享。当日常习作全方位敞开，与学生的生活息息相关，与他们的需求不谋而合；当学生的习作被赋予鲜明的“对象感”“挑战性”；当冷冰冰的习作命题化为常变常新的有趣召唤，孩子们是很愿意融入其中的。

瞧，我们的习作，有时是“电视连续剧”，有时是“生活万花筒”，有时又变身为“勾连创意话”“词组混搭乐”或“书中创意写”，还有时是“剧本微写作”“你我悄悄话”或“词语麻辣串”……

1. 扫——生活万花筒

学生生活并不单调，关键是看其是否有意识及时捕捉生活中的事情。学校的艺体节、礼仪节、读书节、科技节每年都开展丰富的活动，教师要注意引导学生观察，及时记录这些活动。各类节日——教师节、妇女节、中秋节、儿童节、元旦、春节等，也会有相应的活动。生活中，同学之间、师生之间、父子母女之间也有值得记录的事发生。社会、影视、新闻等也有值得关注的事。如 2017 年 4 月 20 日 19 时 41 分发射天舟一号货运飞船时，笔者就布置学生观看并描述发射场面等。从中开发相关情境生成习作话题。

2. 编——电视连续剧

大家一定爱看电视吧？生动有趣的情节，栩栩如生的人物，美妙动听的音乐，包你看了这一集，还急着想看下一集。同学们，你们会学着电视连续剧的样子，一集一集接着往下写吗？我们的第一部连续剧叫《我之最》，下设“我这个人”“我的家”“我最喜欢的人”“我最喜欢的书”“我最爱吃的食物”“我最喜欢的玩具”“我最喜欢的游戏”“我最难忘的事”“我最讨厌的__________”等诸多选题，喜欢写哪个，就挑一个来写，写完一个再写另一个，看看谁给老师留下的印象最深……这样编电视连续剧的情境，让儿童觉得自己很了不起，其习作热情得以激发，培养了他们的习作自信。

3. 画——勾连创意话

孩子们都喜欢画画，书上插图的人物往往会被他们描得面目全非，下课还有低头作画者，画得好不好不是重点，但其中自得其乐的样子让人欣慰。借助创意画，让儿童在想象的草原上尽情地撒欢。画上附上创意说明，提升表达力。在分享中逐步提升言语智能，获得表达清楚的具体方法——准确用词，叙述有条理。借助指纹进行想象作画，这样的神奇变身很好玩，生成的话题内容可多了，可以说说绘画过程，可以描述画面，可以以画编个故事，等等。在这样的表达中，绘画的激情成功迁移到作文的激情上。

4. 剪——写出魔法画

儿童喜欢做手工，与美术课融合，让学生剪一些喜欢的动物，走进大自然，变成了神奇的魔法画。组织这样的创意活动，充满魔力，学生们可以兴致勃勃地玩。在玩的乐趣中，话题有如泉涌。可以写自然魔法师神奇变变变的情景；可以几个同学合作，让小动物在一起活动，编编它们的故事；还可以写“我”做这件事的过程；等等。

5. 连——词组混搭乐

向往快乐是人的自然本性。其中以荒诞为叙事风格的快乐童话，更为孩子们喜闻乐见。孩子们顽皮的天性，使他们对日常生活的捣乱和颠覆的内容更情有独钟，如果参与其中，那自是乐此不疲。让不同类词语进行混搭，形成离奇而有趣的童话故事线索，围绕线索构思独特的情节编童话故事，满足了孩子们喜欢荒诞猎奇的欲望。比如，让第一组每个同学分别写一种动物的名称，第二组写一个地点，第三组写一件事情。于是，新的混搭出现了，如“老虎在池塘里买月饼”“毛毛虫在公园里捞月亮”“蜘蛛在太空中猜谜语”这样的混搭创生了一个个神奇、陌生、瑰丽的世界，大大激发了孩子们编写童话的兴趣，轻而易举地打开了他们大胆想象之门。

6. 延——书中创意写

练笔内容与整本书链接。儿童文学是通向儿童言语和精神世界最适当、最柔润的“使者”，是打开儿童言语之门的钥匙。一本书读完后，让儿童交流自己觉得印象深刻的地方，而写作内容就来自对这些地方的补白、疑惑、联想等，这样的练笔内容来自自己，且参与作者的故事补充中，这样的“抒写”让他们乐此不疲。例如，读了《鲁滨逊漂流记》，学生对这些地方感到有趣：洞中野山羊的样子很特别；星期五的名字有趣；河流凶猛活泼的样子可爱；受伤的小山羊怎么会活下来呢？……由此，可以生成相应的多个话题：你希望洞中还有什么动物呢？写下来补进书里；你也为书中的山羊起个名字，写清楚你的创意；河流还会有什么样子的呢？请你用几句话描述出来；受伤的小山羊活下来了，想象鲁滨逊是如何照料它的。这些话题有着儿童的体温，一旦提供平台，它们就熊熊燃烧，儿童生命言语迸发出来,言语自然地带有书中语言的风格,既提高读书兴趣,又促进读写迁移。

还可以借助图文并茂的绘本故事根据年级特点进行多重开发,生出多种话题。《快跑,兔子快跑》一书是英国克里斯汀·莫顿文,英埃莉诺·泰勒图,孙清越译,少年儿童出版社2014年4月第一版。这个故事其实很简单。

兔子躲在窝里,一个小小的窝,他说自己在躲避一个红色的东西。老鼠问他是母鸡吗,他说比母鸡危险得多。

兔子躺在树洞里,这棵树没有人会发现,他说自己在躲避长着很多毛的东西。小鸟问是马吗,他说比马危险得多。

兔子躲在绵羊身后,说是躲避一个长着尖牙的东西。绵羊问是犁吗,他说比犁危险得多。

兔子躲在浴缸里,他说自己在躲避一个长着尾巴的东西。白鹅问是小黑猪吗,他说比小黑猪危险得多。

兔子躲在谷仓里,他说自己在躲避一个胸前兜着肮脏白围嘴的东西。奶牛问他是公山羊吗,他说比公山羊危险得多。

这时,门“吱呀”打开,一个东西靠近兔子,一个红色的、长了很多毛、长着尖牙、尾巴,胸前兜着肮脏白围嘴的东西。因为太暗,看不见。兔子问是不是农场主,给他送萝卜的,这个狡猾的家伙说,比农场主危险得多。说着狐狸跳出来了。

兔子紧接着就跑了,拼命地跑了,跑得非常快,他到了一个新窝。

读这样故事,分别开发出低、中、高段三种表达话题。

低段:言说模仿秀。

在读故事中进行表达形式的模仿。一年级学生说话,二年级学生可以画图配文的形式:小白兔还会躲在哪里呢?又会说什么?画下来,也来配上一段文字。

中段:故事套故事。

根据故事中的某一环节作为话题,延伸编一个具体的有情节的故事。

兔子在遇到老鼠前,躲避红色的东西时,一定惊险刺激,展开想象,先画画情节图,再把这个故事写下来,题目自拟。

高段:话外有深意。

从主题开发,思维发散到人。小白兔知道往前跑,所有动物都知道往前跑。人也要往前跑,是不是我们的身后有东西追着?想一想,以“我要向前跑”为主题写一篇文章,题目自拟。

这样的写作因为融进故事的情境中,学生专注于与故事进行对话,而理性的学习目标隐没其中,体现了有意思、有意义的学习,在这样的生态化情境下,学生言语生命的表达欲得以激发。

7. 创——剧本微写作

以戏剧的视角对教材进行多角度开发,综合多元活动,如思维的活动,语言的活动,肢体的活动等,在接触语言、使用语言、感受语言经验的基础上,为学生提供表达自己、展示自己、反思自己的心灵体验,在种种活动中包裹着写作,这样才可能使学生建构出自己的语感图式,才可能使这种图式在以后的阅读、写作、交际中得以使用。这也是基于核心素养教学活动的一种体现。演剧要有剧本,自力更生自己动手编剧本是一件令人兴趣盎然的事。孩子们担任编剧角色,运用已有的从阅读教学中获得的表演经验,老师适当指导,他们就心领神会。改编剧本时学生可对某些陈述性的描写进行补白,想象其动作表现、语言或心理。对有语言的地方还可以根据自己理解适当加上可以表现出来的提示语。比如,《我应该感到自豪才对》改编第一自然段时,“小骆驼在小溪边照‘镜子’”变成可以表演的动作表情语言:小骆驼在小溪边,睁着大眼睛看着自己的长睫毛,自言自语地说:“真是美女啊!”一会儿又侧过身子,看看自己丰满的驼峰。一会儿甩甩尾巴,高兴地哼着歌儿。这样的改编不知不觉地训练了学生写生动的能力。平时练笔的改编就可以让他们自己寻找可二度创作的环节,短小有趣。高年级学生还可以重编情节思路,既发散思维,又获得创作快乐,训练了写作的谋篇布局能力。剧本微写作还可以在导、演的活动中开发写。“我”导演某个环节的过程,“我”演某个环节等的过程都可以成为写作的资源。

四、试卷习作“在场”化

在场,是学生在场,生命在场。在考场作文中,鲜有灵动的习作。这一方面时间紧张,学生没有更大的空间去构思;另一方面在于习作的命题。在很多人的潜意识中,习作就是按照教师的要求和指令练习,很少关注学生考场时的状况和学生情绪的兴奋点及其童真的生活。上海大学李白坚教授则认为:好的命题应能为孩子提供宽广的写作切入视角,丰富的叙述内容,能给孩子神经的触动,情绪的挑逗和感情的诱导,而不能让命题成为孩子的敌人。由此可见,好的作文其命题特征是:①命题本身具有鲜活的生命体征,能够在瞬间激发学生的写作兴趣。②命题所界定的写作范围广泛。③命题难易适中,有“易于动笔,乐于表达”的特征及促进作用。因此,在实际教学中,改变以往由某位老师出卷时“任性”命题的状况,让学生在场。先建立习作命题库,将命题的第一权利交给学生，开展“发现者”活动，广泛征集学生自己喜欢写的习作。可以在教室的醒目位置设计一块名为“我的话题推荐”展板，引导学生积极关注生活中的大事、小事、急事、趣事等。然后由推荐者陈述话题的由来及理由，最后现场投票评选出大家喜欢的话题，一经采用授予其“发现者”称号。如《咱班的“漫画风”》《“老虎下山”的幸福日子》《张家的“女将领”》《三(3)班的学霸》等，各班将这些资源放到资源库中，可以作为周末试卷的习作，也可以作为考场作文的参考，它为命题老师提供了童汁童味的生活资料、命题的提示时零距离靠近学生提供了可能。此外，儿童因为命题开始关注生活，题目拟好了选材也就有了，那种为了作文题目专门去体验的现象不多了。这相反的程序带来了习作情感的变化，习作变成了兴致勃勃的事，学生不会再因为拿到习作而愁眉苦脸无从下笔了。

第二节 命题形式境域化开发

长期以来，我国的习作命题缺少境域，导致学生写作时情感启动不足，写作变成痛苦和负担。“戏趣作文”积极倡导有“境”的写作，将写作变成一件内心需要的事。一次有“境”的命题，要包括以下要素：一是情境——什么情况下说；二是角色（隐形演员）——“我”是谁；三是读者（隐形观众）——写给谁；四是目的——为什么写、写些什么；五是体式——写成什么样子。所以，完成一次有意义的写作命题应该由情境、角色、读者、目的、体式等要素构成。因此，我们可以对习作命题进行分析，梳理相关要素，进行二次增补或删减，进行重新建构，这样便能较好地帮助学生定位自身角色，找到话语对象，打开思路，表达自己的真实情感。

一、课堂习作命题的重构

在境域习作命题要素下，我们首先面向教材习作，对其分析和梳理。建构新的境域，让学生能够在写作过程中有明确的角色意识，激发情感的触点，找到表达的对象，更好地倾诉心中的想法，进行真实的写作。（见下表）

“境城”习作命题要素

<table>
<tr><th>语境要素</th><th>原命题</th><th>要素分析</th><th>要素增删改</th><th>新命题</th></tr>
<tr><td>情境</td><td rowspan="5">苏教版小学语文四上习作1：
在我们生活中，有很多节日：春节、植树节、护士节、中秋节、重阳节……每个节日都寄托着人们美好的情感与愿望。假如让你按照自己的心愿设立一个节日，你会设立一个什么节日呢？赶快拿起笔来，写出你心中的这个美好节日吧。可以写是什么事情让你想到要设立这个节日的，也可以写想象中自己或别人是怎样度过这个节日的。写完后可以读给大家听一听，让别人也分享你心中的美梦和习作的快乐。</td><td>在我们生活中，有很多节日：春节、植树节、护士节、中秋节、重阳节……每个节日都寄托着人们美好的情感与愿望。假如让你按照自己的心愿设立一个节日，你会设立一个什么节日呢？</td><td>读沈从文《端午日》，将此情境要素融入进去，会增添更强的情境感。</td><td rowspan="5">边城的端午日是那么热闹，让人羡慕。学校开展“奇思妙想大舞台”活动，你就按照自己的心愿设立一个节日，写一篇建议书或想象文。可以写是什么事情让你想到要设立这个节日的，也可以写想象中自己或别人是怎样度过这个节日的。写完后附在《端午日》后，与作家和所有的读者分享。</td></tr>
<tr><td>角色（“我”是谁）</td><td>我（建议者）</td><td>与作家交流，与其他读者交流</td></tr>
<tr><td>读者（写给谁）</td><td></td><td>作家、其他读者（包括正在读的同学）</td></tr>
<tr><td>目的（为什么写、怎么写）</td><td></td><td>参加端午“奇思妙想大舞台”活动。可以写是什么事情让你想到要设立这个节日的，也可以写想象中自己或别人是怎样度过这个节日的。</td></tr>
<tr><td>体式</td><td></td><td>想象文</td></tr>
</table>

这样的“境域”化命题为学生写作增添了“附加值”，让儿童与写作之间发生了内在关联，情境的设置有了强烈的交流欲望，情境文也是写作形式的一种很好的范例。“境域”化命题形式让传统命题华丽转身。

二、课外随笔命题的构建

课外随笔，相当于周末一次练笔，我们将随笔内容纳入主题习作视野下的一部分，课外随笔可以是独立习作的一个平台，但内容要避开课堂习作，带来一种陌生化。我们命题的规划是日常生活—特别生活—神奇生活，领域是自己生活—身边生活—社会生活—世界生活。

命题的方式上体现境域命题的要素,特别是在情境设置上要让学生有想交流的欲望。对学生独立习作、激发言说动机带来很大帮助。

三年级童话主题单元周末习作我们链接了一条微信《她是“星星的孩子”——用笔描绘世界》,主人公是7岁的Iris Grace Halmshaw,如3岁时就被确诊患有自闭症,后来在小猫的陪伴下,走出自闭的世界。特别感人的是小女孩和猫咪睡在一起,共同编织一个香甜的梦。一向怕水的猫咪,还会主动跳进浴缸,听女孩讲童话故事里的大海和美人鱼。她开始愿意出门,一个人带着猫咪去院子里,一起享受阳光和青草的味道。笔者将它发到班级群中阅读,感受这样一个神奇生活的爱的时间。小猫的陪伴、柔软的爱已经一点一滴渗入她的潜意识中。有图有画面有神奇,这样的习作内容扩大了学生的视野,同时,也对他们进行了一次无声的爱的教育。为此,我们设计了这样的练笔:

爱的力量有多大,“星星的孩子”告诉你这个现实中一个爱的神话。读读这则微信,你就是那只有爱的小猫,你会怎样打开小女孩的内心世界,帮小女孩走出困境呢?可以选其中一个画面展开想象,也可以将多个画面连成一个情节想象,把它编成一个有趣的童话故事与人们分享。

教学中,我们大多关注从生活中选取题材作为写作内容,仿佛生活就是为了作文。“境域”化视野为我们拓展新的思路,链接生活,发现生活中的“语用情境”,从中开拓话题,实现交流。形成生活是我们的茶余饭后的“八卦”,而在“八卦”中我们实现了写作,还拓宽了视野,陶冶了情操,该是多么美好的事啊!

一旦生活作为语用情境,我们与之交流的内容就无边了。除了教材课本中的体式分类外,凡是有着独立写作目的,表达一个完整意思的语言片段,都可以进入我们的“境域”化微视野,如剧本、海报、活动方案、活动记录、分析材料、广告、编者按等。

生活中有无数最真实的情境,我们可以抓住一切机会,让学生在生活中运用文字,把写作与生活交融,让学生在语言实践中,解决实际问题的过程中,体验到言语表达的作用,萌发语言运用的自觉意识。

第三节 写作形式境域化开发

根据学生的年龄特点、心理特点,开拓作文形式,与现代生活链接,将写作置于一种情境中,使之与丰富多彩的现代生活相适应,与学生的年龄特点、心理特点相适应,可以调动学生作文的积极性、主动性。

1. 编辑美篇

每个生命都有表现欲,美篇的分享就能快捷地满足这一点。朋友圈分享美文,是时下文艺爱好者们最喜欢的方式。美文配插图,图文并茂,给人带来身临其境之感,激发人的表现欲。加之在朋友圈的分享,朋友的留言、点赞都让制作有一种满足感,操作也很方便。晒宠物、晒美食、晒花草、炫才艺等,生活中只要有新鲜感的事物或经历的事,将看到的现象及时拍下,分享到朋友圈,并配上100字左右的文字说明。在这样的境遇中,学生自觉主动地留心观察生活,其写作的选材会非常广阔,还因写作时图片的欣赏唤醒起他们的记忆和情绪,使他们很容易走进当时情境中,文字更加生动、鲜活。因为分享受到关注而激发创作的兴趣,同时,培养了审美情趣,陶冶了情操。

2. 自配插图

每个孩子都喜欢画画,从孩子感兴趣的画画开始,激发和培养孩子的写作潜能,可以取得事半功倍的效果。对于需要仔细观察的作文,如人物外貌、动物外形、静物、玩具、景物等主要是通过观察产生材料、命题,组织片段和简短的记叙类的素描作文,可以借助写生素描的形式培养学生仔细观察的习惯。中低年级的学生需要培养仔细观察的能力,在面对实物绘画的过程中自然关注细微之处,就在反复多看几眼中完成了习作的观察目的。同样,引导画前对其整体的勾勒,画中的指导自然也就融进了习作的表达。对于写人物、动物等外形的文章,可以借助漫画的理念来表现,在仔细观察的基础上将特点夸张地表现出来。比如,说脑袋大变成圆圆的大西瓜状,眼睛细就成了淡淡的轻轻的一条线……特点鲜明,形象直观。学生就能在语言描摹中准确抓住特点,几句话就能把事物刻画出来,而且非常形象生动。苏教版小学语文三上第2单元写人的外貌,请看一位同学的写的《“大蓝熊”》:

他胖胖的,走起路来肚子一抖一抖的,像一只装满水的“大包子”,看起来手一碰就会破裂似的。眼睛总是眯着,就像被砍掉一半的柳树叶。鼻子两边的鼻角坠了下来,像陨石坠落大地。他喜欢穿蓝色的外套,感觉他就像一头憨厚的大蓝熊。

对于事情、活动类写作,可借助单幅或连环画的写意画的形式唤起感知和情绪,突出事情的重点。在这样的形式中,习作不再是习作,而是学生兴致勃勃追求一种画和文相融的美好意境的过程。这样的过程愉悦自己也使他人赏心,学生的习作也绽放出像“画”一样美丽的奇葩。

3. 编剧表演

儿童天生对表演有着极大的热情,将习作过程置于为表演而编剧来进行变式创写，习作知识达到一种无痕化的内化运用，这就是“戏趣作文”的魅力。扩写是为了训练学生能将过程写具体、写生动的一种习作形式。这也是中年级学生写具体、写生动习作能力训练的重点。但以这样的面貌出现，学生会感到枯燥无味，言语显得枯燥晦涩。如果将编创剧本的元素融入其中，那学生的热情一定是非常高涨的。利用剧本的故事性将材料补充完整。初学写作的学生难以将故事过程写出来。只是将镜头聚焦在主角身上，然后概括三言两语就没法再写了。一位同学习作中用事例表现跑步快是这样写的：

她跑步很快。比赛开始了，她像离弦的箭一样冲出去，跑到了一半时候，好像没有力气了，我们拼命喊“加油”，她咬牙坚持，终于冲过了终点线，最后得了第一，我们都向她表示祝贺。

怎样将事情过程完整地写出来呢？先进行原作表演，发现这只是一个镜头，不是一件事情的完整过程。结合生活经验，表演回放比赛过程，表演后总结时用思路图标出情节过程：交代时间、地点、环境、人物、事情—队员们进场—准备活动—起跑准备—发令枪响—队员们在跑道上你追我赶—啦啦队鼓劲—出现紧张情况—冲出终点线—同学搀扶安慰或表示祝贺。

这就像一个多幕剧，但要演出来必须将情节细化到每个场景、人物对话（动作、表情、心理活动、人物之间的关系等提示）。任选一个场景根据生活经验演一演，然后通过文字描述出来，让别人读后好像看到一样。例如，将“起跑准备”环节编成：运动员们站在起跑线上，前腿呈弓字形，后退绷得紧紧的，右手握拳放在胸前，左手放在身后。只见徐立两眼紧盯前方，侧耳倾听，随时准备冲出去。操场上顿时都静了下来，大家屏住呼吸，手心都捏出了汗。

寻找剧本的空白处，进行想象补白，能够演出来。“她像离弦箭一样冲出去”后空白点很多，比如，队员们跑道上你追我赶中情景，你的剧中主角跑时情景。当然可以再多维度，“我”—观众—赛场上其他队员。这样，仅这一环节就变得生动了。

4. 游戏接龙

将作文置于接龙的游戏中，使学生感到有游戏性和竞争性。接龙作文的命题首先是每个同学都经历过的，学校组织的活动、班级组织的游戏等最适合在这样的形式下进行了。当然诗歌创作、句式仿写，中年级配合作文写片段（提供开头、结尾、补中间片段），专项训练（连续式结构、总分式结构、并列式结构、因果式结构、转折式结构），各种写法接龙，如点面结合、侧面衬托、环境烘托等。接龙作文前组内要从整体上有个总体构思，用关键词标出思路导图。接龙时按合作小组进行。一位同学写完第一个意思，再接一位续写下面……一个接一个，直至完成本次接龙要求。然后进行观赏评议，评出最佳接龙短文。最后组内再进行共同修改。这样的接龙短文，信息反馈迅速、及时，种种“文病”及时发现纠正。在这样的情境中，儿童注意力集中，个个跃跃欲试。差异资源得到充分利用，思维得到碰撞，遣词造句、选材谋篇过渡上能集思广益，既发挥了群体效应，又有助于培养扩散思维，提高合作意识和思维敏捷性，共享写作成果。

5. 写连续剧

自从读了整本书《五(三)班坏小子》后，一石激起千层浪，学生说起来津津乐道。书中有的事他们中也有，没提到的事在班里也有发生。利用这样的契机，进行写人的习作。聚焦班级中“故事”最多的孩子做主角，在聊吧本上创作连续剧。可以仿照《五(三)班坏小子》中“坏小子”的故事—“坏小子”和女生的故事—“坏小子”和老师的故事—“坏小子”和军训的故事创编出《三(六)班的坏小子》的情节线，按板块认领，最后编成册。作为这些“坏小子”，可以把目光聚焦到班级同学们身上发生的事、学校的秘密、在家里发生的事情，或表现自己不为人知的另一面。越具有“爆破性”，越能让人从多角度认识你们。这样的情境中，言语表达成为内在精神的需要。因为书中的故事也唤起了他们生活中的记忆，因为有表达的机会——与杨红樱阿姨一样也可以创作书而兴奋。在这样的境域中，潜伏在人的生命中的最本质、最活跃、最积极的言语表现动机得到即时的呈现。

6. 行进图示作文

学生习作呈系列，用图示形象化地标示出来，呈现出行走式的姿态。例如，观察小蚕的生长过程，标出时间轴及对其的发现。同一景物在不同气候下的不同状况可以用气候图和写作来呈现。同一景物不同季节的不同样子也可以用四季图和写作来呈现。这些图形象地呈现了过程，是一件好玩的事情。总之，变化的形式可以激发学生的兴趣。许多教师对小学写作的理解，停留在简单的二分法上：低段“写话”，中高段“习作”；写简单的纪实作文，也写点想象作文。还有的教师对写作样式的理解，就是记叙文、议论文、说明文。近几年写作教学研究的一大成果，是对写作样式认识的深入，归纳起来有两点：第一，引入语篇概念，用语篇写作替代作文这个概念，强调了文章只是写作的一种样式、一种结果，而字、句、段、图、表的写作，只要它们达成了特定的交际意图，也是写作的结果。对联、广告词、海报、产品命名、PPT 制作、目录……所有这些，与“文章”一道，统统都是写作的结果——语篇。当出去旅游时，可以创作旅游地图，也可以画出线路图，再配上对于景点的描述或自己的感受。下图是高年级一位学生去云南旅游时途中创作的地图与写作。在班级展示后，同学中就开始盛行起与这类似的图示写作，而且还在不断发明新的形式。

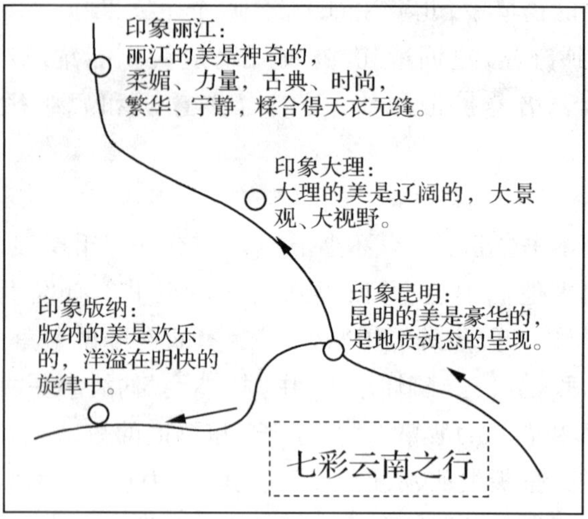

第四节 写作知识境域化开发

文体知识较为抽象，它属于陈述性知识。而写作中更需要程序性知识，但程序性知识的形成是以陈述性知识为基础的。陈述性知识是程序性知识形成的必要前提。陈述性知识要内化为个体认知，清晰地印刻在学生脑中又随时可以激活，为程序性知识的转化做好充分准备。怎样将这样抽象知识活化在学生脑海中？突破习作教学的固有边界，汇集多领域的元素，探索与写作知识交集之空间，以适合学生的方式将抽象知识形象化，用形象打动学生，消解概念的学术味道，让它生活化，好理解，使知识变得有趣味。

1. 形象总分式构段

每个孩子都有军人梦，对军人充满了崇拜。“司令、士兵”是他们游戏中常有的角色。“一切行动听指挥”“服从命令是军人的天职”是他们朦胧中有的清晰的感知。教学总分构段方式时，将这样的感知融进对总分关系的认知，那将更加形象生动。教师这样转换：这段话里有一句话就能概括全段的意思，它就是这段的中心句。它在这段话中，就是一位司令，整段句子都听它指挥。它说什么内容，这一段的句子所有句子就乖乖地写什么内容。有了段司令，整段话有条理；没有段司令，群龙无首，士兵们会乱作一团。比如，段司令说他可机灵啦！那么下面就写他机灵的事。接着老师做司令、学生做士兵玩听指挥的游戏。或学生做司令，老师做士兵。这样的游戏就是总分构段方式的训练。类型多样，可以是景物的总分构段，也可以是总写句概括人物特点、动物特点、静物特点、活动特点的总分构段。对于如何分写，也可以在游戏中有形象的认知。有些是从不同方面并列描写，如“围绕大街上真热闹”，从车、行人、两旁商店的布置、街旁的摊贩等几方面描写。从这个段落中知道段司令手下有四个士兵。一位同学做段司令下发命令，四个同学扮演的士兵先后围绕司令的话展开具体描述。而如果是通过一件事表现一个人特点，那此时的段司令也就一个兵了，围绕特点用几句连贯的话写一件事。在这样的角色活动中对写作规则有了深刻的认知，且可以作为“活性物”随时激活。

2. 迁移夸张式特点

结合绘画的手法与习作相通之处，将习作知识形象化。如学生特别喜欢漫画，抓住漫画对人物特点夸大的形式迁移到写人外貌的方法中，可以抓住人物特点进行夸张式描写，人物形象会留给人深刻印象。如抓住人瘦的特点用漫画式描写来表现，就变成“她瘦瘦的，细胳膊细腿的，活像一根豆芽菜，好像风一吹就要把她吹跑似的”。

3. 感受多维度描写

喜爱表演是儿童的天性，教学中借助表演对习作规则进行形象的认知。例如在让学生感受写人时抓住人物动作、神态、语言等描写，才有可看性。可以让四名学生上台表演，其他孩子认真看，并且猜演了什么。表演共进行四次，第一次只有动作，没有声音，没有表情。第二次只有声音，没有动作，没有表情。第三次只有表情，没有动作，没有声音。第四次有声音，有动作，有表情。通过表演让学生明白写人时要抓住动作、神态、语言来写，只有把不能参与表演的地方写出来，才能有真实的情境感，让人感觉像看戏一样生动形象。

4. 细化一连串动作

武术讲究动作的规范，一招一式皆有形。描写人物时，像打武术一样，通过对人物活动的一连串动作进行描写，使人物形象更加生动。比如，为了让学生在描写人物时能准确用上动词，教师这样转述：你笔下的人物要个个是武功高手，少的三连动、四连动，厉害的还能六连动。在这样的好玩情境中，学生特别关注细节。他们将生活中完成的某个细节都幻化成武功的出招。吃饼干变成“我抓起一袋，撕开袋子，左手拎住袋子，右手伸进袋口，捏住饼干，轻轻抽出，送到唇边，塞到嘴里，狼吞虎咽嚼了起来”。

5. 认知提示语形式

对于中年级学生来说，如何能够有效掌握提示语的形式和标点的使用呢？

将概念形象化,使写作知识变成游戏,孩子能够生动理解,也会倍感乐趣。学习提示语时,教师这样转述:对话描写在语言界是明星,他拥有一个铁杆粉丝,就是提示语。他们就是喜欢玩藏猫猫游戏,提示语藏前、藏后、藏中央。藏前戴上小墨镜,藏后投枚小硬币,藏在中间吃豆芽。这样的形象化学生很快掌握提示语位置变化以及使用的标点。

6. 拨动奇妙的五感

“形、声、色、味、触”是一切景和物本来就具有的特征,也是人们视觉、听觉、嗅觉、味觉、触觉五种感觉所能感受到的。描写景物,就要引导学生调动五感,从而展现出美妙、立体的画面。教学中,将音乐的七音符介入。这样转述:我们知道音乐家通过千曲百调,来表达人间的万千思绪,使用的仅仅是七个音阶:1、2、3、4、5、6、7,这是多么神奇啊!我们作文,也有自己的音阶,这个“音阶”就是“视觉、听觉、嗅觉、味觉、触觉”五种感觉,只要你轻轻拨动它们,笔下的景物也会呈现不同的绝妙来。带学生去自然中,先闭上眼、屏住呼吸、捂住耳朵感受五种感觉关闭的状态,再“拨动”视觉,描述美妙,再依次“拨动”“听觉、嗅觉、味觉、触觉”,从而体验到“拨动”五种感觉的美妙。学生会在以后的写景状物中,带着弹琴的心理主动自觉地运用五种感觉弹奏各人心中的景致。

7. 构思图表式路径

对于小学生来说,较难写出以感受为中心的习作。如对于六年级习作《忘不了这种滋味》,如果在选材中只考虑通过一件事表达痛苦、开心、纠结等滋味,显然不够深刻,它缺少滋味生成的路径过程。如何建立感受的“过程意识”?利用数学的图表方式可以打开一扇门。画事件的发展轴,让感受随着事件发展的每个节点回忆显现,变化的过程像延时摄影一般,一帧一帧地有序地展开。好玩的图表会成为很有帮助的学习支架,帮助每个学生建立不同的学习体验,呈现丰富的学习成果。

8. 互动文中的人物

影视作品和文学作品都具备文学性,其艺术手法有相似之处。借影视作品的直观形象手法来看待习作创作,学生就会自然而然地转换身份,他们自己就是拍电影的,手中的笔就成了他的镜头。在思考中变换,带来了一种新奇感和成就感,兴致勃勃中完成自己角色的任务。其中,影视作品中的结构蒙太奇、特写、反复、闪回、空镜头等就可以在习作表达技巧中找到相似之处。结构蒙太奇类似于习作中的谋篇布局、材料安排,空镜头相当于习作中的环境描写,特写镜头相当于习作中的细节刻画,闪回、反复等相当于习作中的倒叙、插叙、反复,声响、音乐等相当于习作中的声音描写,话外音相当于习作中的补充叙述。为表现赛场的激烈就得用到这样的方法：班级运动员、他的对手、观众们、“我”，这些角色之间是有互动的，观众的呐喊给运动选手们带来变化，运动员的变化又使“我”有了变化。只要学生形象地明白电影中蒙太奇、反复、闪回等表现方式，这样的写法对他们而言就能很轻松明了。镜头依次对准场面中的角色，对焦主角时间长，对焦配角时间短些。表现胶着状态则将镜头反复对焦，多次对准以上某些角色。人到深处情更浓，此时如何表现？——空镜头运用。把镜头对准环境或事物，以此描写衬托激烈。比如，操场上的彩旗在阳光下格外鲜艳，操场上的呐喊声穿过了白云……类似的过程中的事情都可以用这些方法，如“我和小伙伴之间的事”“游戏类”“比赛类”“活动类”等事情都可以运用。有的学生写事往往三言两语就将事情写完了。例如：

勇闯桥世界

国庆节，放假第二天，我和爸爸妈妈一起去桃花岛闯吊桥。

来到桃花岛，我看到游玩的人很多，有的人在欣赏美景；有的人在野炊；有的人在游乐设施那儿玩……我拉着妈妈直奔吊桥边。

来到吊桥边，我把一只脚放上去，大胆向桥中心走去。这时，后面突然来了一群孩子，他们跑起来，呀，桥剧烈地晃动起来，我害怕极了，但又不好后退，只好硬着头皮往前走……终于走到尽头了！

文中就是一个人，其他什么也没有。没有桥的样子，没有铁索的样子，没有声音，没有内心的独白。讨论后，大家觉得要用上结构蒙太奇、空镜头、话外音、特写、声响等“拍摄”方式，就呈现了以下的修改后的习作。

勇闯桥世界

国庆节，放假第二天，我和爸爸妈妈一起去桃花岛闯吊桥。

来到桃花岛，我看到游玩的人很多，有的人在欣赏美景；有的人在野炊；有的人在游乐设施那儿玩……我拉着妈妈直奔吊桥边。

来到吊桥边，碧波荡漾的河面上，架着一条弯弯的小桥，桥面是由木头搭建而成，两边是绳索(空镜头)。桥上人来人往，有些人紧拉着绳索，发出了刺耳的尖叫声，有些孩子在吊桥上跳来跳去，笑弯了小桥的腰(结构蒙太奇)……看到桥上孩子玩得那么开心，我暗暗决定自己也要闯一闯。我对妈妈说：“走，咱们也去闯！”妈妈点了点头笑着说：“好样的，加油！”(声响)我深吸一口气，把一只脚放上去，“啊！就这么简单！”于是，我大胆向桥中心走去，这时，后面突然来了一群孩子，他们跑起来，桥剧烈地晃动起来，不时发出木头“吱吱”声。呀呀……“末日”来临，我紧紧抓住锁链，害怕极了，我大喊道：“啊……我……不想走了！”紧跟在我后面的妈妈说：“没事的，过了这一段就好了！相信你！”听了妈妈的话，我想：是我自己要闯的，现在只能前进，不能后退！一定要闯过去。想到这里，我挺直腰，咬紧牙关，慢慢地挪动脚步，我感觉这桥有走不完的路程，一步，两步，三步……终于到头了！站在桥头，我心里燃起了胜利的火花，像乐队那样吹起来喇叭，我用力向上一跳，对爸爸妈妈大喊：“成功了，耶！”（结构蒙太奇、声响、特写等镜头）

闯桥，虽然有些可怕，但也很好玩，这时我才发现，手心攥出了汗水，一阵凉风吹过，之前的事早就抛到九霄云外！我的心中架起了一座彩虹，这美丽的彩虹在庆祝我的闯关成功！（画外音）

勇闯吊桥让我明白了做事不能后退，选择了就要勇往直前！

第五节 习作点评境域化开发

习作点评是对习作的提升。怎样把点评的要点能够传递给学生，还能激发学生修改的热情，这是在点评中追求的理想化的效果。教学中，教师可以尝试用下列方式实现点评教学中境域化通达。

1. 表演发现问题

对于习作的点评，用表演的方式发现问题，这是比较形象的方法。学生们四人一小组，由作者选择演员，自己念旁白，把这个故事活灵活现地呈现出来！对于无语言、无动作、情节不够丰富的弊端，在表演中就完全暴露出来，同样，肢体动作又链接生活，促进生活现象的还原，促进思维和语言的发展。将原来的作文与修改的作文在表演中比较。中年级学生难以将故事过程写出来。只是将镜头聚焦在主角身上，然后用完概括的三言两语后，就没法再写了。如表现一个人跑步快：

她跑步很快。比赛开始了，像离弦的箭一样冲出去，最后跑了第一，我们都向她表示祝贺。

对于这样的情况，我们可以进行比较表演。先进行原作表演，发现这只是一个镜头，不是一件事情。结合生活经验，表演回放比赛过程，表演后在总结时用思路图标出：交代时间、地点、环境、人物、事情—队员们进场—准备活动—起跑准备—发令枪响—队员们在跑道上你追我赶—啦啦队鼓劲—出现紧张情况—冲出终点线—同学搀扶安慰或表示祝贺。怎样写生动呢？选择重点环节进行慢镜头放大播放。如，队员们在跑道上你追我赶的过程中，你文中的主角跑时的情景，并对实际观察产生联想。

她个子小，步子不大，频率却很快，像快速拨动的钟摆，又像两脚装上了滑轮，那真是风驰电掣啊！拳头握得紧紧的，两臂在腰间不停地前后摆动，嘴巴呼着气，眼神坚定地望着前方，大概是想，胜利一定属于她的吧？

当然可以再多镜头，“我”—观众—赛场上其他队员。这样，仅这一环节就变得生动了。

2. 表演丰富语言

部分学生对于亲身经历的事不能具体、生动地叙述出来。对于这样的现象，教师得鼓励学生进行现场表演，唤醒生活，激活现场情境，迸发激情，生成鲜活语言，丰满文章修改。

《伙伴之间有趣的事》没写出趣来。仿《赶海》一课，由人(“我”，小伙伴)，物(拟人，比喻)这样交替进行。修改作文时表演派上用场。用表演链接生活，用语言还原真实。有位同学在写陀螺比赛时少了放陀螺的情景，这是一个有趣的情境。孩子们都有经验，有的已经迫不及待在位置上手舞足蹈了。让他们边放边说，结果一个平时从来闲不住的孩子说得很精彩：陀螺安在发射器上，运足气力，左手猛地一拉，右手一甩，陀螺“嗖”的一声如龙卷风一样飞了出去。物：两个陀螺虎视眈眈，慢慢接近，突然以迅雷不及掩耳之势撞到了一起，成了一道闪电，又以无名的力量弹开。在此基础上互动提升，进一步巩固了由人到物交替描写了方法。

3. “作画式”形象评价

传统的作文点评是用文字来交流。笔者用形象的画评对学生的习作进行点评，则会让学生感到清晰新鲜。这样的画评营造了游戏的氛围，唤起学生二次修改的热情。比如，一位同学写一篇关于母爱的文章，写了自己与小伙伴弄湿衣服后妈妈呵护自己的这件事，文章语言生动，但对小伙伴滑冰的情境描写，笔墨太多，明显冲淡了主题。习作点评时，笔者画了一个葫芦，送了一段话：“滑冰固然有趣，可妈妈呵护才是这篇文章的‘重心’。你瞧，花瓶都倒了，赶快用你的笔把‘它’扶起来。”

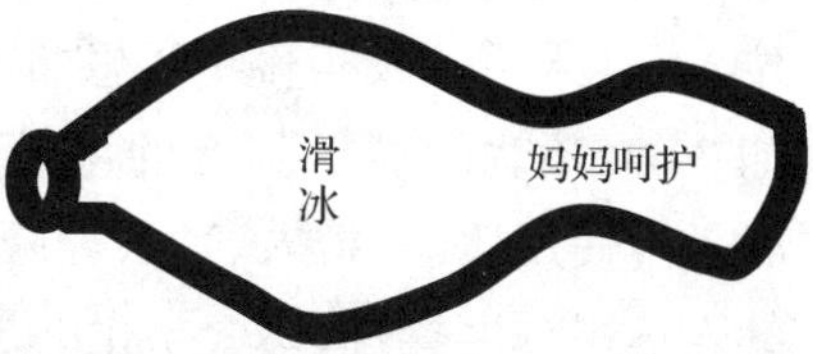

摔倒的“葫芦”花瓶

有的学生在写植物时，对植物的叶子描写得很简单，笔者画了这样的一幅画并提出问题与学生商量：“小主人，我也很可爱呀，请再动笔，为我‘美容’一下，好吗？”

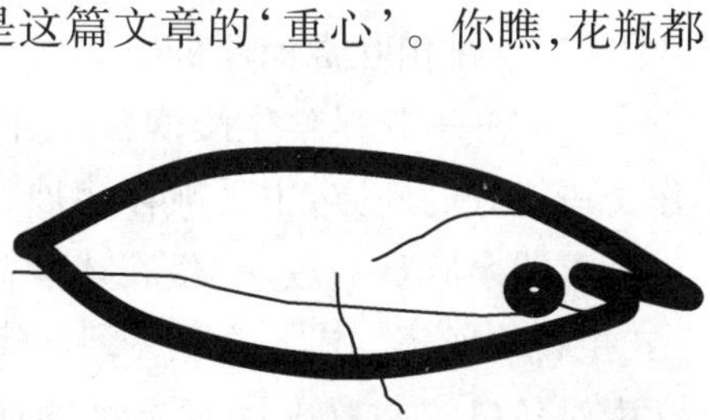
请把视角多放一些在叶子上

学生拿到这样的批改后，往往兴奋不

已，有的欢呼雀跃、叽叽喳喳，有的小脸放光。向前后左右同学展示，并且迫不及待地修改，然后将改作主动交上来给老师欣赏。由此可见，这种新颖的“画”评，不仅可以唤起学生的写作热情，还可以激发他们奋发向上的创作精神，不断提高他们的创作能力。

3. 打靶式精准评价

作文评价中有一种现象：教师指导时往往追求一课一得，写作知识追求精准。但往往评价时与指导就呈现“两张皮”现象。评价是全面开花，不着要点，白白错失了评价指导环节。打靶式精准评价明确提出教什么，评什么，使习作这一艘大船，每一次出发都有明确的航向，每一次纠正都能沿着原来的航线调整。指导三年级《我的自画像》习作时，为了对学生进行自评互评引导，我们形象化地引进情境：今天，我们发现写人物外貌的靶的十环数是：能有顺序，抓住人物最有特点的地方进行描写，能突出重点进行生动描述。

学生习作自评、互评时，笔者出示打靶成绩评价参考来引导：

“画”像人物打靶评价参考：

① 能有选择、有顺序、抓住特点进行介绍。(5 环)

② 能对重点部位多写几句。(5 环)

③ 我有自己的理由……(1 环)

当然，习作评价不能仅仅关注靶心的表象，还要关注儿童面对同一写作要求不同的思维走向，从而盛开出以靶心为核心的全角度的思维来。如“重点部位多写几句”生成实写+联想的写法。实写中的描述也有不同，有的善用好词，如“小巧玲珑的嘴巴”，有的用带着情感色彩的语句，如“圆得不能再圆的脸”。联想中使用比喻、拟人、夸张等修辞，有的联想其活动或静态时的特点。在不同的表达中深度挖掘，每个学生的思维都受到碰撞，得到成长。

4. 活动式互动评价

“人性中最深切的素质，是被人赏识的渴望。”小学生争强好胜，谁都希望得到别人的赏识。在作文教学中，使用“寻宝”“荐宝”这种开放式的教学评价方式，让学生在相互赏识评价中提高兴趣，增强自信。

寻宝——就是学生阅读自己、同桌或好朋友以及心目中榜样的习作，发现作文写得好的地方，主动推荐摘抄到班级专门设置的“生花语丝集”记录簿中，供大家课余欣赏。进入“生花语丝集”后，还设计了升级版栏目——明星榜，凡是“生花语丝集”中出镜率达到一定次数的，才可上“明星榜”。荐宝——就是学生对各自的文章中还有不足的地方提出建议。通过交流各展所长、集思广益，在相互学习评价中不知不觉地提高写作水平。对于别人推荐的“宝贝”能够合理接纳，与推荐人互动，因荐宝得到赏识的，也可以进入“生花语丝集”。这样让成功或暂时没成功的同学都能看到曙光，享受成功的喜悦。

总之，以儿童喜欢的游戏化方式切入评价中，可以使“人、事、理、情”境域得以通达转化。使学生对习作有了兴趣，也就能使学生在学习时全身心地投入，忘却困难或枯燥，在知识的海洋中体验学习的快乐，享受学习的乐趣，从而一步一步地迈向成功。

第八章

“戏趣作文”的实践策略

第一节 任务驱动:内化习作功能性价值

——习作任务单设计策略探索

任务单具有开放性、指导性、时空性的特点,教学中使用任务单开放了学习空间,为每一位学生的思考、探索、发现和创新提供了可能,激发了学生学习的主动性和学习活力,提高了学习兴趣和效率,为课堂增值。而功能性写作主要是将写作置于真实或拟真的社会情境、任务场景或具体语境中,把写作内容作为一种交往载体,让每次写作成为自己已有语言的运用,成为写作技能的积极消费。它与任务单不期而遇,时空中交汇融合,必定生成美妙的境遇。

一、设计任务情境,唤醒写作动机

走向“功能”的习作教学,首先就要有明确的写作动机,即为什么写。当学生能在每一次习作中成功化身某种角色时,或是导游,或是摄影师……一旦有了角色担当,习作功能就此诞生,写作动力随之悄然而生。因此,借助任务单的设计,首先能让学生即时化身成某个角色,既要在生活中——让写作成为学生释放内需、展现自我的途径成为可能,又要营造熟悉中的陌生——让学生对写作充满期待,充满向往。

苏教版小学语文三上习作 4 是写一处景物的练习,要求留心观察,发现自己感兴趣,或别人没有发现的东西,抓住景物的特点,有动有静地描写。对于这个教学内容,笔者结合一年级学生刚入学这一情况创设情境,让他们化身校园导游,介绍校园后花园的一处景物。这样的情境,让学生兴奋不已,观察景物成为他们完成角色任务所积极主动去做的事。观察景物有反复性,需要时间、空间、指向性才会更加有效，任务单的设计很好地化解了这样的需要。

设计观察景物的任务单

在上面设计的任务单中，通过两个维度呈现情境，一方面是文字化情境创设——为一年级新生做导游。而这个角色推动“导游”完成下面两项活动——观察角、交流台，这样的活动内容变为学生内在的需求。而这两个任务是基于本次习作要求而改编成的“菜单”的，它们成功地唤醒学生完成本次习作的内在动机。其次，图画情境时刻点燃学生角色的认同感。任务单提供足够的时间，他们可以反复多次观察，弥补了课堂时间的有限性。而观察后的主动表达，也正体现着写作的“功能”性价值——每次写作都是一次自我的积极的语用，改变了传统写作教学始终将学生置于被“教”的地位，没有之前的“教”，学生就不会表达的境况。“交流台”是导游的练兵场，既给学生提供了言语表达的机会，又让学生无形中学习了伙伴的表达。是一种借助他力的提升。

二、设计长程活动，激活言语意识

习作功能性强调能够积极进行语用“消费”，这必然要有强烈的言语意识。言语意识是一种唤醒言语行为、贯穿写作全过程、最终促进学生全面发展的一种生活意识。言语活动基于生命的冲动和精神的需要，是支持写作行为最持久的动力。在平时的教学中，教师往往把重心落在技巧的指导和写作后的评价上，很少关注写作意识的培养及写作心理的调适。一次写作，教师要有一个开阔的视野，引领学生沉浸于某种氛围——情感的氛围，吸引学生向习作主题靠近。实践活动是生活的情感引领，阅读整本书是文心的引领。在这样的浸染中，学生身心带着相关事物的色彩，而课堂中的触碰，使其言说欲爆发成为可能。

苏教版小学语文三上习作5是《为动物设计一张名片》。教材中这样启发：同学们对动物一定很感兴趣。请选取一种你喜欢的动物，为它设计一张名片。如果你对这种动物还不十分了解，可以查查资料。希望你设计的名片与众不同，别人读了，能对这种动物有所了解。这样的一次习作，我们设计了下面的活动单（如图）。

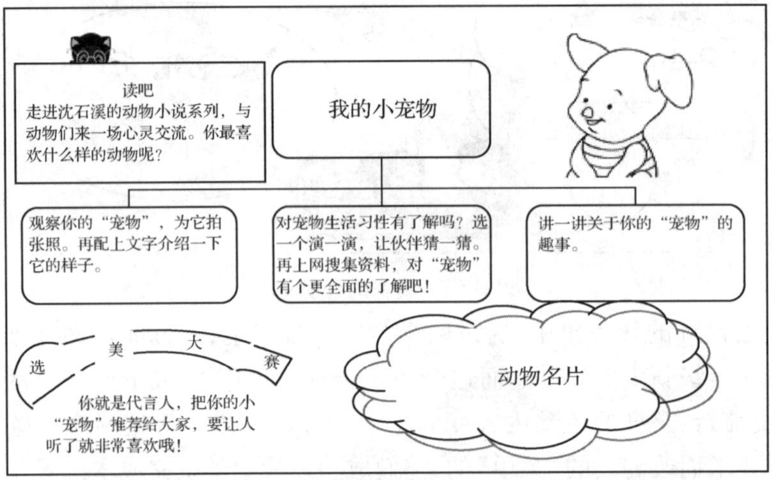

介绍宠物活动任务单

我们的活动任务没有仅仅局限在对动物知识性的了解上，而是开展了多维活动。首先阅读沈石溪的动物小说，让学生带着饱满的文心上路，接着设计“我的小宠物”系列实践活动，从而使情感与动物达到零距离。其中的演一演，因为有了观察，有了沈石溪系列小说的阅读，学生对自己钟爱的动物不仅有了外在了解，其内在的情感也有了体会，演得惟妙惟肖，欢乐无穷。带着这样的情感、习作准备走进课堂，在“选美大赛”中，用代言的方式来介绍，第一人称的口气一下子就让学生置身在“我”就是那个动物中，加上有着竞赛的意味，学生的言说欲被激活了。这样的一次习作，学生不仅学会自我介绍，更养护了言语意识，习作功能性价值得以开发。

三、设计支架任务，促成言语生长

任何知识本身都有结构，学习者有方法结构，教学时有过程结构，这里主要谈的是根据知识转化梳理的认知方法结构。这样的结构的获得与传统教学最大的不同是：通过设计情境性活动，完成角色相关任务中的自主体验获得，完成生命的自生长。

苏教版小学语文三下册习作2是为人物画张像，重点是写人物的外貌，要求能抓住人物特点来写。怎样寻找人物外貌有特点的地方呢？学生年龄特点和习惯性点状思维的特点，往往没有整体的外貌梳理，导致见山是山，见水是水，且没有养成进一步思考的习惯，没有去想一想这个地方到底有什么特点。让学生参加小画师写生活动，先去观察，填表，脑中形成外貌的特点。在观察中，小画师必须对被观察者全身进行细致打量，做出选择。这样的观察、选择过程已经经历了整体的外貌梳理环节，有了这样的梳理后的勾选经历了有顺序的排列过程。在实践中自觉获得了“列表观察—勾画选择—概括特点”结构性思维。

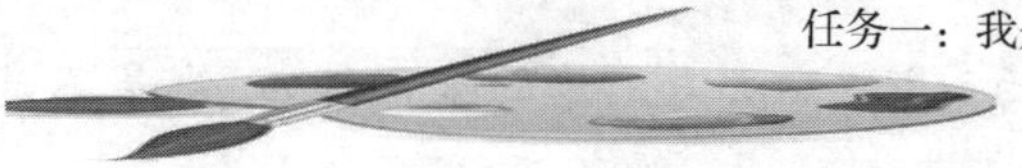

任务一：我是小画师，填一填

外貌特点		重点选择的勾出来	概括特点
长相	发型		
	皮肤		
	（脸、眼、眉、耳、口、鼻、面部特点）		
身材			
穿着打扮			
神情			

观察人物习作任务设计单(一)

锁定了几个有特点的部位后，又怎样进行具体描写呢？皮亚杰认为，儿童不能把物质和精神世界相区别，在成年人眼中没有生命的事物，在儿童眼里是活的、有意识的。因此，引导学生用最接近生命的方式观察事物，有生命、有动态、有幻想。这样，他们就会兴致盎然。在此基础上笔者设计了“看一看，玩一玩”活动。

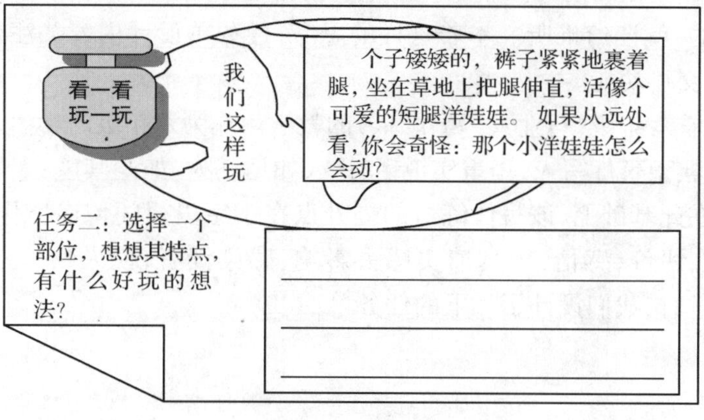

观察人物习作任务设计单(二)

观察具体部位时,启动幻想式观察来捕捉和发现更多的童趣。通过“凝视”发现特点,通过追问“有什么好玩的想法?”直抵儿童天生爱玩好幻想的内心。有了这样的问题激活,学生描述眼中的事物就充满了独特的儿童情趣,充满了各自的独特体温。这样的引导中生成了写具体的支架结构:“观察—联想—生趣”。而生生、师生的交流碰撞,生成了丰富的资源,在此基础上适当提升,生成了一系列生趣的方法结构:用修辞(比喻、拟人、夸张等)写感觉,写活动,写猜想等。学生笔下的外貌变成了:

两颗门牙,拼命地挤着,牙缝凹了进去,像快要被推开的两扇大门。(大门牙歪)

耳朵肉肉的,有点儿像《西游记》里法力无边的如来佛祖,他是不是也会有法力呢?(耳垂厚)

这些语言表达未必完美,但给我们留下了深刻的印象,让你觉得学生们是在用真心真情表达,甚至感受到他们创作出这样的句子后快乐的心情、得意的样子。观察仔细了,方法明晰了,学生的习作就有了各自的温度。

这样的任务设计单,是老师化教为“不教”的设计,而这“不教”其实是老师另一种智慧的“教”,这种“教”必须是让学生成为主体,在无声的任务活动中,将知识恢复到鲜活状态,与生活息息相关。在生态构建的基础上,教师的组织引导,使学生个人知识生态得到更好的重建,从而实现学生生命更好的发展。

四、设计交往互动,提升反馈能力

“功能性写作”的最终旨归还是功能目标在具体可感的交往情境中实现,通过读者的现场反馈,来检验功能性语言的达成度。交往情境可以是课堂模拟,由教师或同伴担任功能对象,让课堂成为语用现场;更好的交往情境是现实生活,写给谁的,就读给谁听。本着这样的思考,任务单设计内容关注互动活动,增强写作的交往功能。

接着来看六年级《行业人》写作练习的教学。作为六年级的学生,在五年级已经能选取典型事件写人,用事实说话,让人如见其人,如闻其声,人物形象“丰实”起来。在此基础上,该写作练习的提升点在于字里行间传递出作者自己对人物的看法、评价、感情,用真情实感去影响、感染读者,使人物形象更加“真切”。在教学时,我们设计了如下的任务单:

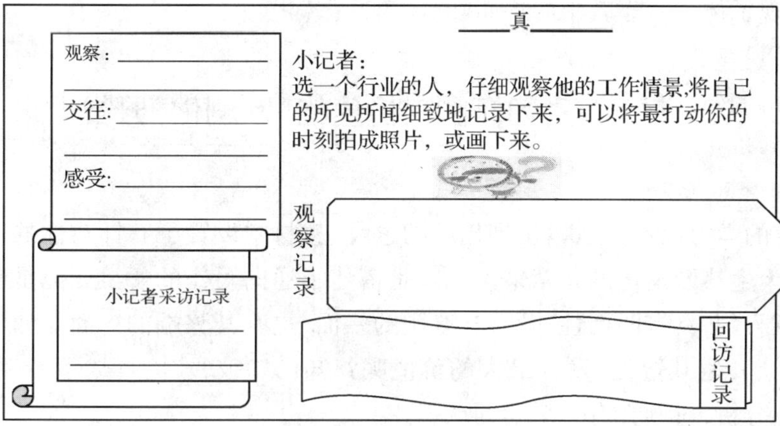

《行业人》习作任务单设计

这份设计单是高年级学生使用的，整个版面中只突出那么一抹亮点：一个拿着放大镜的孩子，这正如祖庆老师的曼陀罗思维——核心的聚焦点，暗示孩子观察生活。设计单包括写作前和写作后两个环节。写作前突出观察、交往、感受三环节，分别设计了观察现象的记录、与行业者的交流，以及之后的感受。既体现了与习作的关联，同时也体现了真实情境中的交往。作后的回访别具匠心，大多数教者在习作评讲完结后就意味着此次写作练习的结束，这样的回访正是互动的高潮，是人际交往和心灵呼应。“放心早餐”人、爆米花叔叔、城市美容师、门卫伯伯……学生从象牙塔向外看去，行业人这一道风景开阔了他们的视界和胸襟。用文字描写他们，并馈赠习作，让这一份感动入驻彼此心间，这是“人的形象”的定格，也是学生内心力量的生长。在这样的写作交流功能的实现中，每个学生都能感受到自己习作的价值，享受到写作的尊严和骄傲。这样的交流对学生来说是一种自觉地审视，在真实场景的反馈中发现习作在交往应对中的不足，主动积极修改，以主动向理想的交往目标逼近。这样的交往让行业人感到一份温暖，这份温暖或许会永远照亮其以后的职业生涯。因为交往，世界变得更加美好。

习作任务单将习作内容化解成具体、明确、实践性强的小任务，形式生动、活泼，富有情境性，语言具有启发性，使儿童能兴致勃勃以积极主动的言语状态投入活动，从而不断实现自己的言语交往目标。总之，任务单的形式为习作的功能性提供了可能，任务单内容的设计使功能性写作成为事实。为交往写作，为真实情感写作，写作的动机与意识伴随写作全过程中。在这样的写作过程中，言语技能的生长，是体验过程中自主的感悟和提升，一种教师精心营造的“生态式”的成长。也可以这么说，当学习单遇到精心设计的任务来驱动习作时,便实现了传统写作教学的华丽转身。

第二节 对习作例文价值的“戏剧化”开发

语言的学习离不开从模仿到创新的过程,教材中设置了有针对性的习作例文,这对天生热爱模仿的儿童来说无疑是搭建了通向写作的桥梁。但是事物就是一把双刃剑,具有两面性,既有其有利的一面,也有其弊端的一面。如何使用例文,能让其避其短处,发挥最大的价值呢?知己知彼,才能百战不殆,我们有必要静心分析,对例文有个全面的认识。

一、透视例文的局限

1. 范围的局限

习作例文,意在起到示范作用和鼓励作用。学生读之,心向往之,能够鼓舞他们拿起笔学习写作。综观教材上的习作例文,与学生的距离没有了,甚至低于优秀学生的语言表达。这样的例文在课本上出现,无形中鼓舞了写作者的士气。但是,对于一些与其水平相近或优秀学生来说,它们则失去了示范作用。

苏教版小学语文三下习作 2 要求为别人画张像,除了写一写外貌,还要写写他的性格爱好。作为三年级的学生,能够写出外貌特点是新课标要求掌握的。教材中提供的例文《我的朋友武建设》,学生读完后对于此篇文章的结构有了点到用到的心领神会。对于写出外貌特点这一训练重点却感到没有发挥作用。例文的外貌特点确实没有突出,作为衡量刚起步学生这样的写作水平已经达到要求了。但作为示范的例文,却没有发挥其应有的作用。乱世用重典,欲刺激学生感受必须放大招,在重点方面突出,但这对于部分同学又会望而生畏。

2. 选材的局限

教材例文都是单篇的,有些内容的选择有着个人局限,不足以拓展选材思维。苏教版小学语文三下习作 6“写一篇发表自己对某件事看法的文章”,教材呈现的例文《保护蜻蜓》,作者是由现象引入,然后通过有力的事实和依据,把自己的观点清楚明白地表达出来。这篇习作属于简单说理文,与以往的记叙文写法是不同的,对于一直在学习记叙文的三年级学生来说,属于一种新的结构的挑战,是思维的一种切换。因此,这篇范文在构篇上起到了很好的示范作用。但是笔者发现,这次作文下来,全班四分之三的孩子都写保护青蛙、保护小蝌蚪的选材。仔细分析:一是范文的保护蜻蜓的选择没有更好地贴近儿童日常所见的生活现象，没有给学生带来思维的启发。其次，范文尽管脱离孩子生活，但有普遍性特征，学生对于保护蜻蜓这类资料接触比较多。这样的链接导致他们不是观察生活中的事件并发表看法，而是想到自己对写作对象哪个方面的益处最熟悉，结果大家都不约而同地盯上小蝌蚪和青蛙了。

3. 运行思维的局限

例文都是单篇的，呈现的是个体的思维，言说的是从个体的角度对习作的理解和表达。对于初接触某类文体的孩子来说，在基本的谋篇布局上给予了其帮助。但是，在有弹性空间的地方又固化了思维。例如上文提到的《保护蜻蜓》的例文，如何把观点说清楚是有一定的创造空间的，例文是利用科学性的资料正面说明。当然还可以正反两面说明，甚至可以从利用科学数据加上身边事例的角度来说理，或者就用身边发生的事例来说理，这些都是不同的路径。

二、追寻：戏剧元素融通例文的价值

认识例文的局限，并不是否定其价值。在学生习作的过程中，例文不仅可以起到示范、鼓励作用，还是生动直观的引导材料。在学生遇到困境时，其在思维上拓展时，例文生动、鲜活，起到功不可没的作用。如果没有例文，可能课堂就会是一种平面的学习，没有提升，没有生长，少了立体的思维。针对例文的局限，我们为的是避其所短，扬其所长，使其价值更大化。

1. 情境设置：开发例文弹性空间

情境性是戏剧性的体现之一，教学中有了情境，就有了吸引人的力量。将这样的元素运用到例文呈现中，能将课堂的生命活力释放出来，彼此碰撞、交融，建立了对话与互动的关系。荣维东《交际语境》一书中指出：我国的习作教学，很少有结合语境来指导学习的，结果学生所掌握的只是一些静态的语言知识，这严重制约了学生的符合实际需要的语文能力的提高。习作中，将我们的例文隐身在某个具体的语言材料情境中，不仅将例文的言语风格在阅读中自然吸收，还因其具有与文本对话的交际活动，而激发学生的内在言说欲，将其自身的思考也毫无顾忌地呈现出来。

苏教版小学语文四上习作2要求写一写自己的长处和本领。出示了《我真棒》和《我是个会跳舞的小姑娘》，编者启发：读了这两篇习作，你一定会想，我也有我的长处，我的本领。请选择自己最得意的一个方面写下来。

自己最得意的，细想起来，每个人都应该有，而且应该是兴致勃勃地讲。对于四年级学生，已有了一定的写作经验，独立写这类文不是困难的。这样的习作关键是激发学生的言说欲，能勾起学生的回忆和联想，也就是解决选材问题。

在此思考上，我们决定将例文隐身在一个好玩的故事中，将习作课变成了故事交流课。与学生一起读一个绘本故事《真正的男子汉》，大概情节是这样的：

晚上，两个小男孩不好好睡觉，在床上不断地拿女孩取笑。他们嘲笑女孩无趣、胆小：女孩一天到晚只会给布娃娃梳头，不停地帮布娃娃换衣服；她们胆小如鼠，夜里怕到会尿床，只有抱着一堆玩具熊才能入睡；当她们批评女生还怕鬼后，两个小男孩自己也害怕了，最后他们和小女孩一样抱着玩具熊入睡了。

男孩在卧室里尽情高调表演，每当他们自以为得计时，作者就让他们在床上又蹦又跳，大呼小叫，不断交换位置，他们越过火就越给他们特写，越特写，他们的神情就越是夸张，嘴巴就张得越大，牙齿就越小。为配合画面，文字也随着他们的声音变化时大时小。

这个故事孩子都喜欢，读着读着，班级气氛就变了。男孩那种爱炫耀但又有点傻气的神态显露出来了，他们情不自禁与同桌交流自己光荣的事。女孩也义愤填膺啊，她们拿图中的男孩说事呢！读完故事，各自发表看法，获得新的认识：真正的男子汉都是有自己值得骄傲的本领的。女孩子也不是不如男生的，她们有值得她们自己骄傲的地方。此刻，范文借用故事的画面亮相了：一个男孩出现在画面里，介绍自己劲头大，帮妈妈搬西瓜。一个女孩出现在画面里，介绍自己会跳舞。自然而然，小组同伴间相互积极地介绍自己值得自豪的事，然后把它写出来。

这里的例文在故事情境里隐身，它的价值增大了，既可以起到范例作用，一部分写作能力较弱的孩子会自觉去寻找例文表达的方式去模仿；又避免对表达水平较高的同学的限制，他们因为交流需要会生成自己的言语方式；还起到交际作用，激发学生言说激情。这里写先行，在言语实践后的交流与评论中既发现例文中没有的又肯定创新的言语表达或构段方式。同时，学生又在互动中将例文再次回读，互动中学生有了自己的实践经验，有了老师做出的评判，有了自己的二次理解，此刻的知识带着生命的气息，鲜活生动，个体获得主动构建。

2. 刷朋友圈：丰富例文思维广度

单篇例文在选材、运行思维方面都有一定的局限性。如果能够多文阅读，感受不同的选材和构思，就可以解决这个短板。有长程意识的老师，对习作的前期活动都是特别重视的。在准备中，可以围绕话题开展“建朋友圈”活动，即选同类文作品。选择的过程就已经是构思的过程。找到的每天将“朋友”名字写在黑板上，这里一定会充斥着大量的不符合话题要求的作品，大家依照题目“刷朋友圈”，点播吸引自己的文章，确定能否运用，审查过关真正进入了本主题习作的朋友圈。如果习作文体类型与阅读教材有相似的,还可以到课本中寻找朋友。有整体感的老师平时注意将阅读教材的读写与单元习作打通,学生寻找阅读教材中与习作同类的课文,会很容易发现表达的范式。学生在比较中开阔眼界,开拓了思路。将游戏精神应用到丰富例文选择的活动中,学生在游戏化的心理活动中积极主动获得了例文的广度的启发。当然,老师也要适时跟进,推荐心中的最佳“朋友”——贴近生活,激发儿童产生相近的联想,构思角度不同的精品例文。隐形中引导学生学会选择,学会思维。

有些习作例文较难寻找,除了一般配套的学习辅导材料上提供的,学生在课文中和课外中找不到这类可以作为例文的材料。上文谈到的《保护蜻蜓》的例文,三年级学生在对于这种简单地说理没有任何接触的情况下,教师可以将例文先呈现出来,掌握基本的结构范式。这样的例文寻找有点难度,教师的隐形引导就很重要了。与优秀同学一起自制“朋友”,如生活中摘花的现象、乱丢垃圾现象、踩到宠物粪便现象,这些接地气的话题都可以打开孩子思维的匣子。以这样的朋友圈在班级亮相,缓解了这类文的选材和构思的难度,给学生带来很大帮助。

3. 情节弧线:动态释放例文活力

情节是戏剧内在的脉络。例文呈现中,根据其作用,在课堂上体现一定的弧线,就更好实现例文的价值。我们可以在原有例文的基础上,根据其作用多次进行变身,从而实现了例文既有亲切感又有高度提升,对处于不同习作水平的儿童都发挥其作用和价值。例文初始出示时是贴心式的,鼓励儿童敢写;二次出现的例文是提升式的,每个儿童进一步挑战,尽管学生写作水平各不相同,但对于每个个体而言都能使进其成长;三次出现的例文是延伸式的,拓宽了眼界。

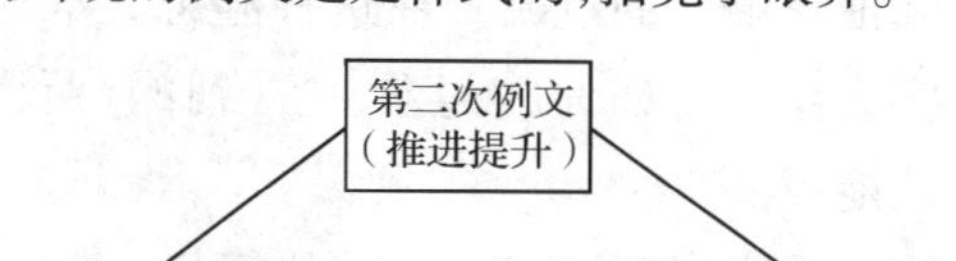

对于苏教版小学语文三下习作2要求为别人画张像,我们可以在开始时出示书本例文,能起到鼓励作用。评讲交流中发现同伴的闪光点是一种隐形的例文,随时学习,随时修改,这是一种情节的发展。在这其中,二次比较优秀的例文呈现,将学生的情绪推向高潮,学生在阅读时产生新的经验和感受,在与同学相互交流,老师点评提升中学生原有的个性化认知具有了公共性。这样的认知是伴随着言语实践体验形成的,学生将这种体验能够较为主动地将这种体验纳入自己认知结构中。在这里,例文是在大量评讲儿童习作后出现的,这样的出现让学生认为,伙伴中的一篇优秀习作没有高不可攀的感觉,这样的近在身边,使学习成了自然而然的事。

最后修改后反馈，第三次例文呈现，是外貌描写的一种变式，是对本次习作视野的拓展。这样，三次例文提升式地呈现，体现着叙事暗线，创设了可生长空间。体现了不同例文的不同作用，使例文对不同层次写作水平的孩子都有帮助。先立后破的内容也为学生个性发展提供可能。

4. 角色表演：生成例文灵动形态

戏剧的育人价值在于作为编创者，可以借助戏剧提升理解能力；作为表演者，在即兴表演中提升表达能力；作为观众，可以提升批判思维能力。对于一些写事类例文，写作者可以自己动手，丰衣足食，以自己编演的形式动态出示例文，表演是对例文表达技巧的理解和实践。同时，因为表演激活了写作者自身的经验，写作过程中也不断丰富了例文，使最后的例文样态带着表演者的体温，有了更完善的形态。

苏教版小学语文三下习作 7 的例文是一篇日记，本次习作要求学生用日记的格式选择一件有意思的事写下来。难点不在于日记格式，而在于能将事写得有趣，这其实就是要求学生关注细节点并将其有趣地表现出来。该要求可以在故事的基础上展开想象适当编创。学生先独自表演，展示表演时可以运用“思路隧道”的方法，教师随时入戏，用轻拍肩膀的方法定镜（静止），教师随时提问表演者此时此刻看到的或者心里想法。如演员表演将鱼赶到死角时，指挥定镜，说出自己看到的情景。这些是文本中没有的细节，通过这样的方法既丰满了例文，也激活了记忆，链接了生活，提高了表达能力，也使表演逼真，把自己、观众带入情景中。表演结束后，观众也可以交流自己看到的情景（可以是演员动作、神情、语言）。这是从观众的角度丰富了例文，从而完成从看得见的形象到抽象语言的过渡。在这种静态文本的呈现与动态文本的演绎中，学生已经在实践获得了如何将过程中看到的、听到的、想到的细节写下来这一习作知识技能。

总之，在习作教学中，用情境、游戏、情节、角色表演等戏剧方法渗透在例文的使用中，既贴近儿童特点，激发儿童兴趣，又能够发挥其价值，弥补和完善例文使用的不足，使其价值得以最大化发挥。

第三节 表演形态下习作知识转化的策略

写作知识成为写作课程的核心要素已成了不争的事实。这些知识是外在于学生个体的“客观知识”，只有将知识恢复到鲜活的状态，与生命息息相关，才能实现知识与个体生命的内在结合。在习作教学过程中,必须基于实践,适切学生“表演”天性,将戏剧元素融入其中,开发戏剧的心理感受、游戏情境,以角色体验、自主参与、生命创造经历习作知识的习得过程,知识才能内化为学生个体生命的有机组成部分,形成能力,对个体生命发展发挥价值。

一、心理融通:游戏形态下激活知识生命态

当有观众在场时,游戏就具有一种能使参与游戏的人获得自我表演的功能。米德发现,“当一个儿童扮演某个角色时,他自身便有了产生那一特定反应或一组反应的刺激。这些刺激在他身上引起它们在其他人事上的反应”。教学中可以探索游戏与写作知识的交集空间,以游戏的方式将抽象知识形象化。在游戏式的活动中,激活游戏时学生形成特定的心理反应,产生直接经验和感受,转化成具有个性体验的活性知识。

1. 开放式感知

以游戏为载体,将知识隐身在游戏活动中,以开放的形式让每个学生都有机会表达个性化的感知,生成不同的个体对知识的理解的差异,在这样的差异资源利用中学生获得知识的主动性建构。

每个学生都有军人梦,对军人充满了崇拜。“司令、士兵”是他们游戏中经常出现的角色。“一切行动听指挥”“服从命令是军人的天职”是他们朦胧中有的清晰的感知。学习总分构段时,可以玩“司令指挥作战”的游戏,学生此刻都是整装待发的士兵,司令一个“命令”,学生围绕“命令”说出相同意思不同表达的话,最后选出最有想法又服从命令的士兵,提拔做下一轮“司令”。司令说“花园真美啊!”不同的“士兵”就会有差异性的表达,他们有的说“月季很鲜艳”,有的说“一串红挂出一个个红色的小喇叭,在阳光下热情地吹奏着。”有的说……

在游戏式活动中,学生原有的知识基础、文化背景和发展状态充分展现出来,有的学生在已有经验的参与下建构了知识,有的学生还没有领悟到。这样的差异是知识建构的重要资源。伙伴回答的感性的参照,师生总结点评,已有知识经验的参与,正在发生的经历体验。在这种种知识形态参与下,学生完成了对习作的知识主动建构,使知识被赋予了真实的意义。在下一轮玩耍中可以得到进一步提取。在多次的游戏练习中,学生提升了能力。

2. 互通式感觉

知识不是干瘪瘪的客观材料,也不仅是对外在世界的“镜式”反映,它蕴含着丰富的想象,与社会背景、历史文化以及具体的个体密切联系着,也将个人的态度、情感、兴趣、价值观和信仰等融合于其中。在教学过程中,教师激发知识

所蕴含的想象、态度、情感、价值等,使知识的背景链接着学生的体验重新浮现出来,将课程知识所蕴含的精神能量与现实生活重建关联,使学生的知识构建与转化更鲜活、更有价值。

“形、声、色、味、触”是一切景和物本来就具有的特征,也是人们视觉、听觉、嗅觉、味觉、触觉五种感官所能感受到的。描写景物,就要引导学生调动五种感官,就能展现出美妙、立体的画面。教学中,唤醒学生音乐课音符弹奏的感觉,像拨动琴键一样去唤醒五种感官。带学生去大自然中,先闭上眼、屏住呼吸、捂住耳朵感受五种感官关闭的状态,再“拨动”视觉,描述美妙,再依次“拨动”听觉、嗅觉、味觉、触觉,从而体验到“拨动”五种感官景物呈现不同的绝妙。学生会在以后的写景状物中,带着弹琴的心理主动自觉地运用五种感官弹奏各人心中的景致。

3. 类比式联想

学生在进入课堂前,对于课程知识不是一无所感的,他们或者通过其他方式感知过相关知识,或者通过各种途径具备了课程知识的某些方面。类比式联想就是唤醒已有知识与新知识的关联,从而将新知纳入内在认识的结构图式中,成为新的补充和发展,高效实现知识转化。

影视作品和文学作品中运用的艺术手法有相似之处。借影视作品的直观形象手法来看待习作创作,学生就会自然而然地切换身份,自己就是“拍电影的”,手中的笔就成了他的镜头,在思考中变换,带来了一种新奇感和成就感,在兴致勃勃中完成自己角色的任务。为表现赛场的激烈就得用到这样的方法:场景中的角色——班级运动员、他的对手、观众们、“我”要有互动,观众的呐喊给运动选手们带来变化,运动员的变化又使“我”有了变化。而这样的变化描写随着时间的推移又有新的变化,可以用交叉式、反复式描写推动比赛过程。这样的写法只要形象地明白电影中反复、闪回等表现方式,就很轻松明白。

二、行为体验:表演形态下开放知识建构场

行为体验,就是学生进入言语情境中,以逼真的感受表现情境中的角色的言行举止、心理、情感活动,从而将已有的认知言语经验毫无障碍地根据情境的需要最高创造性地运用,教师适当点拨就能在新情境下自觉呈现一种新的形式,教师进行总结提升,只是对学生已经体验的知识进行明晰的过程。这样的知识带着学生体验的再加工,纳入了心智的一部分。

1. 表演他人

把自己代入到其他人的角色中,用自己的行为去体会他人的言行与情感,

说出他人口中自己想说的话。给中年级学生提供看图写话是对孩子写作上的扶持,如果不能合理指导,反而束缚了学生的思维。那么,掌握看图的方法就尤为重要。在看图表演中,教师对这样的方法进行适时的指导会更加有效。

苏教版小学语文三下习作 8 看图编童话故事。教材中提供了多幅图。其中一幅是小猪吃糖的故事。在学生明白图意的基础上,教师让学生表演出来。此阶段无须做任何琐碎的提示,只要求演活,让观众好像看见一样。这个环节充满了不确定,学生的经验碰撞、积累改造、思维创生都会在这里发酵生成。而展示时,点评围绕“活”看到了小猪开口说话了,小猪贪吃的表情惟妙惟肖,甚至还有微情节,小猪看到糖两眼放光,接着先是一颗一颗吃糖,后来干脆满把塞糖,躺在满地糖纸上幸福地样子。这些表现都是因为表演提供了身体的感觉、知觉的途径,从而使其在身体的开放中,唤醒了表演者和观众的欲望,主动性、创造性交融,生命深层精微的隐秘的感觉得以释放。而表演后的互动点评生成的写作知识——展开想象,想象要有情节——这样的抽象写作知识因为有了形象的体验依据(也可以说用形象解释了抽象),很快被内化为认知的一部分,激活后学生围绕吃糖构思整个故事情节,完成看图编童话这一习作。

2. 表演自己

通过表演再现自己曾经的生活场景,激活、唤醒记忆,实现对生活的超链接。对于话题《伙伴之间有趣的事》,有个孩子写的是与伙伴赛陀螺的事,但没写出趣来。修改作文时表演派上用场。用表演链接生活,用语言还原真实。对放陀螺孩子们都有经验,有的已经迫不及待在位置上手舞足蹈了。让他们边演边说,就在这边演边说和边说边演中,实现了内外的无间隙转化。在此其中,教师加入,相机进行细节追问,每当发现一种变化时,学生演的同时用说转化。最后总结出场面描写要点:交叉描写,细节描写。

3. 角色穿梭

表演者在不同角色之间进行转换,利用这样的穿梭游移,带来多元化的视点,学会关注多元视点,从而获得对事情的整体关注。中年级的小学生难以对整体进行关注,只是镜头聚焦在主角身上,然后用概括的三言两语记下来后就没法再写了。如:

表现一个人跑步快:她跑步很快。比赛开始了,她像离弦箭一样冲出去,最后跑了第一,我们都向她表示祝贺。

怎样突破这一难点呢?交流中发现事件的角色:发令员、观众、运动员、队友、“我”。

表演中,一个人承担多角色:发令员、观众、运动员、队友、“我”,在这样的穿梭中，目光自然企及不同的角色，体验其不同的情感、态度、行为，有了这样的体验，表达时就能有整体的关注，角色表现相互融合。

在这里，知识是动态的，是处于开放之中的课程知识，教师的个体知识、学生的个体知识在动态的表演中能够得到综合、生成、转化。

三、原型表现：多维对话中实现知识综合化

情境是戏剧的场景，学生在真实情境中能够转化为其中的角色。运动会中“我”就是观众，写“我”的伙伴时，“我”就是同学。模拟情境中，“我”就转化成模拟中的角色。总之，因为情境的实际经历或模拟情境的逼真，角色能够充分表达自己的知识经验，而表达的过程本身就是一个结构化的过程。在表达中，小作者自己的知识初步符号化、显性化，这样的个体化感受在师生、生生、生本对话中逐渐获得公共性，它实现了各种知识形态的综合。这样综合的知识是习作知识的形态，它实现了与个体生命的有机结合，转化为生命成长的能量。

小学三年级学生对活动类文较难把握，教师在指导活动场面描写的方法没少费精力，但收效甚微，这是因为活动类场面涉及面较广，需要全面的观察和视角，这与他们惯常的写事类文是不同的。教学中，笔者用“让大脑飞起来”的方法来突破。教师让学生自主写作，写前只提供实作的方法，脑中回放场面过程：看到的、听到的、想到的，不做其他的规则限制，直接头脑风暴，快速习作。思路停滞后再闭眼回放。最后集体交流时，其他同学听出让他眼前一亮的地方立即叫停，说说看法。在这过程中，一路捡拾珍珠，也发现了写法秘密。接着，再回到自己的习作中，将学习到的用到自己的作文中。这样，由实践中生成的知识再回到实践，实现了写作知识的转化。

习作教学中，知识的学习必须以鲜活的形态与个体生命紧密结合，才可能得以转化，成为自己经验和认知结构的一部分。基于“表演形态”下习作知识的转化，重视知识与个体的心理体验、身体表现、语言表达相结合，使知识在生命中生动起来。在种种个体生命实践中，充分呈现出的原始知识形态与新的客观知识形态碰撞，个体主动地辨析、吸纳，形成了知识的新形态，实现了转化，促进了生命的成长。

第四节 境域中的互动提升

“戏趣作文”教学主要在设置的真实的或拟真的情境下角色展开活动，其背后的理性思考是：用贴近儿童的方式去学习，将知识恢复到鲜活的生命态。在个体身心开放中，实现世界与人、理性知识与人进入一个休戚与共的境域。在活动中，儿童在实践中、交互中形成一个带着新生认知的自我，但这样的自我还需进一步与老师、同学的经验互动交流，才能有进一步的提高。所以说，“戏趣作文”并不代表老师可以不作为，而是在充分体验的基础上进行师生、生生之间的相互对话，彼此获得言语生命的成长。

“戏趣作文”教学注重对互动中的资源加以结构化，形成思维的路径。有了结构可以保证学生在不能独立完成写作任务时获得成功，使得习作学习情境能够以保留复杂性和真实性的形态被展示、被体验，让学习者经历那些更有写作经验的学生或教师所经历的思维过程。这对学生日后的独立写作学习起到潜移默化的引导。

顾振彪先生指出：“启动思维操作，是牵住了作文训练的牛鼻子。”传统教学中教师存在相对普遍的思维方式，如点状、割裂的思维方式，缺乏过程转换、只重结果的思维方式等，教师只有转化这样的思维，才能为指导表达找到路标，提高习作教学效果。这样的路径就是我们要探寻的结构。

一、整体性把握处探寻结构

听过不少作文课，学生评价和欣赏别人的作文时也都忽略了从整体上进行评价，谈的都是句子的是否生动，用词是否恰当等，只见树木，不见森林。老师也未做任何引导，在习作指导时有“篇”的概念，到评讲、修改时则放到一边。在考场作文中，经常发现学生习作的最大问题是不能从整体上构思文章，也就不能对材料围绕中心进行取舍。比如：一个在成人看来很简单的作文题目——我学会了______，学生大多数存在的问题恰恰是没有围绕题目选择篇的材料安排，很多同学把笔墨大量花在学习某样本领之前的事情中，对如何学习的过程却浮光掠影。细致分析不难发现，学生在动笔前缺少围绕中心对材料进行选择的过程。习作中教师需要关注学生整体思维。我们尝试这样做：

1. 多视角解读教材

教学时，要有年段视角、课标视角、学生视角、训练内容视角，在此基础上确定习作的目标。例如，对于苏教版小学语文五上习作5《一件亲身经历的事》，我们做了这样的思考：小学阶段叙事文习作总体目标是让孩子能把生活中印象深、感受深的事件有序、完整地记叙下来，内容具体，感情真实。叙述时能根据中心合理安排材料，突出重点，采用合适的叙述方式及表现手法。在此基础上，根据课标的年段要求，认真分析、认识、把握学生的不同年级的生长状态，将叙事类习作的知识结构从整体上进行梳理，认为步入高年级的五年级学生，应在中年级学生有序、完整、有层次、有条理地记叙一件事的基础上，根据中心表达的需要，有重点、有详略地记叙。五年级下学期及六年级学生就要进一步丰富叙事时的表现手法，如可以运用环境描写来烘托主题，将叙事与抒情相结合、与议论相结合，以便更好地叙事，更充分地表达对事、对人的情感和看法。《一件亲身经历的事》要求学生学习准确表达自己的真情实感，通过具体的描写表达情感，带给读者以共鸣。所以，习作目标的能力点就定在“表真情、写具体”上，“表真情”是中心，“写具体”是关键。

2. 找准篇的支撑点

着力对于具体的一次习作进行指导，整体思维结构还具体的包括从全篇的角度来思考如何表达中心，如何立意等。它就是“篇”的支撑点。日常教学中，对于这样的支撑教师往往模糊、笼统处理，正因如此，学生在材料安排上显得不清晰，对于不该突出的却用大量笔墨在描写，该重点描写的地方又显得用墨不够。因此，在习作动笔之前，学生脑中一定要经历“篇”的整体构思的过程。梳理清晰的可操作的结构是形成整体思考的关键。苏教版小学语文五上习作5《一件亲身经历的事》有这样的提示：

上面是四幅神情各异的图，下面是文字的提示：上面四幅神情各异的图，看了后，你一定会回到丰富多彩的记忆中去：你曾因为满足了愿望而开心，因为遇到不平而气愤，因为受到委屈而伤心……写一件亲身经历的事，注意把事情写具体，表达自己的真情实感。题目自拟。

首先，这样的习作与小学中年级写事最关键的不同是通过写具体来表真情。教师指导时，首先，在互动中梳理了“悟情感（中心）、想过程、有选择、定重点”这样在整体视野下安排材料的过程结构。写作前清晰并运用这样的过程结构使围绕中心写具体就变得有法可循，扎实生根。此外，欣赏、诊断、修改习作都要有篇的意识，围绕支撑点赏析全篇的材料安排，在此基础上着力部分。

3. 形象化呈现构思

儿童是以形象思维为主的，对于习作中整体性思维很强的一个阶段，如果能借助某种工具顺利而清晰地把握思维，就能突破从整体上构思这个难题。这其中,“图式思维”是不错的方法。它在思维与语言之间架起了桥梁,解决了学生拿起笔却不知如何下手的思维空白现象,还消除思维的混乱,能帮助理清重点。图式就是多种不同的图形,三角形、矩形、正方形等,附带着圆圈或箭头等标记,借此找到最自然的途径。

(1) 故事弧线,让纵向思维有了清晰指南。

小学三年级学生喜欢编写童话故事,喜欢在自由的想象间撒欢。但是由于不善于做写作前的规划,于是就出现文章没有清晰的思路,形成一种脚踩西瓜皮,想到哪里编到哪里的现象。这种现状也极为常见。如果能用图式思维完全可以避开这一点。

儿童只需运用弧线图标注就会有清晰的思路,在弧线的 A 端标注遇到谁、想要做什么,在弧线的另一端标注结果 F。在弧线呈现上升的趋势这部分分别标注实现过程中遇到的问题 B、C、D,到最顶端的 D 是问题中最困难的,得到解决就达到了结果。这样的弧线图对所有叙事类的都适用,有了这样的图式,学生编故事就有了视觉的指南。

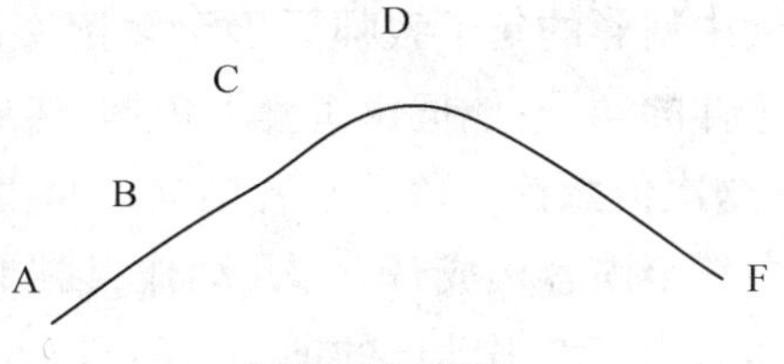

弧线图标注法

(2) 中心聚焦,让不同层面有了形象呈现。

静物描写、景物描写、人物描写、动物描写等不是依靠情节推展的,可以用中心聚焦的图形如五角星式、梅花式、九宫格、五宫格等来表示,简单也易操作。

进行物体描写的,往往都是从来历、外形、结构、功能意义等方面来介绍,用五角星图形来设计结构(如下图),将“我”心爱的文具盒构思填在下面,中间填上本次描写的事物,从平行的左侧角分别从来历、外形、结构、功能、意义方面梳理填在里面,这既激发了学生的写作兴趣,又避免了写作中层次不清的现象。以图示法为理论支撑,使内容更加生动,易于理解,有利于在大脑中形成素材框架,帮助学生将头脑中跳跃的、残缺不全的思维转换成有结构的思维,再依据图表进行写作,增强了习作效果。

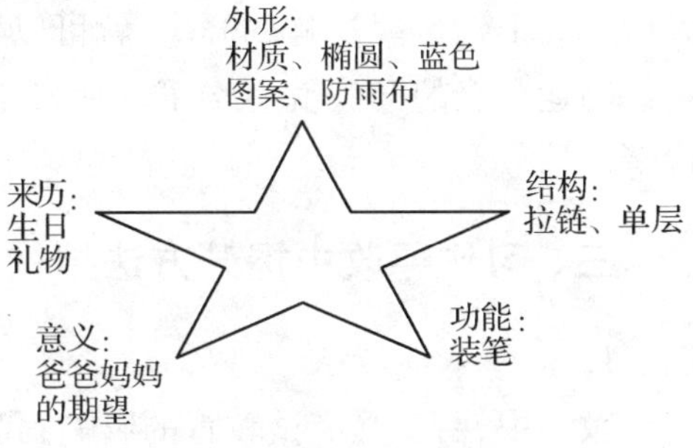

五星图设计法示列

思路只是文章的骨架,而用语言将每个场景变得生动鲜活则在行文中不免会有停顿。教者鼓励学生在习作遇阻时,停下笔来,闭上眼睛,回放刚才的思路，以便在回放中得到思维的链接。或者接着思路自说自话演一演，在表演中激活记忆。但集体习作时尽量避免去指导，以免打扰学生正在习作的思路。如果有学生长时间遇阻可以个别给予帮助。

二、赏读中生成形式格

格是规格，是句子形式特点。每个句子都有规格，只要在赏读精彩的句子中发现其规格，也就掌握了其最基本的表达密码。

1. 分解细节格

动作是表现人物特点的一个方面，平时我们必须多关注动作描写。对于阅读中精彩的句子教师要善于解读密码，从而让读者也会运用。例如，我们读到这样的句子：他把鱼饵套上鱼钩，然后甩起鱼竿，把钓线抛向远处，小声念叨着：“这次但愿钓到鱼。”这样的句子是由“人 + 动作 3 + 话”这样的格构成。即句子由三个内容构成，即“人，动作，话”，其中动作是三个。在此基础上可以仿说。然后为了增强动词的训练，还可以在此基础上增加成为 4 个动作或 5 个动作。可以变形。“话 + 人 + 动作 3 + 话”或“话 + 动作 4 + 人”等。同样，可以生成表情格、五感格、七情格等。有了这样格的结构，学生在写作时就可以迁移运用，提高语言表达的质量。

2. 形成片段格

这样的格的结构，可以延展到段落中，发现某段落内在的结构，就很容易运用。例如，“夜幕初垂，一轮明月从湖面上慢慢升起。汤姆和爸爸摇着小船来到湖中小岛上钓鱼。”这样的开头，就可以生成“景 + 人 + 事件”这样的格，发现后，再练写运动会的开头就不难了。片段中还有人物外貌片段、静物片段、动物片段等。

三、习作评改中提升方法结构

1. 演绎思维路径

教学中，由于受应试教育的影响，我们追求的往往是结果。在作文教学中，往往过分偏重于作文技巧，偏重于外在的表达形式，却忽视了它的内在的思维过程结构。为此，我们在教学中，用多种方法寻求达成目标的路径，从而形成可操作的结构。比如，充分利用差异资源，利用同伴的较强的表达和有创意的思维离其他孩子的发展区最近，最容易被接受、被学习的特点，创设多个平台，将习作中的精彩表达作为内容，并请这些作者交流自己如何想的，介绍自己创作佳句的过程。这样既是对这些作者的一种激励，同时，又可调动其他学生的积极性，让他们思维上得到启示和灵感。比如，描写人的眼睛，就是描写同一部位——眼睛就从大、黑、亮、形状、不同情绪时的不同状态等，即使抓的特点相同，描述的方法也会不一样，用修辞（比喻、拟人、夸张等），写感觉，写活动，写猜想等，并进行实践练习。这样的分享让学生更容易从伙伴身上看到与自己不一样的思维，更容易撞出灵感的火花。

2. 学情难点处探寻路径

对于写作过程中学生不能达成之处做进一步分析，寻找突破的思维路径。如：苏教版小学语文五上习作5《一件亲身经历的事》初建中教师发现灵活运用动作、表情、语言、心理把事情写具体的方法用来指导修改习作，效果微乎其微，学生不知如何下笔修改。笔者反思，这样的方法是否与学生的状态不匹配？或者对学生已有的状态把脉不够准确？指导学生将文章写具体的困难点在哪里？突破的方法是什么？重新细致分析，了解学生，原来，学生对“运用动作、表情、语言、心理把事情写具体”的要求中在哪里运用仍感到渺茫，且这样的方法与文章的情境基本脱节，显得生硬，也不易激起学生的兴趣。通过这样的分析，笔者在教学中重新寻找修改具体的方法——“寻细节”，即读了重点部分后，你还想知道哪些细节？想一想该过程，把它写出来，那样就显得具体了。这样就形成了：寻细节—想过程—写具体的修改结构。脉把得准了，方法就有效了。

第九章

“戏趣作文”中新的创写形式

——剧本习作中言语运用的开发

剧本习作是指学生以“编创演延”剧本过程中开发的写的内容。剧本编创的蓝本来自阅读教材、整本书的阅读或学生的主题习作,也可以根据故事独立编创。剧本习作学习模式呈现开放性,儿童的身心向语言打开,向生活打开,向同伴与老师打开,是全方位浸润式的语言实践。应该说,剧本习作是发展学生语言能力、提升学生语文综合素养的载体与平台。剧本习作培养学生的想象力和思维能力。剧本习作需要对教材进行补白,需要对戏剧的情节进行再审视,需要对人物的语言再补充或改编凸显人物性格特点,使学生的想象力和思维能力都得到发展。剧本习作发挥主体的创造性,学生在编演的方案上,自觉发挥积极主动性,变被动学习为主动学习,调动了学生的积极参与和体验。本章介绍几种集中剧本习作的形式,可以从一孔中窥见端倪。

第一节 我是一名编剧

舞台表演的戏剧是戏,电影、电视也是戏,那么在改编或创编一个故事时,我们首先要问自己几个问题:一问为什么要改编这场戏?也就是改编的目的是什么?或者为了改变班级存在的某些不良风气,或者为了希望父母改进教育自己不当的方法等。如果就是觉得这个故事吸引人,也要进一步追问,什么地方吸引了我?我有什么感受要与人分享。梳理清楚了这一点,你的改编中自然而然会体现这样的倾向。纯粹娱乐也是可以的,但如果从中获得一些营养会更是美事。二问我改编的戏主要给谁看的?该如何表达?三问选择什么样的文体改编?有了这种种思考和确定后,可以进行改编或创编了。

一、经营情节,学习构思结构

情节是故事的灵魂。

——题记

叙事性作品离不开情节,成功的作品更有动人的情节。戏剧家黄美序在《戏剧的味/道》中说:“情节是一连串事件的逻辑性的行动和变化,是过程的动态呈现。在改编剧本时,我们必须对情节进行梳理或补充,追求一种打动人心的效果。”由此看来,改编好剧本,首先要学会对原故事情节进行审视。要有审视能力,要对戏剧的情节经营规则有一定的了解,还要有一套自己的构思情节的能力。我们平时读文章,梳理文脉只是依着别人的思路来帮助了解内容。从创作者的角度看,还得有接触材料前的组织构思能力。小学阶段写作叙事类文,其情节简单,按照事情发展顺序也就构成情节了。但如何使这类文更吸引人?想象类虚构的文章或进行改编需要怎样设计思路?对于此类问题是要深度思考的。改编剧本,我们要做到以下这些方面:

(一) 学习梳理故事情节

不管是选择故事改编或自己创编,首先都要进行故事情节整体构思或梳理。如果是创作,就要面对情节的新构。对于叙事类文,情节是较为简单的,按照事情发展顺序“开端—发展—高潮—结局”开展写作就清晰了。对于想象类文或带有虚构性的故事还需对情节进行创编。笔者尝试做以下探索:

1. 围绕触点问答构思法

对于想象类童话故事,缺少情节构思的故事往往散乱,没有一条连贯聚焦的线索。可是,仅通过一幅图或一个物件让儿童来编一个故事,往往又无从下手。怎样找到这条连贯聚焦的线索呢?寻找到一个可以触发问题的点去追问,尽量多地去回答这个问题,把觉得最有意思的答案圈下后,继续追问,这样形成的问题线索就可以变成情节了。而每个问题有不同连法,就可能有无数个情节。

图上有一棵枫树。学生做了一次自我向前提问:

生1:为什么只有一棵枫树站在这里?
生2:为什么枫树叶子的颜色是红的?
生3:枫叶跳舞给谁看的?
……

自我尝试多种回答,把觉得最有意思的答案圈画下来。

生2：为什么枫树叶子的颜色是红的？
1. 天气凉了，在那里觉得冷，被冻红了。
2. 它非常爱美，觉得穿上红衣服才好看。
3. 它和别人吵架，气得脸都红了。
……

还可以从触点向后追问和回答，这样就形成了一条故事的情节线索，根据情节线索就可以编出故事来了。像这样的方法还可以用在自己平时感到好奇的现象上，或已经成为事实的现象上。如“从蚯蚓在泥土里，鱼生活在水里，猫爱吃老鼠”这些现象上追问，都可以生成不同的情节线索。

2. 中心聚焦构思法

这样的构思主要是围绕一个中心点，一起讨论问题。然后将这些问题围绕中心按序排好，对重复的进行删除，对不连贯的进行增补，为了新颖，鼓励所提问题尽量是别人不容易关注的，这样的问题连起来就是文章的思路，用形象的图示呈现出来，有九宫格、五宫格、梅花形、五角星形等。

特级教师张祖庆在《曼陀罗创意写作法》里记述，在看完电影片段《神奇的飞书》交流内容后，教师组织学生再看一遍电影，抓住细节，自由提问。然后四个同学一起，组成一个故事创作小组，把问题贴到九宫格内。（课件出示九宫格）然后提示九宫格在中间，神奇飞书在中间，你们组就要想一想：四个同学提出这么多问题，哪个问题应该排在第一？哪个问题要排在第二？把问题的顺序理清楚之后，你会发现，有些问题是多余的，扔掉；有些问题和问题之间好像衔接不上，再提一个问题，把整个故事完整地连起来。

3. 魔方式组合构思法

任何一个简单的故事都有情节，即使是简单的叙事类文。我们可以按事情发展的顺序来写，更可以打乱常规顺序，充分运用倒叙、插叙、补叙等方法，也可以用第一人称、第二人称、第三人称的视角，还可以站在不同角色的立场来写，这样一组合，就可以让学生看到近万种的讲故事的方法。使故事呈现出魔方般的魅力。

魔方式玩法还可以用在多个方面，编叙事风格荒诞的快乐童话更为孩子喜闻乐见。将不同类词语进行混搭，形成离奇而有趣的童话故事线索，围绕线索构思独特的情节编童话故事，满足了孩子喜欢荒诞猎奇的欲望。比如，让第一组每个同学写一种动物名称，第二组写一个地点，第三组写一件事情。于是，新的混搭出现了，如“小熊在院子里看月亮”“老虎公园里买月饼”“蜘蛛太空中猜谜语”。

这样的混搭创生了一个个神奇、陌生、瑰丽的世界，大大激发了孩子们编写童话的兴趣，轻而易举打开大胆想象之门。

4. 一波三折构思法

故事要吸引人，事情的发展就不能一帆风顺。我们在写故事时，把使事情不能顺利发展的阻碍列出来，然后确定一个最大的阻碍，再用阻碍连着阻碍的方式排序，一口气把作文写完。读者看了第一句就扣人心弦，不得不一口气把作文看完。就如排球赛，将整场排球赛中惊险、精彩的球排列出来，选择几个排成序，将它们一个接一个、一浪高一浪地写出来，这样的故事怎么会不扣人心弦？一位孩子在跳蚤书市就经历了这样的一波三折心理，第一次波折是心理上畏难，不知如何叫卖，爸爸将电视的导购视频放给“我”看，“我”有了信心。第二次心理波折是在现场实战时，“我”的叫卖声被人声淹没，不能引起购买者注意，“我”在同学的鼓励下改变策略，流动叫卖。第三次心理波折是在有人询问时，正当双方欲成交时，隔壁同学的同一本书却比“我”的低了一元，“我”以新旧程度及自己标注的感受对比，三寸不烂之舌终于帮助“我”成功。靠着这些波折（如下图）来推动故事的发展，使故事情节曲折生动。

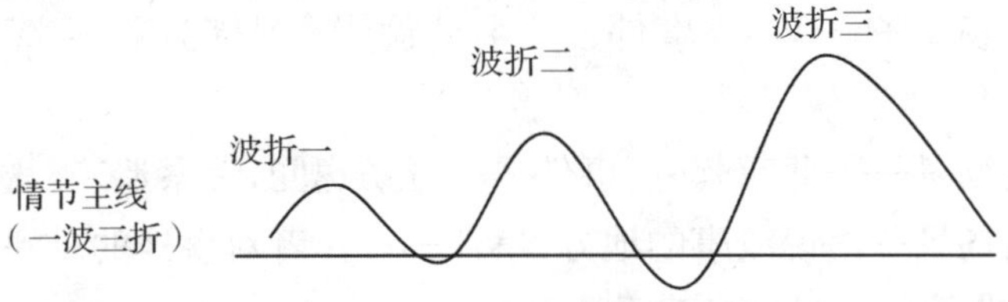

一波三折构思法示例图

（二）编剧视角下情节的修剪

1. 剧本的情节经营

把故事改编为戏剧，先要对戏剧的情节有一定的了解。完整的正规的戏剧包括缘起、变承、逆转、综合几部分。缘起是戏开始时简要地铺陈人物、故事背景和行动方向。一般由次要角色先上场自我独白。但是，也可以将戏剧的缘起作为舞台说明由旁白介绍。苏教版小学语文四下的《公仪休拒收礼物》《负荆请罪》两课都是作为舞台说明呈现的。

〔幕启。蔺相如正在聚精会神地读书，旁边站着的韩勃气呼呼的，好像受了许多委屈。〕

变承是剧情向前推进时必须陆续出现的新的事件，使情节越来越曲折，如上图一波三折一样，体现了冲突性。逆转是情节发展到某个段落产生的反败为胜、苦尽甘来、乐极生悲等大转变，从而产生了惊奇的震撼力。综合也就是结局。但是,现在好多作品并不严格遵守这样的情节安排,有的一开始就将激烈的场面呈现在大家面前(如故事的倒叙一般),有的结局很开放,留给观众自己思考。有的没有冲突、逆转。但是,初学者必须知道基本规则,以后才能真正欣赏什么样的不合规则是一种突破,什么样的不合规则是一种艺术的一种失败。

2. 剧本视角下的情节修剪

(1) 整体追问下的思考。

在对剧本情节有了一定的了解,我们就可以改编了。以苏教版小学语文五上《厄运打不垮的信念》一课为例。首先,从编剧前的几个追问开始,明确我们改编剧本的目的,那就是赞美谈迁不屈不挠的顽强意志和毅力,让同学们明白只要有坚定的信念就会有希望。由此可以确定改编剧本的重点在哪里。这篇课本剧是改编给同学看的,文体是写实的,剧作者呈现的态度是歌颂的。

(2) 调整剧情发展的场景和事件。

① 根据故事的情节梳理出场景和事件次序。

序　幕:场景——说故事的地方,事件——作者对谈迁的简介。

第一幕:场景——百多里外的村庄,事件——谈迁抄资料。

第二场:场景——家里,事件——小偷偷走《国榷》,谈迁茶饭不思,夜难安寝。

第三场:场景——北京郊外,事件——寻访逸闻,考察遗迹。

尾　声:场景——说故事的地方,事件——作者对谈迁的总评。

② 确定改编的场景、次序、重点。

从戏剧情节的经营看,这篇故事体现了缘起、变承、逆转、汇合这样的发展过程。缘起是谈迁要编写一部翔实可信的历史,变承是书被盗,逆转是谈迁重新写出更为翔实的明史巨著,汇合是谈迁写出巨著,名垂青史。这符合戏剧逐级升高的原则,次序上不用调整了。但是,变承部分从剧本事件的划分来看剧情直线上升(见图一),这使情节显得缺少起伏性,整个情节的变化应该是越来越强、越来越紧,但是不宜是直线上升的,因为我们的生理、心理都不宜长时间维持同一动作,而应起起伏伏,有多个波折,以至推进到最大的波折处,让观者心潮也有起伏感。如交响乐一般富有节奏,这样才会令人欣赏(见图二)。

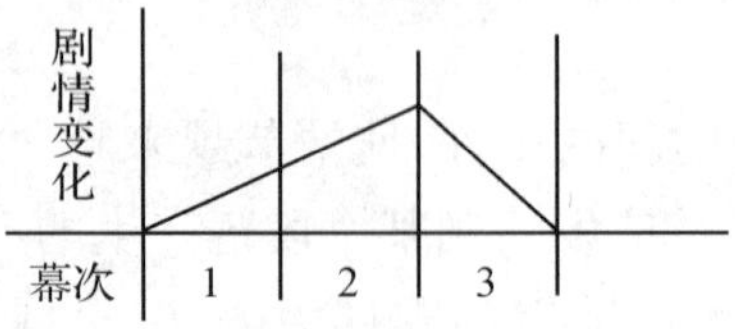

图一

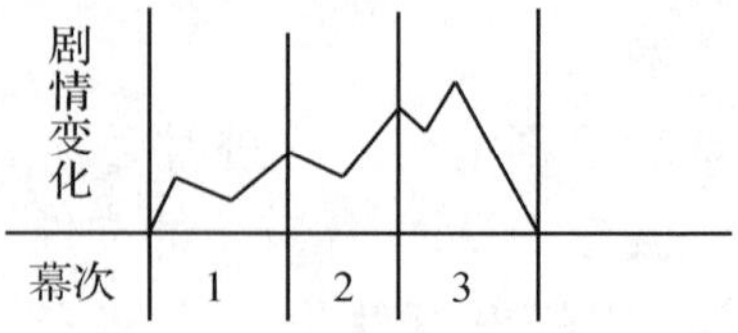

图二

在以上思考的基础上,可以尝试写谈迁在家乡借书时碰壁或听到别人说难听话的场景。这样就有了一波三折。波折一,谈迁在家乡借书遭人白眼;波折二,谈迁至百里外借书,主人不在,等了十天半月才等到主人;波折三,书写好却遭偷。

从改编剧本的目的来看,本篇是赞美谈迁不屈不挠的顽强意志和毅力,我们可以把郊外这场戏的戏份加重:谈迁一袭破衫,奔波在风沙中,面对孤灯,奋笔疾书。通过语言改编、突出动作表现等来刻画人物形象。

当然,我们还有多处可以添补,使剧本显得丰满厚实。但作为一个舞台剧,场景过多会显得杂乱,会打断演出时戏剧形式的连续感。我们可以另辟蹊径,通过旁白补充介绍,如课文第一自然段的“经过20多年的奋斗,6次修改,谈迁终于在50多岁时完成了一部400多万字的明朝编年史”等文字可作为旁白补充。另外,也可以考虑作者在剧中出现,成为“说书人”来做“串场”的功能,这对于情节的进展就更方便了。“说书人”可吟诵,可以配上《二泉映月》等应景的音乐,渲染气氛;或利用课间投影,制造场景气氛。

这样下来,大的构思框架就基本完成了。

(三)剧情构思中的编与写

1. 编写微剧情

我们在学习梳理和构思情节的实践中,掌握了构思情节的方法,就用这样的操作方法,编写一个不超过150字的微短剧,轻松有趣。麻雀虽小,却五脏俱全。高度的浓缩又给儿童实践提供了凝练语言的舞台。有一位孩子编写了一个《小马虎》的微剧:

小马虎是三年级的学生。他可粗心了,妈妈让他买糖,他却买成了盐。期中考试时他把时间看迟了两个小时。过马路时他看灯闪了就闯被撞伤。他自己真是后悔莫及呀!

这样一个微剧,有剧情发展,有波折起伏,有高潮。虽然很短,可以看出孩子是掌握了戏剧情节设计的要点的。不仅可以创编,我们还可以对课文进行改编。把课文编成微剧情。在写作前把自己的习作编成微剧情。通过这样的编写,中年级学生对于故事的完整性和情节有了感受。高年级学生对于情节的处理有了进一步的认识。

2. 情节冲突的体验与表达

冲突是构成趣味和戏剧性的因素。冲突表面可以分语言冲突和肢体冲突,前者如针锋相对的法庭辩论,夫妻之间、邻里之间的吵架;后者如仇人打架、两国交战。有冲突才能产生戏剧张力。我们可以将冲突体验与写作相结合,在体验过程中获得正面能量,从而将写作与人的信念和价值观的培养建立联系,提升生命的意义。

(1) 人与命运(或环境)的冲突。

教材中这样的类型特别多,我们可以归类寻找集中体验,如苏教版小学语文五上《艾滋病小斗士》《厄运打不垮的信念》《天火之谜》《诺贝尔》等课文都是这样的模式。我们生活中这样的情况其实也比比皆是。天气太热,却必须完成某项劳动任务;生病了却要做好作业;晚上太迟了,当天的阅读任务是否坚持完成;父母不在身边,学习无人督促,学习任务能否坚持完成;遭到疾病与读书的冲突;社会中遭遇自然灾害,失去父母、家园等与自己身处重要岗位得救人的冲突……写写这些冲突时人的内心情感与日常言行,从而也在无形中上了勇敢面对生活中的困难或人生的不幸等人生一课。

(2) 人与人之间的冲突。

这里的“人”可以是个人,也可以是群体。这在生活中太普遍了。自己与同学、家长、陌生人之间,同学之间、父母之间、路人之间、警察与强盗之间,电影中的武侠打斗、各类球场上的对抗赛……将这些从戏剧的视角下写出来,特别注重观察人物的动作、神态、语言,还能通过表演还原现场。当然要引导交流自己的感受和评价。将这样的冲突场景写下来,也是戏剧的波折表现。

(3) 人与自己的冲突。

就是个人内心两个不同意志、愿望、企图之间的冲突,是心理上的冲突。这样的冲突每一天都可能上演。每个孩子都想成功,最后没有获得理想的效果,这也是冲突中另一个意志得以妥协的表现。但从戏剧的角度讲,冲突的力量足够巨大才可以构成戏剧性。这就要视“鱼与熊掌”对人物的意义大小而定。一个又想玩耍又想取得好成绩的儿童内心冲突,与一个只有用好成绩才能改变命运,因家庭突然变故影响高考的冲突当然不可同日而语。从练笔的角度看,不宜给孩子提那么高要求,更要关注其内心的体验。学生习作中也常会看到这类写法:两个小人在打架,一个说……另一个说……所以,在这种体验中,更要引导儿童形象具体地写出内心体验。比如,将体验写具体,写出不同角度内心活动。想自己,想他人,想老师……也可以将体验写生动,用实写加联想的方法。像《黄果树瀑布》一课描写内心感受“坐在下面,仿佛置身于一个圆形的乐池里。四周乐声奏鸣,人就像漂浮在一片声浪之中,每个细胞都灌满了活力。”这用了比喻、联想的方法,当然内心活动还可以写出变化来,随着事情的开始、推展、高潮,人物内心有不同的感受,从而体现出斗争的激烈和内心的纠结。

3. 情节修剪时的调整与表达

情节修剪本身就是一种思维与语言运用的过程。梳理故事情节或创编故事情节是一种思维性很强的写作。然后，在此基础上转化成戏剧的场景次序，这是情节线上穿面包圈式的写作。最后是戏剧视角下对故事场景的重构，要考虑编剧目的，要考虑场景的选择处理，要考虑重点场景，更要注重整体视角下写作和构思的过程。

剧本场景的整体设置，对于小学生来说，更适合组内合作讨论，集思广益。形成整体编写方案。在讨论过程中，大家经历了思维碰撞，经历了争论，在遇到阻碍时通过研讨可以获得解决问题的办法。即使没有成功也会有不一样的感受。这样的过程也就给学生提供了各种体验的过程。大家同心协力，最后取得了一致意见。这已经是很好的体验材料，记录下自己的感受与体会，就是一种表达。这里的记录是编剧过程中的副产品。学生沉浸在剧本的创写热情中，不仅不会觉得写作是负担，而且感到写作是交流表达的需要。

二、设计“舞台”，学习场景描写

提纲是叙事的结构骨架，场景是故事的血肉之躯。人物是故事中的角色，场景是故事中的舞台。

——题记

场景是角色活动和表演的场合与环境，多指戏剧、电影等艺术作品中的场面。它能奠定感情基调，营造氛围意境。人物的活动离不开场景，必要的场景是人物活动的舞台。场景是为人物服务的，恰到好处的场景对塑造人物形象、推动情节发展具有重要作用。戏剧是由一系列场景构成的。场景就像一个个舞台，供角色在其中展现动作语言。运用场景来展现，才能吸引人的注意力。但场景不是最终目标，动作才是。人物的欲望和需求推动情节的发展，使场景发生转换。可见，做个编剧首先得对场景应该有所了解。从写作的角度看，场景是对人、事、物、景的综合描写；从剧本的角度看，场景是舞台说明的一部分。

（一）多种形式，感受场景特点

1. 影视、剧本对照，初步感受场景

学生了解场景、感受场景，可以从用影视作品与文字剧本相互比较开始，让学生在互为呼应中对场景有初步感受。

首先，与学生一起看《小兵张嘎》中截取的嘎子以送鸡蛋为掩护去炸韩家大院的一个微视频。看完后说说看到什么。然后一起梳理故事中有哪些角色，在哪里，发生了什么事，编者为发生的事设置了一个怎样的背景舞台。尝试用自己的语言来介绍。让儿童初步构建场景。接着出示剧本，读读剧本：

〔小嘎子又往里闯。瘦长条赶上去，拿刺刀顶住他的胸口，又给顶出来。小

嘎子躲开他的刺刀,偷眼往院里瞧着〕

〔韩家大院里,葡萄架下,一张高桌,几个伪军官围坐着,桌上摆着酒菜茶具之类〕

保　　长　(手里端着菜)上菜喽!

〔厨房里刀勺乱响,烟气直冒。房上,有提枪的伪军来回走动。桌下有条大黄狗,正伸着馋舌,钻来钻去,不时用鼻子去闻一闻那个伪军官的手,伪军官很讨厌地总在躲它〕

纯刚大伯　(很知趣地拿来一块玉米面饼子)来,来……(一路引逗着大黄狗走出院子来了)

小 嘎 子　(迎着跑过去)纯刚大伯!

纯刚大伯　(也迎上来)嘎子!

小 嘎 子　(一面使眼色)这是太君叫我找的鸡蛋,(一面又悄声说)区队长叫我在这院里放颗手榴弹。(又大声说)你看这鸡蛋多大个啊!(小嘎子一面拿开两个鸡蛋,露出下面的手榴弹给纯刚大伯看,一面悄声说)把鬼子引到这边来好消灭。这老总硬是不让我进去,你给说说吧……

瘦 长 条　出去出去!转眼不见你就往里钻!(瘦长条抓住嘎子往外托)

纯刚大伯　(忙上前讲情)老总,这孩子你不是认识吗?他是我侄儿,有个羊痫疯的病根儿……

瘦 长 条　(皱着眉)别废话,出去!

纯刚大伯　瞧你这老总,怎么老闹着玩啊?

瘦 长 条　谁跟你闹?

(纯刚大伯一挤眼)

纯刚大伯　这么吧,嘎子,鸡蛋我替你传进去得啦,你放心,我保险送到。

小 嘎 子　那还行?

纯刚大伯　嘎子,你怎么连我都不信啦?给你这块饼子,把这狗看住,它在里边净捣乱。(纯刚大伯把饼子扔给小嘎子,回身就端了鸡蛋进去了)

读完剧本交流,发现编剧所编的这一段戏中都有哪些方面,在开放互动中生成(人、事、景、物),初步感受到场景的特点是人、事、景、物的综合描写,呈现的是全方位的视角。其中人包括群体的人,也包括故事中的主角。其中,镜头在全方位扫过后,对准的是主要的人物的活动。在此基础上进一步体会在活动中场景描写的好处。

2. 表演剧本,亲身体验场景

在对场景有了粗略感知后,学生离真正对场景的内化认知还有一段距离。表演是儿童永远不觉得衰竭的一种方式。通过表演进一步深化理解。在表演方案的设计中,大家一起讨论需要哪些角色,并亲自用身体去体验。首先选定场景中活动的角色,有嘎子、纯钢大伯、保长、瘦长条、几个伪军;场景中有韩家大院、葡萄架、一张高桌、酒菜茶具,厨房里刀勺乱响、烟气直冒,房上有提枪的伪军、大黄狗。这样下来,全班40来个人都可以参与到这场戏中,有些道具可以用身体设置,如韩家大院、高桌、葡萄架可以由多名同学表演,伪军、厨房里的景象也是如此。这样大的参与面极大地调动了学生参与的积极性。为了让每个人看到全景,可以适时定镜,用思路追踪法说说眼里看到的场景。每个人的视角是不一样的,描述有相似之处,也有不同的地方,在这样的“舞台”中,角色的活动是主要的。经历这样的亲身体验和参与,学生通过具身化学习获得对场景的进一步认识。

3. 文本阅读,实践提炼场景

对场景有了具身化认知后,通过在实践中提取深化知识的建构。学习到叙事类文时,首先能够在阅读文本后描述场景。以“地点、人物、事件”的方式归纳。当然,场景是空间的、立体的,就有着周围的物况;场景是有时间流动的,随着人物活动的推展又切入下一个场景中。这些实践中的经验必须在故事中的一个个小场景中获得。例如,在《我应该感到自豪才对》一文中学生们就寻找到三个场景:小溪边,小红马瞧不起骆驼;到家里,小骆驼委屈,妈妈要带小骆驼去沙漠;沙漠里,小骆驼的所见所闻。这样的寻找,学生真正获得了故事,而这就是由一个个场景推动来实现的。

(二)基于教材,尝试建构场景空间

1. 利用课本插图构建场景

教材上配有很多插图,或者在教材中,或者在练习中,不管是何年段的学生都可以将其作为构建场景的资源。低年级的看图写话,教师在指导时往往要求学生说清楚,写的是谁,在哪里,干什么。这样的单幅图是一个场景的构建。学生可以将自己置于其中的角色中,结合生活经验和图画,理清场景中的要素,有顺序地写下来,也可以结合自己的感受多写几句,最终要落到自己的活动中。在这样的场景式指导下的看图写话,学生有了一种亲历感,往往写得真实具体。中年级教材中配有插图,但往往是事情中某一个画面,学生如果通过场景构建写作,就给人一种真实的感觉。苏教版小学语文三下《赶海》一文中的插图,有大海、浪花、船帆、海鸥、礁石、远处的嬉耍游玩的人群、水天一色的景象,近处凸显的手捏螃蟹的孩子、手抓海星奔跑的女孩、沙滩上的贝壳，当然还可以展开想象天上的景象……有了这样丰富的材料可以构建场景。在这样宏阔的场景中，首先应该确定这样场景下的角色，画面其实已经告诉了答案，那就是凸显的几个孩子，构建者就可以是其中的一名。写作时想象你们在其中活动，然后将活动置于这些宏阔场景中，当然那样的场景有能力需要取舍。这样的场景构建，不仅培养了作者的表达能力，同时也让读者感受到当时的快乐气氛。高年级场景构建更要培养场景元素的选择能力，更要突出对人物形象的塑造，推动情节发展的作用。有的文中已经有了营造，苏教版小学语文五下《郑和远航》一文中插图场景在课文1—3自然段已经用文字描述，同学们可以通过比较进行欣赏，感受文中选择或增添的场景元素的好处。《二泉映月》场景中重点选择了圆月和泉水，阿炳的作曲，这样突出的场景与文章有着紧密的联系。高年级学生在图文对照中进一步感受场景构建的技巧，尝试创作恰到好处的场景。

2. 挖掘教材空白处构建场景

一篇有艺术感的文章，总会给读者留出许多空白处，吸引读者自己想象、探索，这样的文章富有弹性和张力。但这样的空间对于教者和学生来说，提供了个性理解的空间，课堂中利用这样的空间进行个性化的补白，不仅可以丰富学生对课文内容的理解，更给他们提供言语创作与表达的机会。再如《郑和远航》一课，老师与同学欣赏了郑和带领船队起航时场景创设的精妙，课文在介绍与各国友好交往时就忽略了场景构建，为的是避免重复。但有言语运用意识的老师在此处可以停下来，一起构建场景元素，学生有了上节课的学习，在观看电视、电影后有了一些积累，可以进行场景创作的练笔，培养场景的选择能力。此处的场景与第一处起航时必有不同。起航时的声势浩大以展现自豪和鼓舞士气，而到别国时不是炫耀，而是友好交往。在这样的宗旨下，场景的选择表达一定也有不同。低年级同学对于场景的创设只要求能够拓展思路，用一两句话说明白就可以了。中年级同学能够将架构场景写出来。不同年段要求应该有别。

3. 运用场景构建意识去写作

当我们着手创作一个故事时，不妨将自己想象为剧作家。你必须搭建舞台，故事才能展开；因为只有拥有故事空间，你才能让人物去呼吸，去走动，去表演。只有将人物、动作、场景三者配合起来，故事讲述才能有稳定的三脚架。有了场景意识，习作变得生动丰满，但这仍然需要构思。尽管故事是由一个个场景组成，但场景是根据习作的内在脉络构建的。因此，习作前的构思仍然必不可少，它是故事的骨架。小学生叙事文大多是在一个场景内发生的，但是场景有时间性，即使是同一地点发生的事情，随着时间变化也会有不同，只要有场景意识,就会在不同的时段构建不同的场景,也就会产生不同的效果。例如,《赶海》一文中早晨的场景与傍晚夕阳西下的场景有所不同,这两处场景构建也会表现出不同的气氛、感受。有了场景意识,低年级学生在创作时不会觉得无话可写了,场景向他们提供了多维的视角;中年级学生可以将作文写得更加生动、细腻;高年级学生总是在精选上表现出个性的创作。

(三)基于价值,探讨建构场景策略

1. 精选细节,呈现场景意义

场景能够让我们身临其境,场景中的一个画面、一首歌曲就能激起复杂的情感波澜。人物所活动的场景往往纷繁复杂,那么,作者就要为这些场景梳理头绪,过分的描述往往消耗掉读者的耐性,让人被动接受,没有主动构建的空间。因此,场景构建时要进行精挑细选、仔细斟酌,为其排序,将那些最能勾起读者回忆的细节选出来,激活大脑已有的感知。其次,场景的细节选择还应考虑其与人物活动的关联,以防没有意义的细节充斥其中,给读者带来无谓的干扰。《小兵张嘎》一文中场景之一大黄狗在人物活动中有着重要的道具作用,纯钢大伯出来看动静,一路引逗着大黄狗走出院子,显得自然。后来跟嘎子说“来给你这块饼子,把这狗看住,它在里边净捣乱”,也是一语双关,暗含着让张嘎缠住外边的伪军,便于他处理好手榴弹。想想前面的场景中大黄狗是为人物活动做铺垫的,可见有多细致精当。因此,场景的选择一定要有意义。就如契诃夫所言“假如没有人想开枪,就千万不要把荷弹步枪放在舞台上。”当然,意义范围较为多解,与后面的活动发生关联只是其中一种意义。

2. 凸显场景,塑造人物形象

对于好的细节,不但能够搭建展示情节的舞台,而且还能塑造人物形象,凸显人物品质。这样的细节笔墨浓重细腻。苏教版小学语文四上《李时珍夜宿古寺》一文中走进古寺时见到的场景,感到李时珍为编好《本草纲目》不怕吃苦的精神:

近前一看,原来是一座破败的古寺。李时珍轻轻推开门,只见里面到处是灰尘,断垣残壁上长满了青苔,中间的神像蒙上了厚厚的蜘蛛网。

还是这一课,在同一件事,同一个破庙的场景出现了两次:

皎洁的月光透过露天的屋顶,照进房子里。

寺外,山风呼啸,猫头鹰在尖叫着。圆盘似的月亮,慢慢移到了中天。

从这些场景描写中,读者可以感受到李时珍不畏艰苦的精神,虽然白天奔波劳累,晚上却还在记录寻访所得,一心修订《本草纲目》,工作到很晚,主人公那种为民造福的形象也深深烙印在读者心中。

3. 多维场景,拉近观众距离

舞台是多维的,体积、空间、音响、色彩等让人有身临其境之感。构建场景,能够注意移动视角,使场景呈现出多维性,更容易吸引读者或观众沉浸其中,与角色一起活动。苏教版小学语文三下《槐乡五月》虽是一篇散文,但也可以被拉入这样的框架中,这篇文章不仅写景,还写人,而第一段并不仅仅写景物,还写了人、蜜蜂。从景物角度考量,算是动景。如果作为下面这个孩子们活动的场景更为恰当,是综合性的描写。

五月,洋槐开花了。槐乡的山山洼洼,坡坡岗岗,似瑞雪初降,一片白茫茫。有的槐花抱在一起,远看像玉雕的圆球;有的槐花一条一条地挂满枝头,近看如维吾尔族姑娘披散在肩头上的小辫儿。“嗡嗡嗡……”小蜜蜂飞来了,采走了香的粉,酿出了甜的蜜。“啪啪啪……”孩子们跑来了,篮儿挎走白生生的槐花,心里装着喜盈盈的满足。中午,桌上就摆出了香喷喷的槐花饭,清香、醇香、浓香……这时候,连风打的旋儿都香气扑鼻,整个槐乡都浸在香海中了。

在这样的场景中,作者创造了空间感。放眼远望山山洼洼中的景象,近处形象地描写槐花的样子。作者还反复端详,近了看抱在一起的槐花,再远看看。很多透视性强的画面就可以这样处理——一条小路蜿蜒伸入积雪覆盖的树林,一段挂在山崖上的天梯,一道铺在水中的残阳。这样的空间维度创造了场景的立体感,只要放眼远眺,选择场景中有立体感的元素就可以构建了。这样的场景不由得吸引读者的视线跟着景物一起移动,增加了感官体验,宛如亲自参观一样。这段场景中更值得欣赏的是声、色、味齐全,营造了一种舞台的气氛,让人感受到一种热闹中有雅致的舞台效果,让读者可以穿越时空,一起轻松享受这样的光景。舞台中有小蜜蜂飞,孩子们跑,他们不是舞台的主角,他们也是其中的场景,从而使场景获得了一份动感,也赋予了场景生命力。这是场景描写的终极目标——创造绝对真实的场景。一旦将人物置身在场景中,就会产生这样的效果。前文所说的《小兵张嘎》一文中“房上,提枪的伪军来回走动”也是如此。另一种,就是将作者置身在其中作为场景移动,通过作者的眼睛来观察场景。例如,“我开始直着背,放眼扫视,前面的驼队迤逦缠绵,走出一条优美的曲线。鸣沙山像被海浪冲刷过似的,一层层地堆砌着。”这就将动作完美地编入了场景,描述中又多了份真实感。因此,作者只有精心搭建细致的场景空间,拉近观众与作者的距离,才能让人感到真实、轻松、亲切、自由。

4. 分布场景,推动情节发展

较长的故事是由一个个场景推动发展的,宛如一个个穿在木棒上的面包圈,木棒是故事的骨架或脉络,面包圈是场景。小学生的习作是较短的记叙文,记叙的往往只在一个地方,那么场景设置是不是只能是一个呢?从事情的角度讲,不管事情是长是短,其都有内在的情节。随着时间的变化,同一地点的场景会有变化,同一地方将变化的场景呈现出来,则会起到推动情节发展的效果。同样,同一地方,还可以从不同维度分布场景,如利用景观、味道、声音、气味等来分布,苏教版小学语文五下《爱如茉莉》一文中两处病房中的场景分布如下:

妈妈睡在病床上,嘴角挂着恬静的微笑;爸爸坐在床前的椅子上,一只手紧握着妈妈的手,头伏在床沿边睡着了。初升的阳光从窗外悄悄地探了进来,轻轻柔柔地笼罩着他们。一切都是那么静谧美好,一切都浸润在生命的芬芳与光泽里。

病房里,那簇茉莉显得更加洁白纯净。它送来的缕缕幽香,袅袅地钻到我们的心中。

这两处的场景细节描写不同,第一处描写人和阳光,第二处描写茉莉及其香味,从进病房开始到结束,推动了情节的发展。更妙在前一处表现了父母之间深厚的感情,突出主题;后一处体悟主旨,含蓄有味,爱与茉莉之间让人有所回味,有所领悟。

(四)关照年段,建构场景逻辑序列

对于不同年段的学生,教师根据其年龄特点和认知特点,确定场景建构的不同的任务和要求,从而形成一定的有序性螺旋上升式态势,使场景的学习有效扎实。

<table>
<tr><th>年级</th><th>研究专题</th><th>育人价值</th><th>阶段目标</th><th>方法选择</th></tr>
<tr><td rowspan="4">低段</td><td rowspan="4">借图初识场景</td><td rowspan="4">1. 满足孩子爱幻想、爱表演的天性,在具有层次的朗读中,提高朗读水平,激发阅读兴趣。
2. 对场景有“舞台”感的形象的感知,在创编时有搭建“舞台”感。
3. 能够初步欣赏文本中“舞台”式的场景,受到真、善、美的熏陶,丰富学生精神生命的成长。</td><td>1. 有感情朗读</td><td>配着音响朗读;
图片引导辅助朗读;
情境理解提升朗读。</td></tr>
<tr><td>2. 想象读</td><td>想象画面读;
根据理解个性读;
旁白配音读。</td></tr>
<tr><td>3. 表演读</td><td>动作表演读;
小组合作演配读。</td></tr>
<tr><td>4. 创编读</td><td>借助插图合作搭建“舞台”;
模仿文中场景创编。</td></tr>
</table>

年级	研究专题	育人价值	阶段目标	方法选择
中段	初步创建场景	1. 激发学生阅读教材中剧本的兴趣。在排练的过程中,能结合生活经验,使旁白的语音、语调等更贴合文本情境,进一步提高朗读水平。	1. 学习朗读	创设情境法; 表演朗读法。
		2. 对场景有清晰的感知,在创编时主动搭建“舞台”。在编创、展示、评价的过程推进中,加深对场景的理解、表达水平。	2. 创建场景	课本插图辅助法; 教材空白挖掘法; 尝试迁移写作法。
		3. 能够欣赏文本中“舞台”式的场景,初步认识场景是旁白的一部分,是剧情发展的辅助性手段,在排练中发展学生的人际互动交往能力。	3. 初步认识剧本	教材课本剧与课文对比感知; 旁白转换。
高段	创建精当场景	1. 培养学生编写剧本的综合能力,提高学生的语言表达能力。发挥学生的主体创造性,在戏剧中和艺术中学习不同学科知识,开阔视野,增强学生学习体验。	1. 认识剧本、戏剧	对比感知; 剧本分幕(根据时间—根据地点—根据情节); 赏析式阅读场景(做好铺垫、塑造形象、营造氛围、推动情节)。
		2. 深入挖掘场景的深层意蕴及其价值,创建更为精当的场景,提高学生的整体思维能力。	2. 创建场景	精选细节; 凸显场景; 多维创建; 整体分布。
		3. 在经典剧本的阅读中培养学生剧本鉴赏能力,使其审美能力得到提升。	3. 学写其他旁白	直接引用; 补充介绍。

三、塑造形象,创编人物台词

对话是人物性格的声音,性格各殊,谈吐各异。

——老舍

戏剧是用语言塑造人物形象的。戏剧是用个性化的语言、动作化的语言、别有深意的潜台词来塑造人物形象的。读者或观众在对剧本语言进行赏析的时候也就对人物形象有了较为深刻的感受。因此,要感受人物形象,首先就要赏析个性化的语言。感受台词具有对话感、情境感、角色感、想象感、对象感、冲突感等特点。

（一）根据情境表演对话，感受台词特点

对于台词的特点，要在学生表演中体会，教师或其他学生才能有所认识。让学生表演这段台词，发现特点。下面是《公仪休拒收礼物》中一个片段：

公仪休　子明，你已经来了好久了吧？

子　明　（忙起身向老师行礼）老师，我刚来一会儿，您吃过饭了吧？

公仪休　嗯，刚吃过。（回味似的）鲤鱼的味道实在是鲜美呀！我已经很久没吃鱼了，今天买了一条，一顿就吃光了。

子　明　是的，鱼的确好吃。

公仪休　只要天天有鱼吃，我也就心满意足了。

这是公仪休与子明的对话。教师让学生在学完课文后，进行表演。在表演中感受对话的特点。首先这样的对话不仅仅是一问一答，还包括交流分享、独白与探讨等。这样的发现避免了学生对话时不能展开，仅仅限于一问一答，更难感受到人物的特点。因此，交流中要不断引导儿童发现：人物之间对话不仅衔接紧密，而且对话能不断展开。例如，子明回答“您吃过饭了吧？”公仪休说“鲤鱼的味道实在是鲜美呀！我已经很久没吃鱼了，今天买了一条，一顿就吃光了。”学生对此有了进一步探究的意向，或询问，或分享。只有这样的展开，对话才有推进，学生从中也能感受到人物特点。这才是台词对白的对话感。其中，子明语气中的尊重、公仪休在学生面前的毫不设防，都体现了角色感、对象感。在互动中不仅要了解对话的表现形式，还要了解剧本中圆括号内主要交代说话者的表情、动作等旁白。小括号中的文字还有助于对人物说话时的动作、神态等有所了解。当然，对于对话特点的认识感受并不是要求一下子都能掌握，可以突出一个核心能力，其他的在有了进一步了解后初步系列深化。例如，对于小学三年级学生，台词中的对话感是要着力掌握的一个方面。

（二）提供情境，展开想象表演编写

对于通过体验获得的对话感受，还需得到戏剧所提供的情境，进行实践演练。如我们了解台词的对话感后，可以提供多种形式进行表演创编。学生表演后可以尝试这样的改编：

第一种：直接改编。这是难度最低的一种编写，将情境改为以剧本的形式呈现，人物语言直接引用。

小兔对公鸡说：“公鸡大哥，请借一把铲子给我吧！我想去挖萝卜。”公鸡摇摇头，说：“不借，不借，我还要用呢！”

将其改编成：

小兔　公鸡大哥，请借一把铲子给我吧！我想去挖萝卜。

公鸡　（摇摇头）不借，不借，我还要用呢！

第二种改编成对话，其不仅仅是一问一答，还要适当地展开想象，使对话有了推进感。

小兔　公鸡大哥，请借一把铲子给我吧！我想去挖萝卜。

公鸡　（摇摇头）不借，不借，这铲子是新买的，再说啦，我还要去沙滩挖土呢！

第三种是根据情境自己设计人物的对话、动作、表情等，例如，我们还可以直接叙述情境：“小兔去公鸡家借铲子挖萝卜，公鸡头摇得像拨浪鼓一样。”这样的对话充分发挥学生的想象力、创造力，给学生提供了广阔的空间，为形成个性的对话搭建了舞台。

（三）挖掘教材，形成系列创写

根据学生的年段特点，确立台词的专题研究，挖掘其育人价值，形成系列推进。

低段：

教师对文本进行开发，提供学生表演与朗读的机会，让学生在充分的朗读中激发读书兴趣，驱使学生走进文本，促进学生对文本的理解和感悟。对于有对话的课文，不仅仅局限在文本提供的对话上，还可以根据理解需要，拓展想象对话的空间。对于没有对话的写景类等课文，也可以创设角色朗读的机会。部编版小学语文二上的《植物妈妈有办法》一文，可以让儿童扮演不同的植物，朗读相应的句子，还可以将第三人称改成第一人称，学生们读的兴趣更高，在此基础上通过理解加上适当的动作。

分角色朗读也能有一定的进阶性，主要可分为有感情朗读、分角色读、想象读、表演读、创编读。创编读可以在模仿文中的句式或段落的基础上进行创编。

其次，能在排演中适当加上想象性独白。

中段：

能通过补白对话、语言转换、对比感知等方式初步认识剧本，激发学生阅读课本的兴趣。在内容上能够将剧本用直接引用、改写对话、转化心理活动的方法改编成一段对白。

1. 直接引用

对于能够凸显人物性格特点、彰显文章主题和主要思想感情的台词要直接引用。

如《李时珍夜宿山寺》：“嗯，长年累月地奔波，在破庙里过夜，比住在家里苦多了。但我们修订好《本草纲目》，万民得福，吃点苦也是值得的。”这是李时珍与徒弟的对白，这句话表现了李时珍以苦为乐、甘于付出的精神，这样的语言要直接引用。

2. 改写对话

改写对话是在原有对话的基础上，或者觉得原来对话不太口语化，或者某个人说的话太长，或者想更能表现人物的特点，或者原对话没有推进感，等等，可以通过改写达到自己的意图。

3. 转化心理活动

写人写事等叙事事件类文少不了人物的心理想法，改编时可以将其直接转化成独白或旁白表现出来，使观看者从另一个角度了解角色。

《九色鹿》一课中王妃的心理活动转化进行这样的描述：

有一天，这个国家的王妃做了一个梦，梦见了一头双角洁白如雪、身上有九种鲜艳毛色的鹿。她突发奇想：如果用这只鹿的毛皮做件衣服穿上，我一定会显得更加漂亮！于是她缠着国王要他去捕捉九色鹿。

王妃　陛下，我做了一个梦，梦见了一头双角洁白如雪、身上有九种鲜艳毛色的鹿。我想，如果用这只鹿的毛皮做件衣服穿上，我一定会显得更加漂亮！陛下，我漂亮您脸上才有光呀！一定要帮我捕捉到这只鹿啊！求您了！

高段：

能认识剧本，看看戏剧，激发学生阅读课本兴趣。能适当展开想象，推进对话，补白对话，通过对话突出人物特点。能将心理活动转化成对白。在形式上能根据剧情适当加上人物的动作、神态，表现人物特点。学会运用矛盾冲突法、角色代入法、情境联系法想象内心独白。

学生进行改编对话，是学生在原有基础上的再创造、再加工，按照文本原意，在“留、改、增、删”基础上使对白得以新编。

1. 想象补白

(1) 角色空白处构建想象空间。

接受美学从读者和接受者的角度主张，作者及其文本要给接受者与读者留出联想和再创造的空间，在读者通过想象和思考亲自参与的对于作品的填补过程中，实现对于作品更深的理解，而作品本身也因此获得更深、更远的价值。教材文章中就有许多留白处，学生改写时，可以寻找角色的语言或行为的空白处、心理空白处进行想象，补充对白。

在语言空白处构建想象空间。课文中人物和角色的语言常常出现不完整的情况，有的是欲言又止，有的是人为被打断，有的是因为不可抗拒的原因而无法说下去，这正是发挥学生想象空间进行补白的最佳时机。

《菩萨兵》一课中，有这样的一段话：“藏族同胞吃尽了反动军队的苦头，一听说又有军队开过来，早就躲进了深山，谁也不敢露面。”文中给我们留下了“藏族同胞吃尽了反动军队的苦头”的空白。那些反动军队是怎样的部队？是谁的军队？藏族同胞吃了什么样的苦头？同学们可以从曾经看过的电影、读过的书、学过的课文中得到启示：这些军队可能像国民党的军队、反动土司的队伍，他们经常来糟蹋藏族同胞的庄园，抢牲口、夺财物，欺辱我们的藏族同胞，从而使藏族同胞很害怕军队。在此基础上进行想象性补白——藏胞们相互会说些什么？经过这一空白的填补，学生对课文的理解更加完整。

在角色空白处构建想象空间。课文因为情节安排的需要，往往对起因部分人物的语言、行为表现写得简略，但这些空白点往往更富有童趣，适当地在角色行为空白处进行补白，学生往往能抓住情感，很快进入文本。

《我应该感到自豪才对》一文开头第一、二自然段对小骆驼的语言描述呈现空白状态，通过想象，补白语言，使其那种情感的起伏更为明显，从而让自豪的体验更为深刻。

原片段如下：

小骆驼在小溪边照“镜子”，小红马看见了，就喷着响鼻对小骆驼说：“你的脚掌又大又厚，眼皮上长着两层睫毛，背上还有两个肉疙瘩，多难看呀！”

小骆驼觉得挺委屈，就把小红马的话告诉了妈妈。骆驼妈妈看出了小骆驼的心事，疼爱地对他说：“孩子，明天你跟我到沙漠里走一趟吧。”

对划线处的两处进行了补白想象，改编如下：

（幕启。小骆驼吃好早饭出来散步，来到一条小溪边，就照起了“镜子”。一边照镜子一边连连点头。）

小骆驼　（满意地）瞧，我今天梳的这个发型可真适合我呀！这睫毛多长呀！像个洋娃娃似的，真是人见人爱，花见花开呢！

（小骆驼一边唱着歌一边对着“镜子”摆弄身子）

小红马　（喷着响鼻）你的脚掌又大又厚，眼皮上长着两层睫毛，背上还有两个肉疙瘩，多难看哪！要是我长得这么丑，我早就整天躲在家里不出来了。

小骆驼　（委屈地）呜——

（小骆驼马上扭转头去找妈妈）

小骆驼　（伤心地）妈妈，小红马说我长得很难看!!! 呜——

妈　妈　（疼爱地）孩子，明天你跟我到沙漠里走一趟吧。

（2）在叙述的部分构建想象空间。

对白是推进戏剧情节的关键。在将教材进行改编时，要能将叙述部分用对白来推进。童话故事《公鸡的脸红了》有一段这样的叙述：

深夜，刮起了大风，下起了大雨，公鸡的屋顶被风刮走了，公鸡急得又叫又跳。小兔、小鸭、小松鼠赶紧过来，他们一起帮公鸡修好了屋顶。

儿童进行这样的改编：

[晚上到了，公鸡正在睡觉。刮大风，下大雨，动物们被惊醒了。小兔、小鸭、小松鼠上。]

小　兔　这风怎么这么大呀？

小　鸭　（走到窗前）好大的雨呀！

小松鼠　这么可怕的夜晚，我的邻居们不知怎么样啦？

[公鸡的屋顶被风刮跑了。]

公　鸡　（又叫又跳）救命啊，救命啊！我的屋顶被刮跑了，快来帮忙呀！快来帮忙呀！

小　兔　这是谁在叫呀？我得出去看看。

小　鸭　咦，这是谁的声音？是不是谁家出事啦？得去看看。

小松鼠　这不是公鸡的声音吗？他怎么啦？我还是去看看吧。

[小兔、小鸭、小松鼠走出家门。]

小　鸭　原来是公鸡在叫。咦，他的屋顶呢？

小　兔　他的屋顶被风刮跑了。不知公鸡怎样啦？

小松鼠　我们还是帮忙修屋顶吧！快点，回家拿材料吧！

[小鸭、小兔、小松鼠忙开了。]

小　兔　我来钉屋顶。

[搬张凳子，站上去，手里拿着钉子准备钉。]

小　鸭　（一摇一摆）我来扛木头。

小松鼠　我来递给你，小兔姐姐。

[小兔、小鸭、小松鼠一起修屋顶。一会儿，风停了，雨住了，屋顶修好了。]

公　鸡　（感动地）谢谢你们，我的邻居们。

（惭愧地）以前，我真对不起你们。以后，我一定成为你们的好邻居。

这样的改编是在基本情节定调的基础上展开的，“小兔、小鸭、小松鼠赶紧过来，他们一起帮公鸡修好了屋顶。”说明他们都是热心肠，乐于助人。在编写对白时语言充满了关切之情。在此范例的基础上让儿童改编《小兵张嘎》。

2. 编写独白

“独白”是指在特定的情境中,人物独自说出的表现其心理和思维活动的台词,将人物独自思考时默然无声的心理过程用有声的语言来代替,让人物说出来,直接表白给观众,它也是角色的复杂内心冲突的一种外在表现。独白还能够塑造人物的性格,暗示情节,推进情节的发展。

独白在王家卫的电影中穿针引线的作用特别突出,在《重庆森林》中,女毒枭(林青霞饰)在丢了毒品之后,她独白道:“罐头上的日期告诉我,我剩下的日子不多了,如果我找不到那班印度人,我就会有麻烦。”这一独白将女毒枭丢失毒品前后的几个碎片式行动画面粘连起来,形成了一个可自圆其说的动作链。

那么,在什么时机编写独白更为恰当并起到理想的效果呢?

(1) 矛盾冲突式。

当人物内心心潮起伏,或矛盾冲突,或悲伤极致,或欣喜若狂时,其心理活动都是非常丰富的。这就是人物独白的心理动机。学生在编写时,体会到角色情感,编写独白,抒发情感。

比如,《厄运打不垮的信念》——文中小偷偷走了谈迁的《国榷》,谈迁20多年的心血转眼之间化为乌有。这种巨大的打击像一座沉重的山压在人的心口,在这样的悲伤中,人物内心要“说”出来,才能让角色内心的这种冲突表现出来,使我们能从中捕捉到人物的自我意识,与读者的情感形成共鸣。

(2) 触景生情式。

“感时花溅泪,恨别鸟惊心。”外在的形象生动具体的场景、事物会引起人物特定的情感体验。此刻,将景或者物转化成人内心的独白来宣泄情感。例如,苏教版小学语文三下习作8《小猪吃糖》那幅图,在表演时,小猪见到满桌的糖,这一场景就可以改叙述为内心独白,体现出人物的惊喜。比如,“哇,桌上有这么多糖啊,花花绿绿,品种很多,一定非常美味,我要好好享受一番。”如果这样的场景只用第三人称叙述的语气,就不能起到与作者内心同节奏的效果,故事就缺少了亲切感。同样也看不到人物内心的情感。

(3) 幻觉展现式。

这种内心独白是通过人物幻觉的展示,来刻画人物的心理活动,揭示文章的主题。我们经常因为某种强烈的渴望出现一种幻想式的心理,如独白实现某种愿望时的情景等。

人物的内心独白能够让人物毫无遮掩地吐露自己的心声,说出他的欢乐和悲伤、矛盾和愁郁、忧虑和希望,使读者穿透人物外表,看到人物的内心世界。同时也突出文章的中心或表明人物的品质与情感。

第二节 我是一名导演

导演是一出戏的统帅,戏剧生命工程的总工程师。

——题记

若问2017年哪部电影最火,你一定会脱口而出《战狼2》,口碑票房双收。导演吴京的名字更是观众耳熟能详。一部电影的成功,是各类人员合作的成果,但发挥统帅才能的是导演。导演要有诸葛亮的才能,能运兵、遣将、布阵,使整个作品有统一行动,创造出适当的情境,搭起沟通的桥梁。所以,人们说电影是导演的艺术,但是在今天,剧场也是导演的艺术。本节主要是借助导演所必须具备的适合学生的基本条件进行各类系列活动,同时,加入比赛元素——选拔导演,调动学生的积极性,在这样的活动中学习、写作,提高了表达水平。这些活动根据低、中、高段年龄的特点进行设计。每个活动都有情境性提示,将全体学生吸引到活动中,每位同学都能在活动中表现自已。也可以这么理解,导演的选拔只不过是一种形式,而真正的用意是借助这样的活动,激发学生积极主动地学习,提高表达水平,全面提升学生的素养。下面对导演竞选的系列活动进行阐述。

低段组

1. 百变的声音

作为导演,对演员对白的声调、表情都要有指导。活动中结合教材课文中的角色,让学生进行个性朗读。这样的朗读给学生一定的空间,可以结合自己对课文的理解朗读,可以表演读,可以想象读,还可以通过不同的角色读,如老人、女孩、男孩、爸爸、妈妈、老师等,但是与以往读书不同的是读完后要解释为何这样读,这也体现了导演导的意识。其中朗读与意图的解释分值相同,体现了对读与导的同样重视。活动中让全班同学先自由练习,再在小组内比赛,胜出者参加班级比赛。在班级比赛中,其他同学成为评委,凡是在点评时,不仅体现了评委选拔要求,还能有自己独特的地方,可以获得再次参加导演竞选的机会。这样的活动不仅提供孩子表现的机会,也鼓励儿童积极思考,敢于发表自己的见解。同时,也培养了学生的言语表达能力。

2. 晒组“表情包”

让我们“听听学生身体的歌唱”,教育要适应学生好动好玩的天性,打开身体,教育会带来最美妙的春天。这项活动就是让小演员想出几个场景,用面部表情将自己当时的想法与情绪表现出来,或是想吃蛋糕流口水的吃货状态;或是得到心爱的礼物乐得合不拢嘴的表情;或是跟妈妈发生矛盾生气的样子……学生做出丰富的面部表情,瞪眼、张嘴、噘嘴卖萌、做鬼脸、生气、懊恼、美滋滋……在这样的活动中,学生心理及肢体都进入活跃状态。导演用“望远镜”(学生假装用望远镜去看)仔细看,把自己看到的说出来。强调是用眼睛能看到的。比如,学生看到了一个人生气了,而所谓“生气”仅仅是看到之后的猜测,并不能看到,是要把看到的东西说出来。这时,学生不得不说:他涨红了脸、瞪大了眼睛、捏紧了拳头……不仅如此,还要导演与演员沟通,导演也表演一个类似状态下的表情或语言或动作。最后,大家以戏剧中的说与演两方面来为导演打分,优胜者晋级。这样的活动培养了学生观察的能力和表现视觉的能力。同时,其言语的表达能力也得到提升。

3. 身体会“唱歌”

解放大脑,前提是解放肢体,学生需要活动才能满足。先让他们动,再让他们静。让学生安静下来,就是玩,让他们在游戏指令下玩。玩,会让学生大脑感到幸福、快乐,通过游戏的方式,把“管理权”还给了孩子,让他们在游戏中进行自我管理。在这样的理念下设计了这个活动。活动共分两轮,第一轮是用肢体或表情逗逗大家。将逗笑大家的同学封为“班级逗逗王”称号。第二轮是堆砌身体成为一个事物。首先将学生分为 4 人一小组,小组中选出一位导演,作为主创者。老师提供几种物体,如沙发、火箭、电视机、蓝鲸,组内按要求用身体完成各种物体的造型。这样的活动,让学生充分感受到身体的妙处,同时也有与导演能力相关的考察,如通过组内成员的合作考察沟通能力,使用身体来表达考察能否有创造性。

4. 试镜小剧场

如果说前面几项多为单项性的考察和选拔,试镜小剧场这项活动则已是综合性的考察。教师出示一个特别适合低年级儿童的童话剧本 ,小组合作表演,导演组织成员制订表演方案,表演时也可以适当创新。或许你的创意就能给你所在的组带来极大的机会。例如,根据气氛口头配乐等,表演的角色最好能大概记住台词,合作中共同讨论,最终意见要必有导演确定。这次活动分为两个板块:第一板块,同角 PK,各组推荐出 A 角选出一处共同的台词演绎,通过这样的比较来做出评价,激发学生积极主动去理解角色特点。接着,依次 B 角、C 角,其所获成绩纳入小组总分中。最后展演小剧本,进行组队组的综合性较量。注意剧本选择尽量简单有趣,适合低年级学生年龄特点。丰子恺有一颗永远长不大的童心,他的内心世界就像一个儿童乐园,我们选择根据《名家文学读本》

里他的作品而改编的《不杀的老羊奸》作为表演的剧本：

时　间　春天。

场　景　河边，水面上停着一只装羊的船。

人　物　小羊A、B、C。

旁　白　这是一个春天，小河边走来了一群羊，他们是刚从乡下被搜罗来的。要装进船里运到上海去屠杀。羊群走到河边，看到小船，心里都很害怕。

小羊A　咩，我是一只来自乡村的羊，我被早早叫醒，翻过大山，走过田野，来到这里。这里有条船，要带我们到哪里去？船上的人看上去那么凶，我好害怕。

小羊B　（眼睛看着小羊A）你说我们是不是要被卖到很远的地方啊？我不要去啊！

（手背开始擦眼睛）唔……

小羊C　（害怕地）我们上了船肯定回不了家了，我坚决不上船，坚决不上船。

旁　白　这时候，船主人牵来了一头老羊。

老　羊　咩，孩子们，不要怕，不要怕，这船是要带我们去草原，那里草嫩水美，我们可以美美地吃吃草，看看云朵，日子美滋滋的，我们一起去啊。（说完跳上了船。）

小羊A　真的吗？我不太敢相信呢！

小羊B　他这么大年纪了，不会骗我们的吧。

小羊C　我想不好，要不和他一起去吧。

老　羊　孩子们，快来吧，船就要开了。

小羊纷纷跳上船。

旁　白　（憎恶的）这老羊为了保全自己的性命，骗了多少小羊上船去送命，这真是该死的羊奸。

以上活动适合低段儿童，在打开身体中活跃大脑，同时又伴随着言语的表达。“百变的声音”朗读者要解释为何这样读，引导学生关注角色特点，同时也为学生提供语言表达的平台。

晒组“表情包”中晒表情和点评中都得以不同层次的语言运用，演员要能讲清楚、讲明白表演的是什么时候、什么情况下的表现。点评者要仔细观察，关注动作、神态，这是自己眼睛可以直接看到的。身体会“唱歌”更注重学生创造性、合作性，用身体来表达思想。“试镜小剧场”从表达角度培养学生语言的积累和运用能力。这所有活动既面向全体,发展学生的综合素养,又使具有组织能力、创新能力、表达能力、沟通能力的学生脱颖而出,选拔出具有“导演”潜能的学生。

中段组

中年级学生有了一定的表演经验和基础,我们采用扶放结合的方式,将排演《大耳朵图图》的过程中的每一步融进导演技能的培养与选择中。首先与学生一起梳理排演需要的准备。拟出相应的岗位项目,接下来看动画,记台词,理剧情等,让学生在全面了解的基础上关注自己欲申报的岗位,并进行反复的练习,同时上网搜集有关资料拓宽眼界和增加相关知识的了解,有条件的还可以请相关的职业人员进行指导。当然,有多样兴趣或没搞清楚自己哪方面更出色,也可以申报多个岗位尝试。在为期一周的准备后开始筹备各类班底:导演组、演员组、音效组、摄影组、道具组、编剧组,导演组是全程参与整个过程,让同学们明白导演就是统帅,一个剧组的灵魂人物。以下是筹建竞选活动。

1. 筹建方案PK

要开始挑选演员了,班级同学可活跃了,可一个剧就那么几个角色,谁来演什么角色?到底用怎样的方案更公平合理地选到既喜欢这个角色又有能力胜任这个表演的演员呢?如果没选上同学,又怎样能有任务可做呢?把这样的难题交给导演组吧,他们能够商定合适的方案也是能否胜任本次导演工作的挑战。先各自准备方案思路,第二天进行PK。其他同学是评委,对方案从合理、公平、可操作、人性化几方面评价。对于方案未通过的暂时在表演组以副导的身份参与导演组的讨论,决策性内容由导演决定。最后,大家点评完善后形成以下选择演员方案:用竞选的方法选择演员。首先由当事人申报角色,然后相同角色进行PK,由导演组打分合计,最后讨论做出决定。对于落选的人员可以继续参加其他角色或岗位的申报。这样的方案获得大家的支持,同时,其他几个岗位的选择也完全适用。

2. 招募小演员

这个活动的重心是选择演员,但有两个岗位的人员都提着一颗心,捏着一把汗呢!竞选演员的同学就不用说了,其次就是导演呀!在这样的演员选择中,点评很重要。对于演员从哪些方面点评?如何点评人家而不至于忽略比较重要的?这就看你对剧本的掌握及前面下的功夫了。招募时,教室里桌子的位置进行了重新排放。中间留出空间,导演面对演员坐成一排。演员的竞选异常激烈,导演的点评也各自出彩,要求他们从优点与建议两方面谈。有从声音、神情上点评;有从创意上点评,如一位男子汉选择女生角色表演,这样的反串精彩,有创新;有从剧本内容上点评人物表现。接着就由大导演们一展身手,选定角色进行二次指导,二次展示,再次打分,进步最大的归功于导演的成绩。这样下来,导演的点评和导演的指导加起来是最终总分。纳入第一轮中,再重新排列,可能有的晋升为导演了。演员也是由两轮分数相加确定最终人选。

3. 音效组展演

一场戏有了音效,可以增加感染性、逼真性,怎样能够获得尽量简便又比较逼真的音效呢?这首先要由导演组根据内容拟出相应的需要的音效,并讨论解决办法,做到事前准备好功课,才能胸有成竹上场。然后,在班级中公布初拟的音效方案,集思广益,大家看还有哪些地方需要或不需要的并提出建议,再次整理,通过后,音效组进行研讨,找出解决方案。由导演组做出决定。在音效解决的实践中,充满了创造性和智慧。雨声由音效组通过抖动彩带发出沙沙声简便又逼真;皮球落地的声音用羽毛球拍的杆子部分轻轻敲击桌面来代替;鸟叫声用两位同学的口哨声来代替;背景音乐由会弹琴的同学现场配乐……每个音效师不仅展示效果,还要将音效创设过程与大家一起分享。当然还有需要改进的地方,导演们给予指导,当场练习,当场确定能否通过。音效组也是各展技能的地方,这样的展示,让本身轻视音效的同学有了新的认识,有的也积极报名加入进来。音效组是不设门槛的,只要可以发挥能量都可以进来。

4. 跟踪式摄影

拍摄组的任务分为前后期,前期担当宣传报道的剧务工作。将剧组的整个选拔流程用专题形式呈现。通过前段的考察和培训,后期参加戏的拍摄。作为宣传报道组成员,摄影组与导演对其均要有方向性的指导。摄影组从活动启动开始,就要全程跟踪,对于拍摄有一定的了解。远景镜头、中镜头、特写镜头相结合。还可以采取多连拍的形式,使镜头下的主角成为一个动作明星。恰当使用空镜头,镜头下没有人,只有环境或物。在这些有了基本了解后开始正式上岗。剧组的筹建最后一环就是跟踪式摄影组呈现作品。宣传报道组用课件的形式呈现作品,并附文字说明。将自己每张照片形成了一个连贯的有意义的报道。拍远景镜头拍摄(众人、物件)呈现了排练的整体情况,让人对活动中“面”有了观察和感受。选定中镜头的,聚焦到某个演员场上表演,聚焦到某个导演呈现该导演的介绍。对特写镜头的选择,有人选择手在写字,有人选择一双眼睛表现其所要表达的感情。空镜头中有人选择屋外的阳光表达同学们的心情,有人选择一个道具来呈现大家的创意性。导演们则对其点评与指导,只要作了点评都得以加分。摄影组也是不限制人数的。

这样的活动设计体现了对学生多元智能的尊重和挖掘,在这样的活动中每个人都找到自己的价值,从中获得了自信。虽然主旋律是导演竞选,可是设置的境是表演《大耳朵图图》的剧组筹建的,这样将其他非核心人员都卷进活动中,兴致勃勃地参与进来。但是每个流程都是对导演的一种培训和评价。每种活动都融进了一种语言实践,导演组为筹建剧组写的方案;表演组对剧中台词的积累和运用;音效师充满创造性,智慧的火花在这里体现,他们对创建音效过程的分享是一种情不自禁;跟踪式摄影在拍摄与介绍中打通了摄影表现技法与文学表现手法的相通。在这样的角色化实践中,学生全身心参与,兴致勃勃中拍摄,自觉主动吸收读写技巧。他们的专题报道图文相映,构思上也充满创造。在这样的活动中,写只是驱动着他们去完成任务的需要,所以,在儿童看来,并没有写作的负担,当兴致勃勃投身在活动中,写只是一个流程,成了活动的附加值。除此之外,学生参加活动后,丰富的角色体验一定给他们带来了不同的感受。今天我当了回导演;今天我当了回演员;今天我创新了一种舞台音效;今天我做了次摄影师;今天我观看了一场精彩的戏剧。以其中之一为题来畅谈,是活动后总结式的写。

高段组

戏趣作文的最大魅力是用学生的方式在积极主动地状态下受到教育,获得生命的成长。在习得知识技能的同时,学生也得到全面发展。怎样在导演活动中发挥教育的最大化?怎样学习导演获得表达技能,在发展素养的同时,还能获得鲜活生动的爱国主义思想教育呢?最近《战狼2》将我国观众的民族情结点燃,影片中“犯我中华者,虽远必诛”,“当你在海外遭遇危险,不要放弃,请记住在你身后有一个强大的祖国”的语言耳熟能详,吴京的爱国情怀一次次燃起了观众心中的热血。很多人看了后都很自豪地说“我是中国人,我骄傲”。避开空洞的说教,将学科整合,将会带来无法估量的效益。我们的剧本习作就是一个非常好的爱国基地。在此思考上,我们选择既贴近学生又能对学生进行接地气教育的剧本进行导演。高年级在编剧这部分关注了《小兵张嘎》这一剧本,它既符合年龄特点,又是对现在男孩子性别教育的女性化的一种纠偏。我们就以此延展本主题活动。

1. 剧本集结号

此活动就是对剧本来个大集结,人人动手改编剧本。作为一个导演,不必是编剧本的强手,但要有分析剧本的能力。因此,在学习的过程中,亲历剧本的改编也是提高剧本鉴赏水平的重要方式。《小兵张嘎》是战争岁月中的故事,嘎子爱憎分明、敢于斗争的一面,性格上独特的“嘎劲儿”,机智又冒失,稚气而又有正气。同时,这“嘎劲儿”中还包含着调皮、机灵、利索、鬼点子多等。针对人物形象，选择《小兵张嘎》这个故事，编成一个剧本。在尊重原故事框架的基础上，能让剧本还有现代气息。前段已经有了编剧的经验，也有原始的剧本，这个环节还是可以轻松完成的。下面主要是对改编的剧本进行品评，首先师生共评一篇，从剧本格式的规范性、剧本情节的冲突、场景设计、人物活动及语言能否突出性格特点等方面来评价，然后四人小组合作共同评价组内作品，再结合大家意见进行修改，最终组内推选一位同学，参加八人小组的作品 PK，获胜者再进行修改，作为排演的定稿，打成电子稿，人手一份。在这样的过程中提升导演的剧本分析能力。

2. 撰写“戏剧行动纲要”

撰写戏剧行动纲要就是将整个戏剧行动依照它们在剧中的发展逻辑次序客观地写出来，而不加任何主观判断和解释。这阶段关注点要聚焦，那就是行动，而将于作品的主题、重点等都排除在外。通过撰写戏剧行动纲要就相当于在脑中画了一张“行动总图”。在处理某一场或某个细部时，都不会失去方向，最后自然会水到渠成，而不会中途迷失。小学阶段我们所接触的剧本一般都比较短小，中年级接触的《公仪休拒收礼物》一文是独幕剧，高年级的《负荆请罪》一文也就两幕。但是，通过写“行动纲要”便于养成从整体上把握剧本的习惯。对于读其他文学性作品或观看电影电视剧等都可以带来帮助。对于比较短的作品我们可以分两步进行。

第一步：限定在 200—220 字内，注意字数不能超过或不足，才能达到最佳效果。同时这个限制可以训练导演选择重点和组织能力。

第二步：浓缩概要，在 60 字以内。

以《小兵张嘎》为例的“戏剧行动纲要”及最后浓缩的例子：

① 行动纲要：小嘎子提着一篮鸡蛋来到韩家大院门口，瘦长条不让进。大院里，两个伪军在喝酒，一个在站岗。纯钢大伯引狗到门外，嘎子将鸡蛋扒开露出手榴弹，将要炸伪军的事告诉大伯。正在这时，瘦长条又过来拦住嘎子，纯钢大伯将鸡蛋送到里边，将手榴弹弦拴在了渔网上，外面嘎子与瘦长条在吸烟。这时，日本鬼子到大院查岗。嘎子在瘦长条身上放的烟头烧了起来，嘎子把鞭系在狗尾巴上，用烟头点燃，把饼扔到大院里引狗，纯钢大伯抓下渔网蒙在狗身上，手榴弹的弦被拉着了，嘎子溜走。

② 浓缩概要：嘎子把鞭绑在狗尾巴引狗进大院，纯钢大伯把拴着手榴弹的渔网蒙在狗身上，手榴弹爆炸了。

撰写行动纲要后还要进行互动反馈，看纲要是否将行动的逻辑次序梳理出来，有没有其他无关的干扰。行动之间的链接是否清楚。学生在撰写戏剧纲要这一环节对整个情节有了清晰的把握。

3. 剧本分析

此板块学习分析剧本，引导学生从人物、场景、音效、道具等方面进行分析。

人物分析要分析谁是主要人物？谁是次要人物？他们之间的关系如何？各人物在剧中人物功能是什么？如何呈现这些人物的个别特性与在戏中的功能？场景分析方面首先要梳理有哪些场景？它们在剧中有什么功能？同时思考如何呈现。音效方面可以分析剧中哪些地方需要音效？准备如何呈现？在剧中有什么作用？道具方面思考需要哪些道具？怎样解决？对此逐一分析，形成书面材料。在集体中汇报交流。这样的形式目标不是要求学生能将分析材料做得多么完美，关键是这样的过程锻炼了学生综合分析能力，让他们学会在组织活动中、处理事件时从多角度考虑问题。

4. 合作排演

以上几部分属于导前的准备工作，那么现在就是实战演练。将班级分为四大组，每组约 11 人，以此为组进行排演。各组选出一个总导演，便于把握剧本的整体排练。进行表演组、道具组、演员组、音效组各类分工后，开始分组自排。每个演员就是自己的第一导演，钻研剧本，揣摩人物性格特点，用自己的理解去练习。导演在自我已经能够脱离台词有了粗线条的雏形后，进行合作排练，细化动作、潜台词、节奏、声调、表情等。最后进行组内彩排、集体呈现。对于排练中遇到的问题，在组内提出，大家集体想办法，主动解决。整个活动过程需要总导演指挥、安排、解决。在这期间，教师定时组织各组片段表演汇报以推动戏的进展，了解戏的存在问题，做出相应的指导。这样的过程最终不是追求表演得有多精彩，掌握多少表演技巧和导演技巧。关键在这个过程中学生认识自我、乐群合作、克服困难、见贤思齐、同理心、沟通、妥协、体谅……这些宝贵的品质在表演中得到培养，在研磨中对角色的品格有了进一步认识、体验，角色的爱憎分明、疾恶如仇等美好的品质深深扎根于学生心间。

5. 制作海报

剧本排好后准备在全校范围内进行公演。那么就准备制作海报告知信息并进行宣传。这就要学习制作海报。宣传海报就像一张“名片”，它以活动中最精彩的镜头，配以最美的广告语言加以推介，同时具有艺术性和文化特征。海报如何做？把它交给学生，他们的热情更加高涨。有的上网学习，有的搜集电影的宣传海报。学生在对海报有了充分了解后，组织交流“海报创写分享”交流，在分享中相互学习，相互启发，对海报的制作有了更清晰的认识。从图片的选择到宣传语的创写以及整体的构思都要既求创意，又能直指核心，让人在瞬间留下深刻的印象，从而激起人观看表演的热情。此外，交代清楚戏名，要醒目，这是海报的主题和内容的焦点。另外明确活动名称种类。简要交代活动的具体情况，比如，演出的戏剧种类、演出时间、演出人员等。辅助内容则要交代清楚演出的时间、地点等。结尾是在右下角落款举办的单位名称、日期等。有的还将搜集的精彩海报通过课件形式与大家分享并解读其创意。

相信在这样的研究中过程中，学生一定会制作出具有创意的精美的海报。海报制作的方式仍由导演组织。大多数小组是合作而成，例如宣传语的设计，整体的构思安排等。接着先做草稿，擅长美术的负责画面，擅长书法的负责海报上的文字。大家对草稿审核修改后定稿。接着给集体讨论后由一人执笔写创意说明。海报制作好后交由班级分享，各组代表展示海报并进行创意说明。

6. 写信申请

演出之前的工作似乎到此结束，其实仍未终止，这些海报如何张贴？如何得到学校的支持？这还要各路人马发挥才干呢！于是学生们又想出招来，给校长写信。全班讨论写什么内容？怎么写能打动学校且获得校长支持？又需要学校帮什么忙？将这些一条一条写下来，将所有问题板书在黑板上，最后每个组领取其中两个问题在组内讨论，把内容写清楚，最后全班推荐一人执笔，综合各组的内容给校长写信，请求学校同意此次戏剧系列活动并给予支持。

7. 制作宣传页面

在教师跟学校沟通之后，学校同意了同学们的申请，但提出要求，活动要周密规划，制作一份宣传页面到学校网站，对社会公开。大家更是热血沸腾，先上网学习，发现娱乐节目的页面板块值得学习。在充分吸收的基础上，各组集体讨论，再组织全班合议，让宣传内容更加翔实、具体。最后由各组代表选择相应的内容，组内讨论完成相应的项目介绍。宣传内容板块设计如下图：

1. 节目形式	2. 创作团队	4.1 演员介绍	6. 通讯报道	7.2 负面评价
1.1 节目制作	3. 节目列表	4.2 幕后花絮	7. 节目评价	
1.2 剧情介绍	4. 参演嘉宾	5. 表演时间	7.1 正面评价	

高段学生这样的编和导活动可以贯穿整个一学年，上半年学习做编剧，下半年学习做导演。这里的导已经不仅仅是戏的层面，它已经扩大到整个系列活动的全过程了。在这学习导的活动中，统整性地学习了编改剧本、撰写行动纲要、剧本分析、制作海报、页面设计、书信往来、方案制订、通讯报道。这些学习是在真实的交际活动中进行的，赋予其真正的应用机会，学生在真实的交际情境中，感受到文字应用的价值。

第三节 我是一名演员

演员是舞台的灵魂，是观众精神的舞者。

——题记

谈到戏，大多数人的第一反应就是想到演员。一部电影成功，就会诞生出当红演员，这给演员戴上许多美丽的光环，也因此收获一大批粉丝。其实，我们知道，一部好的作品是众多人合作的成果，如编剧创编的好作品、导演较高的指导能力等，但演员也有不可磨灭的功劳。再好的作品也是需要演员去内化、去演绎的，老话说的"台上一分钟，台下十年功"自有它的道理。喜欢表演是儿童的天性，在"戏趣作文"教学中表演就是让儿童在一定的角色体验下活动，在活动中主动转化知识。不管是哪段，在活动前都要安排热身环节，让孩子们感受音乐的节奏、通过模仿打开自己。同时，学生学会运用肢体的工具，自如地释放自己，学会倾听，懂得尊重。我们做一名演员，直接从演入手，通过各种好玩的表演进行言语实践，发展语言能力。我们针对不同年段探索不同的形式，生成贴合各年段的写作形式。

低段组

低年级学生演中创写的形式重在演中表达。儿童口语发展的最佳时期在7—9岁，这个时期，儿童词汇量迅速增加，逐渐熟悉语言规律，口语又是书面语言的基础，是习作启蒙的第一步。

选择学生喜欢的形式演一演，在演中激发学生的兴趣，活跃大脑，促进语言发展。所有的游戏表演都需要循序渐进，从集体到个人再到集体，当孩子投入其中时，所有的技能训练都变成了其感兴趣而且是其想要完成的任务，所有需要克服的困难都变成了自己拥有的能力。

热身环节：热闹的动物园

教师带领学生围成一个大圆，随着音乐缓缓移动脚步。教师说："瞧，老虎来了！"孩子们撒开手。向中间聚拢，按照自己的理解表现老虎，或大摇大摆走路，或高声吼叫，或捕捉食物。老师叫："猎人来了！"孩子们立即归位还原成原样，继续随着音乐缓缓移动脚步。教师说："青蛙在水田里。"孩子们有的蹦蹦跳跳，有的伸长舌头，有的呱呱叫。老师说："蛇来了！"孩子们立即归位还原成原样，又继续随着音乐缓缓而动……在这样的热身活动中，孩子们活动肢体，放松身心，同时传递孩子平时仔细观察动物特点，在游戏中了解了不同动物的天敌是什么。应该说,这是一个提升注意力、反应力、表现力的游戏。

1. 语言花花腔

这个表演主要指向的是语言的理解和积累,让学生在进阶式的表演中获得言语的能力。活动形式是老师选择一句话或某首古诗中的一句作为起始表演的材料。先进行热身,玩玩传声筒。老师悄悄将内容传递给一个孩子同时并加上一个动作。此刻传递的适宜简单些,主要是让大家充分感受到游戏的快乐。大家充分放开后开始晋级,出示连贯的2~3句话或整首诗。要求后边接着的人虽然读同一句话,但要用不同的腔调和不同的动作来演绎。或用方言,或用普通话,或唱,或说唱……反正觉得怎样好玩就怎样来。在小组热身后,上台两两挑战。如果一方对不上,下面同学立即上台接着对垒,直到没人再对上为止。然后四人一小组换内容重新玩。从而在玩中体会到不同情境中语言的不同韵味,不同动作表现出不同的情感。

2. 即兴舞台秀

这个活动是用肢体的动作呈现对语言的理解,同时伴随语言表达来解释。活动中,老师准备多个情境的句子,如“小老虎大摇大摆地走来。”“嫦娥吃了仙药飘飘悠悠地飞了起来。”“憨厚的小猪舔了一下嘴唇说‘真好吃!’”“爸爸喝醉了酒,迷迷糊糊地走过来。”等等,这些语言情境也有了层次,第二句比第一句多了动作,第三句由肢体动作变成表情和语言;第四句有了两种情境。表演开始时,学生站在教室内围成一圈,老师说到某个情境,小朋友自由表演。学生得到充分放松后,老师出示语境,小朋友两两配合,一个说,一个演。再互换,演的同学说,说的同学演,尽量演得不一样。最后一轮变成先演后说。接着互换角色。一组组依次展示。这样的说不设要求,学生自然内化了情境语言,教师对于能够通过观察用自己语言表达或者在语境语言基础上用自己语言表达的同学大加赞赏。这样不会让孩子感到压力,同时传递给孩子一个信息:不仅用了新学的语言,还能通过观察用上自己的语言会更棒。通过这样的活动,学生们既促进了将新学的语言转换成自己的语言的能力,也培养了学生的观察能力,给学生的个性表达提供了发展空间。

3. 我创我演

这个活动较上个活动有了一定的提升性,它是在故事阅读的基础上通过表演促进理解和语言发展。故事可以来源于课本,也可以是共读的整本书。首先师生一起选取出故事中最具代表情节的场景,以“询问鲤鱼妈妈”“询问乌龟”“遇到青蛙”这三个画面为例,先让孩子读读这三个场景,然后在课文中找出相应的图画(如果故事中没有可以自己去画)。接着分成小组,分别用肢体建构这样的场景，并在场景中展开活动。孩子们很聪明，演小蝌蚪的是块头小的孩子，演鲤鱼、乌龟、青蛙妈妈的则选择块头大的。站位也比较合理，小蝌蚪围在“大人们”的旁边。小蝌蚪们后边还都拖根布带之类的尾巴。小蝌蚪长出后腿将两条胳膊伸向后边，长出前腿就伸前边，动态地表现生长变化的过程。在这样的场景中表现角色活动，将文字转化成立体的活的画面。再分组用画面分别“建构空间”，把三个画面找出来。这样的游戏锻炼了学生的“把文字变成图片的转换能力”，之后再用肢体把图画中的空间建构出来，这样就顺利锻炼了学生的“图画空间变成立体空间的转换能力”。当从文字转化成画面，再从画面转换到立体的空间时，故事才真正转化吸收，并已经深深印刻在学生的心里。学生的阅读能力就在游戏中得到锻炼。这样的活动可以用在许多故事的理解中，通过这样的转换也促进了语言的表达。

4. 神奇魔棒

这个活动意在让学生们跟着老师的指挥，一起真正感受故事的情境，并用身体表演出来。故事来自课文中，学生已经能正确、流利地朗读出课文。在此基础上玩神奇魔棒的游戏。首先进行热身运动，老师出示一根魔力棒，只要老师发出指令，魔力棒一扫，就可以发挥魔力了。老师嘴中叫着“穿上魔力鞋”，棒子一扫，老师跳起来，小朋友也模仿着跳起来。接下来，魔力鞋又变成轮滑鞋、倒走鞋。一旦魔力收回，便又回到了原样。孩子的热情被点燃了。这时，老师借用魔棒带着学生进入故事“我是什么”中，老师把头一缩，把衣服套在头上，一个魔怪便出现了，嘴中叫道：“魔力棒的魔力回来了。”“太阳一晒，好难受啊！”孩子们便做出各种难受的样子。接下来是“升到天空，变成无数极小极小的点儿。”孩子们便飞起来把身子缩小。再接下来是“连成一片，在空中飘浮。”孩子们便手拉手飞着。接下来是“穿黑衣服的到一起去。”“穿红袍的站在一起，你们叫云。”“穿红袍的你们叫什么？”最终，魔力收回，一切又回到了原样。然后接着表演故事的第二段，继续发挥魔力，直至课文结束。其中，课后习题中有理解“小水滴聚在一起落下来”的“落”，“有时候我变成小硬球打下来”的“打”，“我变成小花朵飘下来”的“飘”这些关键动词的意思。老师在遇到这些句子时就反复多次让学生表演，从表演中理解了关键动词的不同，并用适当的语言提升进行点拨。玩了两三次，孩子对故事内容很清楚，也曾经真正变成故事中的水，从而使文中的水变得是有生命的。再让孩子顺次用魔力棒发挥神力，他们乐此不疲。就在这玩要中课后的重点解决了，同时，其书本语言也得到了积累。

在低段，主要倾向于肢体、声音、感觉入戏，包含声音的表达和应用与身体的表达和应用。同学们在这样的初阶段表演中促进语言发展。

中段组

戏剧表演低段组学生主要以模仿和练习为主，中段组学生在此基础上过渡，鼓励模仿性表演、想象性表演、表现性表演、体验性表演，初步生成写作形式。中年级学生思维训练的重点是观察能力，模仿性表演培养学生观察能力，抓住最有特点的外在言行色表现出来。想象性表演主要是借助某个情境通过想象表演出当时的情景。当然这种想象是调动了生活经验的，是各个不同个体将不同经验通过想象激活融合到表演行为中。表现性表演则是为了表达自己的某个意图而将之通过肢体呈现出来。体验性表演是初步接近戏剧技巧的一种方式，反复研读台词，从中悟出感受或人物印象，通过表演表现出人物特点，这里已有独立的个人思考因子。这四个活动也呈现了一定的层次性。模仿表演是有依托的物体，想象表演是在情境提示下的创演，表现性表演已经是运用其表达思想，体验性表演则是最高层面，是运用表演去表达他人特点。

热身环节：动如脱兔，静如处子

首先老师解释这个活动的开展规则：试拍一下手，男生跑，女生停；拍两下手，女生跑，男生停；拍三下手，所有人一起跑；拍四下手，所有人停；拍五下手，每个人迅速把自己缩到最小。但是一旦相撞，就要爆炸，并下场等候，再由爆炸的人来替换你上场。如果违反指令，结果也是一样。

老师拍手三下，游戏开始。所有的学员开始奔跑。老师要求大家尽可能跑得疯狂，但又不能撞到别人。突然间，连拍四下，所有人都停了下来，游乐场瞬时变成了雕塑园。老师尽量逗弄大家，如经过一个学员身边时却突然转头对着他大声学了一声狗叫。大概 6 分钟后，游戏结束。这其实是一个训练注意力、反应力、肢体协调能力的游戏。

1. 超级模仿秀

我们经常发现，电视上有不少人，能够模仿别人的歌声或说话的语气，惟妙惟肖。也有人进行不同年龄的模仿，小伙子模仿老人，大姑娘模仿老太太。还有异性间的模仿，男的模仿女的言行，姑娘模仿老爷爷。生活中，有的人模仿别人就模仿得特别像，能让人一下子联想到其所模仿的人。还有小孩子会不知不觉地模仿大人。凡是有此擅长者无疑都有很强的观察能力，观察所模仿对象的行为、神态、语言，抓住其最有特点的地方。从写作角度讲，模仿的最大价值是培养学生的观察能力。模仿初始要抓住特点比较明显的人，先模仿其声音，如模仿动画片《机器猫》的台词。组织“配音模仿秀”活动，将动画片的声音抹掉，模仿者根据画面进行配音。接着进行行为神态的升级模仿，可以共同讨论那些比较熟悉的电视明星或运动员等，开展模仿活动。例如，模仿运动员刘翔每次跑完110米跨栏后胜利时招牌性的动作。这样的模仿让大家猜猜是谁,并说说怎么猜出来的,但要求说出除了根据语言这已经有显著标志性的表现之外的特征。最后,寻找身边的生活中的人物进行模仿,再次展示。这样三种形式的模仿,从声音到综合性的言、行、色,从特点鲜明到生活中自己捕捉的模仿对象,都体现了循序渐进的上升性特点。但因为投身在模仿中,所以,观察变成了为其服务、满足其模仿欲望所主动实践的行为。在这样的亲历活动中,写作话题非常丰富,融在其中,成为实现需要必做的反思、记录,变成表达成功或失败等情绪的必要倾诉。比如,三次模仿后可以记录观察日记,每天有新发现,将之记录下来,成为提醒自己的必要工作。如何练习的?练习中间会有什么事情发生?把它记录下来分享也是不错的体验。“超级模仿秀”活动更是精彩纷呈,选一次写下来。这样的过程产生了许多亲历性的材料,写作也就在此诞生。

2. 即兴表演

即兴表演是想象表演的一种,是根据提供的情境现场稍做准备后进行表演,这与观察表演的充分准备是不同的,更依赖于学生丰富的想象和生活经验的积累。这里充满了创造性,是个性发挥和释放的天地,自由的空间会让学生更加喜欢。但这样的自由也不是无规律可循,我们出示下面一个情境:

普罗米修斯躲在太阳车所要经过的路上。当太阳神阿波罗驾驶着太阳车轰隆隆从天空中驶过的时候,普罗米修斯悄悄地将茴香树的枝条插进太阳车的烈焰中,偷取了火种。

学生在即兴表演中,我们发现有的学生在普罗米修斯选择躲的地点时加上了人物的独白。当太阳神驾车轰隆隆过来的时候,同学们添加了阿波罗那种耀武扬威不可侵犯的神情、普罗米修斯内心的独白、普罗米修斯悄悄的行为、偷取火种后的兴奋,并惟妙惟肖地表现出来。从学生表演的丰富资源,不难生成要想把某一情境比较生动地呈现在人物感官中,可以对空白处进行补白。比如,为什么躲在那里?那里的环境怎样?这些如何转换成人语言?其实就是抓住关键词“躲”展开多维想象,用追问后的方法转化语言。太阳神阿波罗驾驶着太阳车轰隆隆从天空中驶过的时候,没有角色的表现,我们可以继续对空白的角色想象其心理。普罗米修斯偷取火种后一定也有其心理变化,表现在外在神态上的。其次,对关键词的演绎,如演绎“悄悄地”,有的孩子表现为轻轻地跑,突然停下,躲在云背后,四处警惕地观察,然后继续跟踪。这就把偷取火种时的那种扣人心弦的紧张表现出来了。可见,抓住关键词想象和演绎,对角色空白处的想象是演活这段情境的支撑点。当然,不同的情境还有不同的支撑,标点符号、神情态度都是学生应该关注的地方,此活动是语言在情境中的实际运用,虽然没有呈现书面形式的写,但却提升了言语表达能力。

3. 逗笑明星

逗笑,主要是用身体行为表情来让别人发笑。丰富的表情就是观看者最直接形象的写作素材。但为了刺激逗笑的搞笑性,这个活动可以限定在40秒之内完成。其实,这看似简单的活动背后也是要有实战经验支撑的。到底用怎样的计策能一招制胜,让大家能开怀大笑?学生提前做好准备,那这一过程将会更好玩。自己探索想出几招办法,然后在多人面前检验,百试不爽的一定是好的方法。这样的一个逗笑材料检验下来,学生一定有了丰富的体验,有些一定会很独特。把每次逗笑的得失、感受总结下来,是很好的经验体会。班级举行“逗笑大赛”时,先组织学生在组内逗,组内推选优秀者参加班级逗笑比赛。学生逗笑要大家仔细观察逗笑人的逗笑过程,其逗笑时动作、神态等,老师用视频的方法记录过程,用连拍的方法记录细微表情。最后在最短时间内能逗笑大家的学生获得“逗笑明星”称号。然后集体交流,发现逗笑方法,逗笑明星们自我介绍逗笑经验,计策。有的逗笑真是身经百战,连在逗笑对象选择上都下了一番功夫,他们选的对象有同学、大人、老人、平时不爱笑的叔叔等,所以到班级逗笑已经是胸有成竹的事了。有的不断总结,开始是失败,自己分析、总结原因,改变动作、神态等;有的在计策上认为,不要一味搞鬼脸,没有变化,让人疲劳,反而觉得无趣。变化是逗笑的绝招,而且变化要突然又好笑,才会战无不胜。如首先,以最严肃的表情看着你想逗笑的人,他一定会望着你,心里猜想你究竟想干什么。然后,出其不意地大笑,就算他不愿意笑,也一定会至少笑1秒钟。原因是你由很严肃的表情变成滑稽的样子实在是很好笑,不信,就对你的家人或朋友做试验,我敢保证他们一定会笑。可见,逗笑背后也有大智慧呢!活动过后,让学生将这场实战演练记录下来,再去找人实验。这样一路实验的过程才是最宝贵的心路体验资源,是化在行动中的无知觉的写作。掌握了这里边的一点小智慧,对于同学们与人相处或与己相处都会带来益处,阳光总在生活里,逗笑也是需要技巧的。

4. 试镜表演

试镜表演是有点贴近戏剧技巧性的表演。在能自信展示自己时,根据剧本的要求和人物的情感来表现人物的言行,让人感到更真实。自己也要觉得不是在演戏,而是真实发生的——感动自己,才能感动别人。这样的要求似乎高了,但其只是我们活动的方向,通过这样的引导,学生初步感到戏剧的味道。这就需要试镜前读懂剧本,理解人物的情感,表现人物的形象。在反复练习琢磨的基础上形成表演经验,即时记录在演员本上,便于随时提示自己。例如,下面假定是扮演公仪休演员的笔记，分为A、B两面，A面记录台词，B面记录表演提示。

A面		B面
管　家	（满脸堆笑地）大人，我家主人说，您为国为民日夜操劳，真是太辛苦了！特叫小人送两条活鲤鱼，给大人补补身子。	我这时清楚知道管家送鱼是一种贿赂，一旦收了鱼，以后难免要帮他们干违反纪律的事，所以这鱼不能收。因此，必须找个理由坚决拒绝，但又不能失礼，让人家没面子。 我走上前去，边施礼边感谢，但拒绝的语气要坚定，不能让管家觉得有转机。
公仪休	谢谢你家大人的盛情，可这鱼我不能收哇！你不知道，现在我一闻到鱼的腥味就要呕吐。请你务必转告你家大人。	

有了这样琢磨分析体验的过程，不仅仅使技巧得到提升，而且演员会有更强烈的代入感。在演戏的过程中，学生受到潜移默化的熏陶，这才是更大的育人价值。而演戏的琢磨、提示也是一种分析的过程和语言运用的过程。为了活动的需要生成所有的表达是最好的习作形式，所有的技能训练都变成了有趣的而且是主体想要完成的任务，学生表达的积极性、主观性都得到最大激发。在大家面前展示时，自己要感觉像真实发生这件事一般，并能很快进入故事情境中，这就是试镜追求的状态。

中段的表演活动融入了学生表达自己感受的元素，从学生的角色表演中，教师看到演员的不同表现，甚至有些是其灵魂的表现。这样几个主题活动更注重过程性，在过程中生成生长。其中“超级模仿秀”“逗笑明星”“试镜表演”的过程一路记录心得、感受、反思等是为促进当下活动所留下的印迹，但谁说这样的方式不是积极对待人生态度的培养呢？

高段组

戏剧中段表演活动中初步融入自己的理解。高段组学生表演在此基础上继续融入自己的理解，并能在理解作品的基础上演真，能有独立的思考和创新的行为表达，提高肢体表现能力和欣赏水平。通过互换角色表演、言行隔空互动表演、精致化表演、体验性表演、综合性表演等方法实现目标。学生在角色互换中学会换位思考，在言行隔空互动表演中学生能够灵活运用肢体语言来表现内容和表达人物情感，精致化表演能够通过合适的方法转化剧中人物情绪，演真人物。综合性表演是在欣赏复制名剧中提高鉴赏水平。这四个活动也呈现了一定的先后层次性。互换角色表演是通过饰演的角色和台词粗线条的感受，言行隔空互动更强调合作力和敏捷的思维；精致化表演是在反复观察揣摩中进行，表现性表演已经是一种运用其表达思想；体验性表演则是更高层面的表演，是运用表演去表达他人特点;综合性表演是以上多能力的综合。

热身环节:我是一只气球

首先是每个人把自己想象成一只气球,老师让儿童躺在地上,表演气球撒气的样子。对没有完全放净气夸张地做出狠狠挤压的样子,直到表现出气没有的状态,完全放空了自己。一会儿再将自己想象成一只充满气的气球,老师对表演不到位的学生就夸张地打气,一会儿撒气。充满气的球,经老师轻轻一拍就在地上打滚,或躺或跳或扭。风吹来,充满的“气球们”一会儿飘浮在空中,一会儿相碰相弹……学生集中注意力,展开想象,就在这想象中放空自己,体验着天性的释放与控制,学着完全用肢体去表达,在淋漓尽致的挥洒中,学生重新认识了自己。同时,也为本学段学习表演传递一种感受和体验。

1. 墙上的角色

在戏剧中,不换位思考则不可能体味任何角色的真义,而且这种理解必须是亲身体验,才能将他的言行、喜怒哀乐在心里过一遍,然后决定如何表现。高段学生也是有这个能力的,通过中段的学习演员已经学会不自觉去揣摩自己该用怎样的语调行为去表现这样的角色。“墙上的角色”就是训练学生通过互换角色学会换位思考。首先提供一个小剧本,如《小兵张嘎》一文,学生读通读懂剧本后,教师将全班分成多个小组,由小导演指导排练。先分好角色,然后排练。第一次表演后在老师画出的人物轮廓上,把对自己扮演的这个人物和其他角色的认识用词语在轮廓里写出。接着再互换角色,继续进行。可以是张嘎和瘦长条互换,还可以其他角色之间互换,还可以配角与主角互换。互换后再次写出对角色的认识。交流认识中,大家会有很多有趣的发现,原来所演的人物也有一些小变化,如嘎子本来是勇敢、聪明的,后来也发现他其实也有冲动和孩子气的一面。为什么会有这样的变化?这样就很容易让孩子学会:站在他人角度思考问题。就在这样的换位表演中,不断贴近人物的内心,锻炼孩子的内省能力。在言语运用方面,在互换角色中,每个学生都能全方位熟悉剧本台词,在表演中不知不觉主动积极地积累了语言。用词语来概括人物,这是由感性上升到理性的评价,学生必须经历对人物言行的回顾,然后从积累中调用能够概括这样表现的词,这样的过程训练了概念思维能力。而在这样的互换角色表演后,学生现场写写自己的感受体会,与大家分享,是完成活动任务的反思,是水到渠成的表达。这个活动不仅适合于高段,对于人物角色不太复杂的剧本中段也可以使用。

2. 巧演双簧

双簧为一种民间艺术,源于北京的一种曲艺名字,由前面的一个演员表演动作，藏在后面的一个人或说或唱，互相配合，好像前面的演员在自演自唱一样。在活动中，学生先大量阅读双簧台词，看双簧表演，发现其特点。然后两两合作，自创台词，进行练习。创台词的过程是学生思维碰撞的过程，是相互学习的过程，是语言提升的过程。同伴中相互启发，使创作台词充满乐趣。自创的台词更有亲切感，而且会在表演中主动、自觉地修改。练习中要求两人不断交换角色，这样使两人的动作、语言能力都得到锻炼，提升了配合的默契性。班级表演时，首先明白要求：说话的人要能尽量表现出自己声音的特点，是一种声音的表演，要注重语气、语调、感情色彩；表演的人要有表现力，以肢体语言来表达，口型要配合，还要有灵活的应变能力，毕竟可能会出现失误的。观众评价时要关注这些方面。这样的表演前更要先做做热身运动，在身体运动中使大脑与身体都得到最放松的状态，更易于发挥好水平。活动仍然在小组中展开，然后组内推荐，参加班级挑战。这样的形式让全体学生都参与进来。老师还要随即点将没有被推荐的“对子”。双簧表演是我们上文所说言行隔空互动表演中的一种，它不但培养学生灵活运用肢体语言来表现内容和表达人物情感的能力，还可以锻炼学生的口头语言表达能力和表演能力，锻炼学生的舞台感、镜头感，与观众的互动感。养成在公众面前说话、表达、演讲的从容气度。在这样活动中，语言得到充分运用。读双簧台词是积累语言的过程，创作台词是语言转化运用的过程，表演是锻炼口头语言表达能力的过程。

3. 台下十年功

演员要将人物演活，一些技巧训练是必要的。首先，要学会观察。我们通过“真人秀”活动等推动活动。组织学生观察不同年龄、不同身份、不同职业的人们在不同情境中的动作、说话方式、语调等，观察得越仔细越好（如，语文老师、数学老师身上标志性特点是什么，他们对于犯错误学生如何处理的，有什么动作、表情、语言），然后详细地记在观察记录本上。开始时，可能观察不到细节，通过不断地积累将会发现，慢慢地就会增强观察能力。鼓励学生通过捕捉细微的动作、神态猜测对方的心思或状态。学生脑中就会积累许多资源，为想象表演做好铺垫。在活动展示中，大家能猜出你表演的是什么职业、什么年龄或身份的人，你的表演就大获成功了。在交流中，教师同样引导学生抓住细致表情、动作、眼神等方面的交流体验。接着进入想象力表演。想象力是进入表演状态的第一道门，学生只有能想象到情景，才可能将景象表演出来。前面的热身活动就是一种想象性表演。训练时，开始由教师描述，学生双目微闭，进行着无实物表演。比如，“大家要去买菜，去拿钱包，想象钱包的样子，拉开拉链，里边多少钱，怎样取钱。”学生根据老师的提示进行表演。这样的想象表演训练了学生生动地将某一情景表现出来的敏感性。最后,进入实境演练,学生可以尝试将剧本中微妙的心情变化尝试用细微的动作来表现。当面对真实的剧本人物时,可以用“神奇的假如”来迁移感受,激活自己积累的观察经验和表演经验。学生将表演的点滴及时记录到演员本上,以不断积累人物表演的经验,避免感受的流失。对于人物中有言外之意的台词要着重细磨,用不同的方法(如声音、动作、语气、速度变化)感受其表现,选择效果最好的一种。

4. 班级戏剧周

凭着小学阶段对于戏剧的接触和了解,最终学生们完全可以晒一晒了。我们通过班级戏剧周将学生的戏剧热情推向高潮。班级戏剧周,共两周时间。前一周是各种准备和排练,这里与过去不同,完全自己组织,自己动手,除非是迫不得已需要帮助的时候。老师可以每天抽个时间段让他们讨论、碰撞,组织者是总导演。按戏剧组集中,表演组、摄影组、道具组、音效组、导演组、剧务组分类就座,便于研讨,将集中的问题抛出来共同出谋划策。他们既有组员之间的集中排练,也有组与组之间的相互援助。根据需要进行交叉帮助,或参与剧本的策划、编写、修改,或参与服装、舞美、音乐的设计和道具的制作……每一个学生都在戏剧活动中找到了自己的位置。孩子们非常体贴,为了让每一个同学都上场,还临时扩充剧情,进行前延后续,甚至可以“一块石头两个人演”。他们节省经费,自己做道具,小雪人、毛毛虫、小蝴蝶、小蜻蜓、长颈鹿……这些成了戏剧中重要的“角色”。他们自己做服装,服装价廉物美,报纸涂色便成了时尚新装,巧系纱巾便成了漂亮的连衣裙。音乐剪辑请擅长的老师给予帮助。紧张地准备后就是展示了。先在学校年级组内展示,再到学校“小荷剧场”展示。学生在不断的改进中走进了真舞台,到淮安戏曲博物馆与地方老戏骨一道过了把戏剧瘾。这样的过程让孩子在参与戏剧中了解自我,发展潜能,学习人际沟通,促进智力和身心发育成长,尤其强调想象力、创造力及各种实践能力等的培养。

高段的表演活动开始进入一个提升阶段,学生们演得像,演得真,演得投入。这里不乏教师给予的一些方法技巧方面的指导。但宗旨并不是培养戏剧人才,而是在这样的过程中培养学生的探索能力、创造能力、做事态度。学生在这样几个主题活动中注重演的精细化要求,也正如此,学生才能在互换角色中对人物的认识有了完善,在积累素材的过程中反复仔细观察,认真做好记录。在表演双簧的过程中反复练习配合才能娴熟。在“台下十年功”中层次性推进,为表演积累丰厚的资源。最后的“戏剧周”全班合作,为期两周时间,大家在表演中不断改进。在这样的过程中,学生的感受、体验更为丰富,一路记录一路成长。

第四节 活动式体验“剧生活”

舞台小天地，天地大舞台。

——题记

戏剧是一个范围较广的概念，如舞台剧、电视剧、电影等以剧本为核心进行表演的都统称为戏剧。生活就是一场戏，有的比戏还精彩。只是在这场戏中我们都是本色出演，扮演的是自己所承担的社会角色，儿女、父母、学生、老师……，当我们借助某个活动形式暂时改变一下自己的角色，去体验没有体验过的角色生活，也可以以本色去体验从没有经历过的生活，这时候，陌生化让我们产生了好奇和兴趣，以想象和自己的知识经验感受从没经历的生活，或模拟着虚构的角色，体会着角色的情感和心理，形成新的认知。同时，在与他人的交流互动中生成的认知得以提升，生命得以成长。这样的角色活动都有人在“剧”中的感觉，有故事，有场地，有观众，有扮演者，扮演者在剧中有行为活动。这样的生活应该就有了“剧生活”的元素。我们在这样的亲历的“剧生活”中，开发写作因子成为完成当下任务必须克服的困难，学生在解决问题的过程获得了言语能力的提升。同时，通过多样化的角色体验，学生学会换位思考、增强同理心等，通过角色的多元性丰富学生的生命成长，促进学生主动健康发展。

一、课本延展式活动体验

这样的活动体验内容来自教材，但又有延展。活动中学生化为戏剧中的角色，教师通过录像、投影、场景布置等手段引导学生进入情境中，进行说练、亲自实践等，学生既深入理解了内容，又进一步拓宽了视野，在实践体验中丰富了认识和感受。这样的活动有种人在剧中行的感觉。学生们首先对教材的内容进行梳理，确定出几个重点的场景。然后根据活动的目的对场景进行二次加工和重构，对场景进行链接，使它们成为一个完整的延展方案。

《碧螺春》一课，笔者设计了采茶、焙茶、沏茶、品茶四个场景，学生分别扮演采茶姑娘、焙茶手、茶道手、品茶游客等角色，在实践、亲口品尝中学习了采茶、焙茶、茶道等基本技能，同时也提高了语言表达能力。采茶场景中通过关闭教室门窗，放下窗帘，保持室内教案的光线，播放姑娘们采摘碧螺春的录像把学生带到现场，配上文中姑娘采茶的描写。让学生说说看到了什么。这里的“说”可以是文本语言的内化运用，也可以在此基础上用自己的话来表达。然后学生边

读边采茶,最后能够不看提示就能将采茶的过程边说边演示出来。第二个场景是焙茶过程,如下:

茶手短衣紧袄,利索地把拣好的鲜叶芽倒进滚烫的大锅,叉开五指,在嫩叶中不停地翻拌。忽而揉,忽而搓,忽而捺,忽而抓,嫩叶如同一条青龙上下翻飞,煞是好看。渐渐地,随着水分的蒸发,叶芽变深了,变细了,条索纤纤,蜷曲成螺。这时,一边降温一边揉捻、搓团,待到茶叶捏拢放开就能自行松散之时,满屋子已弥漫着浓郁的芳香。此时的茶叶干而不焦,脆而不碎,青而不腥,细而不断,无怪乎人们称它为“工艺茶”了。

文中的动作描写细致,这时,学生就成了焙茶手。教师可以让学生先将文中的动词圈起来,进而将这每一个动作的细致表现表演出来:“倒进”“叉开五指”“翻拌”“揉”“搓”“捺”“抓”“揉捻”“搓团”,用内心视像,想象表演焙茶的情境。然后用慢动作依次将焙茶的动作连贯表演出来。接着,自己自由练习,动作准确,语言描述连贯。然后组内合作,用“舌尖上的中国”那种套路和风格将焙茶过程介绍给大家。这里有采访者,其中对于茶叶的样子介绍由采访者描述。而其他人表演焙茶手,采访者采访到谁,谁就按照时间的顺序向电视机前的观众介绍。

第三个场景是沏茶,学生对照课文,研究如何沏茶,然后教师再补充沏茶的细致材料做参考。组内先进行无实物表演。然后各组推荐一名服务员,进行真实沏茶,其他同学化身茶客,仔细观察沏茶的程序。再观察茶叶被沏后的情景,进行口头描述。最后品茶,教师此刻化身为服务员,讲解如何品茶。播放古典音乐,营造气氛,学生充分品茶,边品边聊感受。

在教材基础上重构的活动,营造了“戏剧”的生活,学生在其中不断地转换着角色,做着角色所做的事,说着角色所说的话,学到了茶道的技巧,还提高了审美情趣和表达能力。

二、剧本模仿式活动体验

孩子们读过许多故事,故事中有许多角色,如果能够提供一个时空,让他们自由扮演故事中的角色,过一天角色的生活,那么这种真实与模拟产生的梦幻式体验一定会给他们带来内心的震撼。这样的一天的所见、所闻、所疑、所惑是丰富的,感受是神奇而贴近童心的。这样体验下的表达带着学生的高温情感,回味无穷。

在此设想下,将儿童节与故事角色直觉体验整合。在儿童节那天,同学们扮演自己喜欢的故事角色,体验一天角色的生活。这样的活动也是要提前策划和准备的。所以，引导学生先写好“角色一天的生活”策划方案，是必须做的前期工作。方案在师生讨论的基础上生成了以下几点内容：确定好什么角色，再读读相关故事，选择其中的一件事度过角色生活的一天，穿什么服装，需要什么道具，一天的生活安排，角色体验后的感受。为了角色体验的实现，有时还需要其他角色的配合，这就需要同学间的合作。例如扮演“白雪公主和七个小矮人”，如果你选了“白雪公主”这一角色，那么要实现那一天的活动还需要其他角色的配合。

最后生成这样几个要素：活动主题、活动目的、活动时间、活动准备、活动一天安排、活动注意事项等。低年级特别关注安全问题，由于年龄小，分不清真实和虚拟，所以在活动前的引导过程中老师要特别注意引导的重点所在。

学生通过讨论完成自我角色活动策划方案后再在小组中讨论、完善，然后按照方案进行前期准备工作。前期的准备工作细碎繁杂，但是教师提醒学生以节约创新为原则。如服装尽量向别人借，或用旧衣服进行改造；道具尽量由自己动手去做。

角色活动体验的那一天，学生的服装可能是五花八门，有的穿得干净利索，有的早早地换上了拖地长裙，有的还趿拉着拖鞋……这样的穿着让他们兴奋不已，为特别的一天拉开了序幕。老师也参与其中，完全是一副小红帽中的狼外婆打扮。首先，每个角色或角色组上台让大家猜猜是谁，这其中有侦探，有白雪公主，有历险的汤姆……同学们，猜不出，扮演者就自己主动公布。然后就开始一天的角色生活，各自去体验。学生对于活动中遇到意外的困难学会自己动脑，尝试自己解决。

角色活动结束后，学生一定有很多的感受要交流，最后组织角色体验活动交流会。这样的交流内容丰富多彩。有的对角色的情感有了深刻的体验，有的对故事的编写有新的补充，有的对人物形象有了进一步认识，有的对某个角色的不易有了新的体验，有的谈到在角色活动中遇到的困难以及如何解决……在这样的角色生活体验中，同学们实现了阅读与生活的链接，角色与读者的链接，同时，在体验中还有了自己对故事的独特思考，也提升了规划能力、合作能力、探究能力、语言表达能力等综合素养。

三、社会岗位式角色体验

我们来到这个世界，扮演不同的角色。知道该遵守自己角色的规范。“人生是一场表演，社会是一个舞台”，如果暂时改变角色身份，去体验没有经历过的岗位式角色，经历一场戏剧化的生活体验，那么学生将会增强对社会其他角色的了解、尊重和理解。社会岗位式角色体验可以帮助孩子在生长过程中促进其社会化进程，即学习知识技能，掌握行为规范，形成个性品质，具备履行一定社会角色的能力。因此，感知、体验社会角色是对孩子进行教育的目标，又是教育的手段。在角色体验中，促使孩子成为符合社会要求的全面和谐发展的人才。

我们与社会各部门沟通，开展了多种角色体验。选择了多种角色岗位：一小时交通辅警，一小时小区门卫，一小时清洁工，一小时义务卖报员，一小时牙医诊所实习生，一小时警察，一小时菜场卖菜人员……首先，将班级学生按6人一组分成8个小组，每一组选好组长，负责小组分工。班级讨论活动方案，如，选好活动岗位后，要提前做准备，自己去岗位观察了解岗位中的相关知识，做好观察记录。还要进行访谈，了解工作中有什么岗位职责。还可以到联络点提前去实习，了解工作岗位的职责和相应的技能知识，并进行刻苦练习，以保证在角色体验时能顺利进行。在此基础之上，组内讨论制订好本组的活动计划。然后由家长志愿者配合分头活动。并随时拍下活动照片。

活动结束后将照片打印出来，每人选一张配上文字进行解说，然后组内将其集中，设计版式，贴到宣传板上，形成一份组内体验活动汇报总结。

“纸上得来终觉浅”，“心中悟出始知深”。在社会岗位角色体验的过程中，学生既丰富了生活积累，在角色活动中锻炼与人沟通的能力，掌握了多种写作的形式：活动方案、观察日记、非连续文本的创作（配图体验）、展板设计等。同时，学生们认知社会，品尝艰辛，理解工作，懂得分享，学会合作，从而培养了战胜困难的勇气和决心，提高了各方面的素养和素质。

四、童年生活式本真体验

什么季节就结什么样的瓜果，什么样的年龄就过什么样的生活。现在人们在物质上都已经有了追求绿色、自然的需求，但是在培育人才上往往显得急功近利，以焦躁的心态面对儿童的成长。我的孩子为什么还不会走路、还不会说话？我的孩子现在应该提前识字、提前学拼音了，否则我们会输在起跑线上；我的孩子为什么作文写得这么差？不行，我得马上把他送去上作文辅导班；我的孩子学习成绩最近退步了，哪里有好的补习班？语数外理化生门门都补上！现在孩子的童年生活被过早蒙上成人焦虑的色彩。家长们还振振有词：“从小不吃苦，长大要吃更多的苦。”这样的思想，将孩子本该释放童真童性的童年被沉重的学习忙碌所代替，生活实践的空间被压缩。在孩子的成长过程中，童性的生活真的就无足轻重吗？马云在贵州大数据峰会上语出惊人：“现今社会，如果我们继续用以前的教学方法,对我们的孩子进行记、背、算(这些训练),不让孩子去体验,去玩,不让他们去尝试琴、棋、书、画。我可以保证:三十年后孩子找不到工作。"在未来,大数据、机器把人类知识领域的事全部做完,人类与机器的竞争关键在于智慧、体验。对于写作而言,龙应台这样说:"讲一百次文学写作技巧,不如让写作者在市场里弄脏自己的裤脚。"席慕容说:"如果一个孩子在他的生活里没接触过大自然,譬如摸过树的皮、踩过干而脆的落叶,就没有办法教他美术。因为,他没第一手接触过美。"

组织学生去体验童年该有的生活,对现在的学生来说已经是新奇的事了。这样的生活每学期都有一定数量的规定,或最少做 15 件。捉蝴蝶、爬树、打水漂、踩干而脆的树叶、爬山、看日出、捞蝌蚪、踢毽子、钉纽扣……然后讨论做这些事的感受。在这样的生活中,经历好奇、尝试、探索,不也是一种生活的"剧"吗?只不过其中人人都是主角,人人都是本真出演。在这样的体验中,写作不仅是交际,还帮助我们思考、解决问题,写作还帮助我们建立起对这个世界的好奇感,写作成了一个尝试、探索的过程,孩子学习写作最终是为了找到自己,发现、提升自己生命的意义。

第十章

“戏趣作文”案例精选

第一节 “主题单元”整组案例

1. 想象，擦亮童话的眼睛

——三年级下册“戏趣作文”童话主题单元教学设计

淮安市人民小学 王 珊

习作目标：

能够根据所创设的情境，展开丰富、大胆想象，有吸引人的情节。完整地记叙想象的内容。

单元总构想：

本主题习作像在放一部大片，故事《夏洛的网》是该大片中的主要情节，将各个板块的习作过程链接其中，使习作变得有了一定的意义，儿童在板块行走有了情绪。置身于这样的“整本书的阅读”大片中，习作有了戏剧的味道，从而使读写形成了一个大的写作环境。这样的环境追求大巧无痕，借助鲜活的活动情境调动起孩子的兴趣，写作被隐身，“我”被放大了，儿童成为身临其境的言语诉求者。

整个习作板块将苏教版小学语文三下童话类习作整合。借助窗口阅读《我应该感到自豪才对》等童话的阅读教学，把握故事结构，了解故事情节和人物。学习围绕题目进行追问来创编故事情节的方法，以及抓住特点展开想象的方法。通过窗外风景自主阅读同类文章，与课内阅读形成互动，进一步巩固方法，形成知识结构。试镜作文的目标主要是在情境中自觉迁移阅读课获得的编故事情节的方法,大胆想象,设计情节。将生活中积累的材料编成一个情节吸引人的微童话。

结合本次习作能力要求,试戏作文板块中在大情境里衍生出一个小故事,这个故事是一篇习作范文,但融在情境中隐没了范文的痕迹。在情境中,学生的思维彻底激活,全情参与,师生互动,达到写作前的“愤悱”状态。在放手写作中,学生有了故事情境,有的会自觉吸收其写作的一些基本方法,这是一种主动式的吸纳,还可以在写好后展示交流互动对话中获得本次的习作要求:大胆想象,完整编写故事。

在现场实拍中,选择同学的精彩故事进行合作表演,在表演中根据需要可以二次创编。既充分利用了差异资源,伙伴之间得到了相互学习,无形中又发挥了习作的评改作用,达到修正、巩固、提高的目的,更发展了人的综合素养。

在场外呼应中,用儿童的方式将整本书阅读与课内习作链接,实现读写价值最大化。

链接周记中,将周记中写作话题与本主题有了勾连,视野不断再扩大,更关注生活中的素材。从写的视角分析,此板块的写作是一种已建构的知识技能的自由释放。

在各联动的课堂中,融入戏剧元素,强调体验和具身性学习,极大地提高儿童的兴趣,并初步形成了戏趣课堂教学弧线。

阅读课:

激活—入境—学习活动—演绎—互动点评(听说读写)—总结延伸。

习作课:

故事创境—引入任务—学生习作—演绎式修改—总结延伸。

实拍剧场:

激活—情境创设—创编动态剧本—演绎点评—修改生成静态剧本—总结延伸。

整本书阅读:

初印象—透视互动—系统梳理—主题创写。

链接朋友圈:

主题提炼—链接生活(日常生活、特别生活、神奇生活)—生成话题。

单元板块如下:

童话单元情境	窗口阅读	窗外风景	体验生活	试镜小作	试戏作文	现场实拍	场外呼应	链接朋友圈
《夏洛的网》故事情境开发	《我应该感到自豪才对》《水上飞机》《跟踪台风的卫星》	《铁罐和陶罐》《狐狸和猫》《狮子与鹿》《馒头诉苦》《天仙白羽琴》《小熊诺米的玫瑰卷纹》	观察生活中各种事物现象，产生疑问，拍下来，对其进行大胆猜想，天马行空地想象在童话界的解决办法，并将之三言两语记录下来。	创编微童话《我的情节胜过你的》	从提供的图中选一幅，编一个童话故事，使他们知道养成良好的习惯的重要性。	演演我们的故事。	《夏洛的网》整本书阅读与创意表达开发。	读读这则新闻，看看有爱的小猫是怎样打开小女孩的内心世界，帮小女孩走出困境的。可以选其中一个画面展开想象，也可以将多个画面连成某个情节想象，把它编成一个有趣的童话故事。

板块大联动：

主题情境

读了《夏洛的网》，你就是芬，有了威尔伯，你也会爱她胜过了一切吗？你会怎样爱她？威尔伯可爱听故事了，你能将故事有声有色地讲给它听吗？先走进窗口阅读，看看能否给你带来启发。（链接窗口阅读中收获到的根据故事提问编情节）再读读其他故事，故事越多，才能与威尔伯更好地相处呢！（链接窗外风景）威尔伯可不甘心就听听这些啊！它特别喜欢你带它散步时看着周围的事物即兴编故事。做个准备吧！每天留心观察生活，体验生活，从生活中找找好玩的故事吧！（链接体验生活）威尔伯是否喜欢你的故事呢？我们来个《我的故事胜过你的》大比拼，看谁的情节吸引人！（链接试镜小作）

威尔伯与你幸福地生活着。每天早饭后，威尔伯都和你一起走到路上，直到妈妈骑车准备离开。等你挥手和它说完再见，它便站在那里望着车子，直到车拐个弯儿骑远。多温馨啊！威尔伯长大了，经常自己到处溜达。有一次，两天后才回来，它告诉你了吗？关于到习惯村的所见所闻。（链接话题故事情境：习惯村的孩子）其实，习惯村还有好多小动物，它们发生了哪些关于习惯的故事呢？（链接试戏作文）把这个故事演出来吧！让威尔伯看看。（链接现场实拍）

(一) 窗口阅读《我应该感到自豪才对》

【教学目标】

1. 正确、流利、有感情地朗读课文。

2. 在表演中理解课文内容,了解骆驼的驼峰、脚掌、睫毛在沙漠里的特殊用途,树立正确的审美观,提升语文综合能力。

3. 学习用“追问法”的方法构思故事情节,能看图创编故事情节。

【教学重难点】

在表演中补充想象人物的心理活动、行为等,提升语文综合能力。

【教学重难点】

学习用“追问法”的方法构思故事情节,能看图创编故事情节。

【教学准备】 多媒体课件。

【教学时间】 两课时。

【教学过程】

第一课时

一、激活储备,感知角色形象

1. 今天老师带来了一位新朋友(出示骆驼图),它是——

2. 谁愿意来表演一下它。

3. 揭题

(1) 在它身上发生了一个有趣的故事,这个故事就叫——(板书:我应该感到自豪才对)

【设计意图】 通过表演,学生得以热身,打开身体,思维激活,课堂有宽松温暖的情感基调,对故事“人物”有了形象化的感知。

二、置境引入,开展境内学习

过渡:今天,我们就要将这个故事表演出来。要想演好,做好前期的排练工作。

(一) 读熟故事

1. 自由练读:

打开课本,读读故事,有读不准的或难读的地方多读几遍。

2. 挑战闯关读:

(1) 将读设为三关:词语关、长句关、重点段落关。

(2) 指名点击读。

边读边相机正音,并表演照“镜子”“委屈”等词。

（二）梳理文脉，感知构思情节法

1．这个故事的题目是《我应该感到自豪才对》，从故事看，该题目是作为故事的哪一部分出现？（结尾）说说看到的画面。（出示画面）

2．你能围绕这个结尾问个为什么并作解答吗？

（相机出示沙漠体验图）

3．同法进行再追问解答。

（相机出示受嘲笑图）

总结：是啊，就通过对结尾不断向前追问“为什么”并解答，形成了这样的情节线（出示）受嘲笑—沙漠体验—感到自豪。这值得咱们编故事时去学习。

【设计意图】 整体把握课文不仅要关注对课文内容的把握，作为童话主题习作单元更要让学生获得编故事的思维路径，本环节借助梳理内容从课题作为结尾入手，用倒追法获得童话的思路，将读写意识巧妙融通。

三、合作演绎，点评生成

1．故事怎么发生的？我们把它表演出来。故事中有哪些人物？表演时如何分配角色？（小红马、骆驼、骆驼妈妈、旁白或叙述者）尽量将人物的关键语言记住。

2．小组合作，组长迅速分配角色，看哪组能把课文演活。

3．展示表演。

4．点评交流。

预设（1）表现出小骆驼“瞧不起”的神态。相机朗读。教师推进：关于骆驼的长相，同学们知道了哪些？

（2）对照“镜子”“委屈”“小红马告诉妈妈”等处展开想象，通过语言、行为、旁白叙述补充等表现出来。

总结：故事演活，关注文中的提示，其次适当展开想象，进行语言行为心理的补白。

四、总结收获

学生谈谈本节课的收获。

第二课时

一、复习导入

1．表演故事有什么经验？表演中了解了什么？

2．小骆驼和妈妈的沙漠之行发生了什么？（相机板书：沙子松散—抵挡饥饿—风沙扑来）

3. 看来从“沙漠体验”到“感到自豪”之间还有曲折的故事情节，我们根据故事情节线追问发生了什么可以使故事情节曲折些，故事就更吸引人了。

二、运用方法，演绎故事

1. 沙漠体验按情节分为三组，按喜好认领对应情节。

友情提示：

① 读熟相对应的内容，能记住人物的关键语言。

② 适当展开想象，补白人物语言、行为、心理。

③ 适当合理分工。

2. 小组合作排练。

3. 选三组展示，边说边演。

(1) 对剪片段。

担任角色的以那个环节中的任一动作作为静止画面。叙事者站在后边。老师触摸到哪位同学肩膀，哪位同学就做自我介绍，并介绍当时在干什么。

(2) 边说边演，定镜评议。

教师说明：触碰到叙述者，开始叙述表演，结束后定镜。

教师出示沙漠图情境引入，沙漠一望无边，沙子松散，风沙刮起来铺天盖地，没有食物没有水，小骆驼和妈妈会不会遇到危险呢？下面就让我们随着小骆驼和妈妈也到大沙漠里去看看吧！

◆ 第一组边说边演。

◆ 定镜。

学生评议。

引导：将看到的、听到的描述出来。

◆ 第二组边说边演。

◆ 定镜。

引导：“贮存”边演边说。

◆ 第三组边说边演。

◆ 定镜引导看图片，当风沙刮过来后，将想到哪些词语？

4. 观众讨论：

(1) 小骆驼和妈妈是靠什么走过大沙漠的？

(2) 教师访问：走过沙漠后小骆驼和妈妈各自有哪些想法？同角色的可以相互补充。

(3) 你从这个故事中受到什么启发？

【设计意图】 创设表演环境，让儿童用整个身体在“做”中学，在“角色表演”的过程中深化对文本的理解，发展了想象力、语言表达能力、合作能力、组织能力等，在展演中获得语用的成就感和愉悦，极大地提升语文综合素养。

三、思路追踪，迁移运用

1. 这个故事的主角是谁？由一个角色就编了一个故事，很了不起。你们发现了编故事的密码了吗？（题目作为故事的结果，围绕它不断向前追问“为什么”并解答，形成故事情节。围绕故事环节追问“发生了什么”并解答故事情节便曲折了）

2. 这里有一幅图（出示图，见板书），你能用这样的方法列出情节图吗？（出示练习）

3. 分组创编故事情节图。

【设计意图】 由获得的构思情节的方法进行实践操作，迁移运用，在编童话故事的同时，又内化了言语习得的方法，可谓是一项综合的活动，承载了多重价值，包涵了多重素养。

四、总结收获，创想延伸

这节课你有什么收获？课后阅读《夏洛的网》，选一个故事与家人一起表演，画一画故事的情节线。

【设计意图】 将学习文本的方法进行及时延展，实现教学文本却着眼课程的教学愿景。

板书：

我应该感到自豪才对

附：课堂读写

（一）健身狗

选美大赛→减肥锻炼→汗流浃背→水池拉伸→伙伴惊讶→获得冠军。

（二）想爬树的狗

森林学校的好学生→想交朋友→猫妹妹爬到树上→在树下眼巴巴望着→浴池里苦练→爬树摔跤→找绳子挂上→摔得鼻青脸肿

→不敢去上学了。

（二）试镜小作 我的情节胜过你的

【教学目标】

1. 了解微童话的特点，学习对事物进行大胆想象。

2. 能运用“追问法”构思故事情节，为搜集的事物配上微童话。

3. 培养学生独立思考和认真修改词句的良好习惯。

【教学重难点】

能运用“追问法”构思故事情节，为拍的图片配上微童话。

【教学准备】

准备生活体验中拍到的图片。

【教学时间】

两课时。

【教学过程】

一、游戏体验，思维热身

1. 我们先玩个游戏，看谁想得有意思。

（1）围绕“云朵”迅速展开联想，想到什么说什么。

（鼓励从不同角度直接联想，预设：特点方面、周围的事物、相关的故事、提出的问题）

（2）交流：谁的想法让你觉得很奇怪？

（3）没关系，我们采访他一下，怎么想到的？

（鼓励想到别人没想到的，这就是大胆、新奇。比如，由云朵想到面包。）

（鼓励通过想象将两个事物自然联系在一起，并使其有一定的情节。情节能大胆新奇就更吸引人了。）

2. 小结：想象要大胆，想象若有情节，会更吸引人。

【设计意图】 直接联想意在通过差异资源训练学生多角度展开联想，培养学生思维的广阔性。间接联想训练学生想象的深度，将两者看似无关的事物通过想象相连，同时也感受到大胆新奇想象带来的乐趣。

二、激活材料，童话人物闪亮登场

1. 同学们，这几天为了即兴给威尔伯讲身边的故事，你们仔细观察了身边的事物，还拍了下来。老师选了几位同学的与大家分享。（出示图片：有昆虫、鞋子、蜗牛和三叶草、两只小蚕）相机请主人介绍画面内容。

2. 同桌分享图片，说说画面内容。

3．今天，我们将为拍下的图片配上微童话，增编到《夏洛的网》里，给其他的朋友读读，看看谁的故事最受喜欢。

【设计意图】 在故事情境中链接生活体验板块的材料，同时创设了话题语境，激发学生的内驱力。

三、小试身手，合作创编

1．出示大鞋子图片，初步了解。

(1) 大家仔细看图，图中看到了什么？

(2) 联想到什么？（小船、鸟窝、脚……）如果你的联想让人想不到，但却又能说出理由就更棒了！（大狮子、小鸟、星星……）

2．小结：初见图片，我们要看看图中有什么？再大胆进行相关联想，如果能让人意想不到，又能将这两者联系起来，那么你的故事一定会吸引人。

【设计意图】 一方面引导学生从事物的特点、周围的事物、相关的故事、提出的问题等方面展开直接联想，培养思维的广阔性；另一方面引导间接联想，将两种看似无关的事物通过想象相连，同时也感受到大胆新奇想象带来的乐趣。这样的联想为下文编故事情节进行了思维的热身。

3．回顾窗口阅读中获得编情节的方法。

可以将画面作为故事的结果，围绕画面意思朝前追问并回答，也可以从作文的故事中段，分别朝前追问、朝后追问并回答。还可以作为故事开头朝后追问并回答。

4．小组合作设计情节，创编微童话。

5．展示交流，生成其中编写要点。

(1) 集体交流。

(2) 集体评议。

小结：情节完整抓住主人公特点。

6．有位小伙伴，也编了这篇微童话，读一读，让你觉得眼前一亮的在哪里？（情节新颖）（间接联想，使想象有了情节）

引入例文：

大鞋子秋千

森林里，住着一只威武的大狮子。它很想交朋友，可动物们都怕他。大狮子想：穿上漂亮的大皮鞋大家一定会喜欢的。大狮子穿上这双大皮鞋一走，草地都在抖动，山都在摇动！小乌龟看到它，远远地就把头缩了起来。小猴子看到它，连忙跳到了树上。大狮子难过得把皮鞋脱下来，挂在两棵树的中间。地不抖了，山不动了。小乌龟、小猴来了，把它当作了秋千，大家坐在鞋里，玩得可开心啦！大狮子也笑了，过去推起大鞋子秋千，玩得真开心！

(1) 情节曲折新颖。

(2) 不写人物对话故事就短小了。

7. 总结编写微童话收获。

【设计意图】 能大胆想象，编创故事情节，对于小学三年级的学生来说并不是一件容易的事。设置了两个层次推进。先是看图联想，渗透了直接联想与间接联想的想象方法。第二层次在小组合作进行语言实践的基础上范文推进，为下文有质量地编写故事提供了有力的保障。

四、对照图片，配上微童话

1. 学生动笔为自己的图片配文。

2. 展示交流。

五、总结收获，拓展延伸

1. 这节课，你最大的收获是什么？

2. 拓展延伸：将微童话及图片制成美篇专辑，发放给家长，评出喜欢的故事。

板书：

想象大胆　情节生动　讲述条理

附微童话：

树叶挂坠

三(6)班　徐子墨

小狗很爱美，有各种项链。这一天出门，他就戴着有树叶挂坠的项链出门了。可是，他可顽皮了，爱跑爱闹，就把挂坠弄丢了。躺在地上的挂坠真像一片树叶呀！一阵风吹来，小树叶飘到枫树林，见到了红枫叶，以为是一团火。飘到了果园里，见到了红樱桃，它以为是红宝石，风爷爷说是红樱桃。风爷爷累了，把小树叶放了下来。小树叶再一看，又回到小狗家门口了！

太阳果

李恩泽

太阳在吃饭的时候掉了一颗饭粒——一粒金黄的太阳果，掉在了小兔子家门前，被小兔子拾起来吃掉了。小兔子感觉好热呀！兔妈妈摸了摸他的额头：“宝贝，妈妈带你去看医生。”路上，小兔子看到一只冻僵了的小青蛙，小兔子捧起青蛙，亲了亲他。小兔子身上太阳果的热量，传到了青蛙身上，青蛙苏醒了，小兔子退烧了。

（三）试戏作文 编写童话故事

【教学目标】

1. 在故事情境中创编童话，激发编写童话的兴趣。

2. 在对于重点画面表演中内化“展开想象，想象有情节”的方法，迁移运用故事情节的创编法编写完整的有情节的故事，培养学生语文综合素养的能力。

【教学重点、难点】

展开丰富的想象，把童话编写得生动有趣。

【教学准备】

课前朗读完“习惯村的孩子”。

【教学时间】

两课时。

【教学过程】

暖身活动：合作扮演桌子、沙发等。

一、故事创境，课本链接，揭示内容

同学们，《习惯村的孩子》中维尼给我们留下深刻印象，你能播放情节图吗？（相机出示情节图）其实，这个故事还没完，改掉坏习惯的维尼去找朋友玩，却看到了这样的景象。（出示课本提供的图片看懂图的内容）他们发生哪些关于习惯的故事呢？今天我们一起编完《习惯村的孩子》故事，给其他正在读这个故事的朋友看。

【设计意图】 课前读的故事既是我们童话的范例，又为我们本节课创设了情境，同样，利用它链接了课本要求，无痕融通，学生对于面临的一起去创作的话题兴致勃勃，打开了有意思、有意义的学习之门。

二、小组合作，演活重点画面

1. 习惯村还住着哪些动物呢？（揭示课本的插图）他们身上发生了哪些

故事?

2. 看图演一演。

出示表演提示:

(1) 仔细看图,适当展开想象,描绘出图中主要人物的表现,关注图中的细节之处。 (2) 小组中成员都有分工,或是角色,或是叙述者,或是道具等。

【设计意图】 成员间不同的分工是有一定的挑战和智慧含量的,怎样挖掘成员的任务其实也是一种面对事情的处理方案。但正因为不确定性,所以就有了生成。

3. 小组合作排练。

4. 分享表演成果:

每一小组分享完毕后进行点评,生生、师生互动使表演方案趋于完善,同样把插图变得丰满活力。

(1) 小组表演。

(2) 每组分享后及时评价。

预设生成:角色分配方面,可以设计叙述者,负责对画面的细节进行补充,如糖果的画面,剥掉糖果的情景,鲜红的桃子的样子,人物的心理想法的提示;可以设计道具人员等。

主角的表现:通过语言行为神态等表现。

画面的微情节想象:如小猪吃糖的情境有情节,看到糖时情景,开始一粒一粒,然后一股脑,嘴里塞得满满的,吃完后挺着肚子、跷着二郎腿,心满意足的样子等。

【设计意图】 单幅图,揭示的是事件中的一个主要的画面,是事件的重点。首先,要能让它在事件中凸显出来,鲜活灵动起来。怎样能让这定格的画面丰满灵动呢? 具象表演,聚焦画面,把看到的演出来。

5. 根据评价进行二次排练。

6. 二次展演:

(1) 提示关注看到的、听到的。

(2) 看到的,听到的描述出来。

7. 总结:既关注画面主体,也要关注细节,适当展开想象展示人物的语言、心理、行动及微情节。

【设计意图】 在具象的基础上留下感受,通过想象语言、动作、神态、心理、微情节等丰满画面。这时画面活了。接着，再进行转化，让戏剧变成语言。用语言描述，让人仿佛看到一样。

三、写活主要画面

1. 结合表演时看到的、听到的写下来，要能让人读后仿佛看到一样。

2. 用演写互动法编写故事。

3. 点评，修改。

四、构思情节，编写完整故事

1. 小组根据主画面推测想象前段情节和后段情节。

提示：根据这件事划出事件轴，按主图画推想，情节鼓励多元。

小猪嗜好—妈妈藏糖—小猪找糖—吃糖—牙疼找医生—受到教育；

阿姨送糖—小猪吃糖—蜜蜂蛰—蚂蚁爬—小猪后悔。

2. 编写完整故事。

五、总结方法

本节课你收获到什么？

附：故事情境

习惯村的孩子

习惯村里住着这样的孩子，有维尼，小猫哄哄，小兔白白，小猴趴趴，小狗挑挑，它们虽然住在习惯村，可却有着不同的坏习惯。

维尼讨厌蔬菜！讨厌胡萝卜！讨厌豆子！西兰花、圆白菜、西红柿、生菜、菜花……所有的蔬菜，只要是蔬菜，维尼都讨厌！维尼喜欢汉堡，最喜欢汉堡！除了汉堡，他什么都不吃。妈妈很担心。“维尼，只吃汉堡，小心有一天你会变成汉堡哦！”维尼真的变成了一个大大的、大大的汉堡！

有一天，维尼刚从汉堡店走出来，一只狗就跑过来闻来闻去。“嗯！好香呀！”说完，它张大嘴巴想吃掉维尼。就在这时，维尼听到了妈妈的声音——“危险！维尼，快跑！”维尼跳起来，拔腿就跑，那条狗在后面追。“嗯！好香呀！汉堡的味道！你别跑！别跑！”“我不是汉堡！我是人！不要追我，放过我！”可是，狗还在拼命地追。而且，数量越来越多，越来越多。1只、2只、3只、4只……5、6、7、8、9、10，10只狗在追着维尼跑！它们吼叫着，追赶着可怜的维尼。“嗯！好香呀！我要一口吞掉你！汉堡小子你别跑！别跑！”维尼接着跑。跑啊跑，维尼拼命地跑。跑啊跑，维尼跑到了野地。“就藏在这里吧，这儿比较安全。”

维尼抬头一看，大块头的牛儿们在盯着自己。原来这里是养牛场，有很多很多牛。它们愤怒地喷着粗气。“喂！你这小子！知道你是拿什么做的吗？是我们的肉!”“我不是汉堡！我是人！求求你们,放过我吧!”维尼再次跑起来。穿过养牛场,跨过小河。跑啊跑,跑啊跑,维尼拼命地跑。10只狗和一群牛在后面追。“汉堡小子！你给我们站住!”维尼看到几个在玩球的小男孩。“救救我……”维尼喘着粗气。“快救救我！我要被吃掉了。”男孩们停了下来。他们使劲儿盯着维尼,简直不敢相信自己的眼睛。男孩们流着口水靠了过来。“大大的汉堡！太棒了！正好肚子饿了,吃了你!”“我不是汉堡！我是人！求求你们。不要过来!”可怜的维尼！跑过山,越过谷,跑啊跑,跑啊跑,拼命地跑。为了甩掉大狗、凶牛、饿着肚子的男孩子们,维尼拼命地跑……哦！不！宽宽的马路阻断了维尼的去路,维尼被困住了。前进也不行,后退更不行。怎么办?现在的我是巨型汉堡,这样下去,一定会被吃掉啦！

就在这时！一辆白色面包车来到维尼身边。“吱”的一声停了下来,车门开了。“快点快点,上车上车!”“安全了!”坐上车,维尼终于可以安心了。啊,太好了,得救了！可维尼做梦也没想到,更可怕的事情正等着他呢！载着维尼的车子停在了汉堡店前面,一个冰冷的声音传了出来。“来,大家快来吃汉堡！不来尝一尝巨型汉堡,会后悔哦！欢迎光临!”“我不是汉堡！我是人！求求你们,放过我吧！不要吃我!”“汉堡居然会说话！太厉害了！卖他个双倍价钱!”汉堡店老板兴奋地说。刀子逼近了维尼,他就要被切成两半了！啊,已经走投无路了。绝望的危急时刻,妈妈跑进来大声喊道:“别碰他！不要碰我的孩子!”妈妈将维尼领回家,给他吃了水果和蔬菜。慢慢地,慢慢地,维尼的汉堡身材开始变化,终于变回了人的样子。

“我变回人了!”维尼大声叫起来,“太棒了！太棒了！哈哈,得救了!”

(四)现场实拍　演演我们的故事

【教学目标】

1. 关注故事情节、人物的语言和动作及神态、环境描写等方面,充分修改剧本,在差异资源中提升习作水平,进一步培养想象力和创造力。

2. 表演中培养学生语言表达能力、倾听能力、交际能力,增强自信心。

【教学重点、难点】

关注故事情节、人物的语言和动作及神态、环境描写等方面,充分修改剧本。

【教学准备】

准备好表演的习作纸质稿各五份。

【教学时间】

一课时。

【教学过程】

一、题目激活,引入课题

1. 上节习作课我们编了童话故事,我们想听谁的呢? 老师带来一组题目,大家先睹为快。

2. 学生选出最想读的故事。

看来,新颖的题目首先吸引人的眼球。今天,我们就将这几个故事搬上舞台。(板书:演演我们的故事)他们的作者分别是——

【设计意图】 通过出示题目让学生自选故事,激发表演的热情,也让学生意识到好题目就是文章的眼睛,从而重视拟题。

二、动态选组

1. 想表演相应故事的同学与编剧互动,最终形成8个小组。

2. 发放学生习作。

3. 选择组长。

三、修改习作,形成动态剧本

1. 小组讨论,分配角色。

2. 读读习作。

3. 角色独立思考,通过想象“打扮”自己的角色。

同学们,谁都想在舞台上光彩夺目。要让观众记住你,有什么小妙招吗?

预设:

人物的语言有特点,可以根据语言适当修改动作、神态逼真形象。

4. 小组合作,思维碰撞。

提示:交流自己的思考,组内交换完善补充意见。

【设计意图】 剧本是动态的,有着极大的灵活性,从而也就有了自由空间,这样减少了固有的约束,这既是一种解放,也是一种挑战,可以随着表演激活内在言语欲,看到精彩的生成。同时,没有静态的台词,于是时时刻刻必须发挥想象,脑力激荡。

四、合作彩排,演活剧本

小组合作表演,在表演中学习表达,在表演中学习交流。教师帮助、鼓励学生。

五、表演展示

1. 请一组表演展示,观众观看。

2. 出示“叫座参考指数”:

(1) 人物的语言有特点。

(2) 动作、神态逼真形象,态度大方,声音响亮。

(3) 设计有新意。

3. 观众评价,提出修改意见。

六、表演挑战,演长剧本

1. 我们现在冲刺二级表演,能通过想象将剧本演长,怎样做到这一点呢?

2. 学生交流:

◆ 根据情节合理展开想象,对于角色的空白处想象补白,将概括的词语形象化,变成有语言有动作有神态。

◆ 叙述者对故事环境、人物的情况介绍进行补充。

◆ 进一步完善故事情节。

3. 小组合作创编。

4. 表演展示,观众观看。(根据时间确定展示的组数)

出示“叫座参考指数”。

(1) 故事有吸引人的情节;

(2) 人物形象鲜明;

(3) 设计有新意。

5. 观众评价。

【设计意图】 怎样将故事编精彩,情节曲折新颖,能通过人物言行凸显人物形象。这样的言语能力的转化置于表演情境中,隐匿了学习目标,更加关注当下的表演,从而达到学习效果的最大化。

七、小组合作,共修共改

1. 根据表演经验及观众评价组内合作修改本组表演的习作,形成静态的修改稿。

2. 组内共读修改后的习作。

八、课堂活动总结

可以从不同角度,谈参与角色的感受,谈剧本改编的感受。

【设计意图】 共同修改同一习作,有效利用了差异资源,在思维碰撞中生成精彩,提高了修改兴趣和能力。

(五) 场外呼应　让儿童在撒欢中放飞想象

——《夏洛的网》创意写开发

课外阅读是形成学生语文素养的重要途径,2011 版课程标准强调对课外阅读必须加强指导,才能保证阅读的高质量。儿童读一本书,往往只关注内容、情节,对文章的形式极少关注,这样的阅读有点买椟还珠的感觉,对于写作而言收效甚微。如果能在共读一本书时,与习作主题打通,读写互惠,便可以实现读写效益的最大化。

我们学习童话类文时,开启了《夏洛的网》整本书阅读之旅。它时长两周,与主题习作交融并行,为本单元习作的学习打开了更广阔的阅读世界。同时,我们设计有趣的读写活动单,与单元习作的能力点——“能展开丰富大胆的想象”进行链接,引导学生在兴致勃勃中深化了读与写的活动,提升了语文素养,提高了写作能力,培养了写作兴趣。

首先,师生三天浸泡式阅读,这一阶段是原生态的阅读,静静地,莫打扰。读内容,读情趣。第一阶段后,教师借助有向的导,从读内容转向读形式。设计了第二阶段读写单:(如右图)

1. 心动的触碰;
2. 好玩的农场;
3. 撒欢的景物;
4. 创意“小剧场”;
5. 迷你版的《夏洛的网》;
6. 告别的地方不一样的挥手。

《夏洛的网》读写单(第二阶段)

1. 心动的触碰

维果茨基说:“词语只有在获得感性的个人含义而不是单纯作为概念存在的时候,它才能成为个体生命中一个生机勃勃的细胞。”也就是说,词语只有与儿童精神领域建立广泛的联系,这些词语才是活的,才可以在生命中随时被调遣。

初读一本书,如初见一个人。会有情有独钟的那个词或那句话一下子击中了自己。或好玩,或新鲜……总有地方让你心动。这样的初次体验弥足珍贵,敏感、细腻,转瞬即逝。在这样的地方停顿,放大直觉,让它获得个人的感性意义,会很容易将这样的语言纳入自己的认知系统中。这样的停顿方式很有意思,我们设为两部分。第一部分为“快乐一电”,在读这本书时,总有哪个词或哪句话电到了你,摘录下来后,玩玩“水中游词”游戏。“水”就是学生围绕这个词,丰富相关材料,在这样丰富的过程中,将词作为“活性物”纳入自己认知中,在适当的情境中得以“流通”。而丰富的材料具有个性化,或是用图画绘成对意思的理解;或是围绕这个词产生的相关联想;也可以是放进语境中运用;还可以用生活中的现象来解释……天马行空,只要你的理解能自圆其说,教师都予以肯定。在这样的活动中,学生积极主动寻找材料对新词有了形象生动地构建。“飞天蜘蛛”“高档生活”“夏天在死亡”“猪的价值比零还要少”都赋予了各个新词不同的理解。

第二部分是“温柔的抚摸”，这是对细节处的演绎。故事中有多处场景描写，这样的场景营造了一种淡淡的朦胧的氛围，或温馨，或寂寞，或美好，或快乐……对这些文字留下的第一感受也是环境描写的妙处。做个朗读者，将这些文字通过配乐朗读给他人听，这样的过程创作意识浓厚，声音、配乐等营造出的心中那幅景成就了无法言说的意境美。

2. 好玩的农场

爱玩是学生的天性，对于好玩的地方谈起来兴致特别高涨。农场中好玩的事件很多，梳理、寻找、发现：有人的事情，有动物的事情，有人与动物的事情，有动物与动物的事情。对于这些不同的事情，其言语表达方式也不相同。弗恩与小猪散步，语言朴实、自然，营造的是一种温馨、快乐的氛围；小猪逃跑中人物语言南腔北调，让人感到紧张杂乱；蜘蛛捉苍蝇动作传神准确，让人感到其织网的技能高超；威尔伯结网情节丰富……这是一个与心灵零距离的阅读体验，在体验中通过用自创的图式画故事串，在过程中隐含了拟题的操作。好的题目是文章的眼睛，一下子可以抓住人的眼球。拟好题要能有创新意识。再利用被激活的言说欲，将好玩的因子注入写的活动中，选一个故事用自己的话写下来。这是一种不动声色的消化吸收运用，故事的阅读总是留下一些痕迹，留下自己独特的阅读体验，在输出时会自觉地运用这些，而本来已有的生活经验及阅读中激活的想象也都不自觉地参与进来，这样的写是一次文本语言与读者语言的无痕复合。

3. 撒欢的景物

《夏洛的网》有多处场景描写，很有童话意蕴，很有诗意，而四季景物起到故事间的连接作用。故事的结尾是第二年春天的开始，四季又一次轮回，也是爱的轮回，威尔伯与夏洛后代友情的继续……让人在为夏洛的离开的忧伤中又注入一丝温暖的光线。“温柔的抚摸”中注重的是一种感觉、体验，这种意境萦绕心中，却不能明言。这个板块进一步引领，揭开文字形态背后的秘密，触摸到有“形”的思维。

“撒欢”是自由的，景物能撒欢，表现的形态有其自由性，有声音形态，有触觉形态，有味道形态，有视觉形态……其实就是调动多种感官写景。这个过程有点儿像捉迷藏，寻找、琢磨、发现、惊喜……在充分体验的基础上，引入话题：“现在正值春天，你也走进自然，让笔下的景物撒欢，表达一种自己的情绪。”就这样，由写将生活、读书勾连，读着，看着，写着，笔下的文就有了作家的味道，也有了自己的味道。

4. 创意小剧场

这是一个综合性的活动,是动态的具身性阅读。聚焦整本书中的精彩片段,小组合作表演。“剧本”是需要儿童对片段进行加工改造的。首先把“剧本”内容转化为自己的身体行为和思想观念,从而实现了文本的再现。在通过动作的“体验”中,文本的语言才真正被吸收,成为一种“流传物”纳入认知中,随时可以提取。其次,展开想象进行补白。对于一些笼统的地方具体化,想象人物的语言和行为表现并将之表演出来。每个孩子都有表现自己的欲望,谁不想多加点台词、多表现一下来吸引人呢!这加台词的事、加人物行为表现的事交给他们,他们总会想方设法挖掘。甚至叙述者也会添加一些动情的场景描写。在这样的编创中,自然注入了童话的细节描写元素。在创演中,改造后的“剧本”是心中的,有了弹性的空间,反而让表演者没有约束,根据现场即兴补白。这样的即席演出,表演者可以随性发挥想象,形成脑力激荡。这种带着“玩”的味道的合作创编和表演,在动态中将整本书阅读与主题写作打通了。

5. 迷你版的《夏洛的网》

编书是大多数孩子不敢企及的事,这样的距离感让他们对这项活动感到既神秘又充满期待。怎样的形式能将一本书的内容呈现在一张纸上?他们想出多种办法,“概括、连贯、完整”核心词不断生成,在“提出—讨论—决定”的碰撞中,审辩思维、创造思维得到发展,最后寻找出合理的解决办法:用自己喜欢的图式和给每个故事拟题将整本书内容串联起来。然后选择一个故事梳理情节后关注意外。这里包含了两层,第一层发现故事意外,是让学生关注故事情节出人意料之处,这是增强学生对情节设计的敏感度。第二层制造意外,是对编情节的实战演练。意外就是顺着前面的思路发展,下一个环节超出常规。一只小小的蜘蛛,它怎么能改变威尔伯的命运呢?威尔伯能在网上织字就出人意料,你会有怎样的设计呢?这样的读写将整本书的阅读推到了更深的层次,关注故事如何编,敢于大胆想象。

6. 告别的地方不一样的挥手

故事结束了,每个人的心中都会弥漫着一种情绪:忧伤、思念、温暖……淡淡的,萦绕在心头;执着的,在枝头吟唱……温情、友爱、忠诚、奉献……10 岁的孩子读完这样的一本书,又会想些什么?“告别的地方不一样的挥手”是一扇窗,让我们窥见童心的模样。他们幻化成威尔伯,将自己的感受、体验、希望倾注笔端:梦中夏洛乘着树叶舟飘向远方;向天堂的夏洛书写思念……

这六个主题活动内容丰富,形式温暖、贴心,听说读写的能力、人的全面发展、素养的形成都在生机勃勃的活动中得以实现。其指向也有一定的层次。

"心动的触碰、好玩的农场"聚焦的是内容的提取、梳理和发现,融入的写是直觉的写。"撒欢的景物"是视线的拐弯、写法的迁移,是文本景与体验景的融合,是半扶半放的创生、仿写的融合。迷你版《夏洛的网》是思维的穿梭,形象到抽象,具体到简洁,完成了思维从无形到有形的生成,将整本书想象的路径形象地呈现出来。"创意小剧场"这个核心词是"创"。创是一种创生,是将"有形"的进行"变形",在熟悉的地方陌生化,从而生出新意。这里的文本是原始材料,而创生的形式是找不到的,需要他们合作、探讨,根据文本对原始材料进行补白,对文本进行具身化表现,这些都培养了想象力。在此过程中生成了多种写作话题:编写微剧本,设计微海报等。"告别的地方不一样的挥手"这个主题的创写有一定的挑战性。不一样就是不同。故事中以威尔伯带走夏洛的卵袋抚养他们作为一种告别。那么还有怎样的告别呢?学生可以在夏洛与威尔伯告别的方式上想象,可以通过信件告别,还可以沿着爱的主旨生发出相关的话题。这给孩子极大的空间,选择也是对想象的空间的拓展。

六个主题是开放的,它们使活动者有了个性生成的空间。在这开放的形式后有一条暗线,指向本次主题的能力点——能大胆想象。在每个主题中,学生都要经历想象体验,他们不觉得是在写作,而是在体验生活,丰盈心灵,创造人生,"写"成了留驻美好的副产品。其中"好玩的农场""创意小剧场""迷你版的《夏洛的网》"是一种有材料的想象,能在阅读的浸染中、饱满的情绪中被酵化。"心动的触碰""撒欢的景物""告别的地方不一样的挥手"是一种无中生有的想象,需要调用生活经验和智力背景,但其差异的碰撞就是生长的地方。

习作主题下的整本书的创意写是在故事情境下与写的链接,这样的大情境为表达提供了一个系统的语境空间。每一板块的读写都具有游戏性,"心动的触碰""撒欢的景物"开发了人与文本及人与自然的互动式游戏,"创编迷你书""告别的地方不一样的挥手"进行角色扮演,"好玩的农场"置身农场中玩耍,"创意小剧场"表演再现精彩的故事。这些带有玩的色彩的活动隐匿了当下的学习目标,学生以身心开放的姿态投入活动中,使读写的价值实现最大化,在撒欢中放飞了想象因子。

(六)链接朋友圈

设计理念:课内习作为写童话打开一扇窗,整本书读写开阔了视野,生活中的童话引领学生关注现实,热爱生活。一次习作主题内容经历从课内到整本书再到生活这样的历程,置身在戏的环境中,体现了作文过程将提高综合素养培养语文能力融为一体,实现学生在作文中自我生长,自我创造的过程。本板块是为周末设计的习作内容。从写的视角分析,课内是一种习作知识、技巧的习得，整本书阅读是一种看得见的熏陶、滋润；生活中的写作就是一种已建构的知识技能的自由释放。内容方面，链接了《夏洛的网》“爱”的情感的主题，从而开发出习作内容，体现了写作、情境、育人的共融共生。

习作内容：夏洛织的是一张爱的大网，谁说“星星的孩子”不是现实中一个爱的神话呢？爱的力量有多大，读读这则微信，假如你就是那只有爱的小猫，你会怎样打开小女孩的内心世界，帮小女孩走出困境呢？可以选其中一个画面展开想象，也可以将多个画面连成一个情节想象，把它编成一个有趣的童话故事。

新闻链接：

她是"星星的孩子" 用笔描绘世界

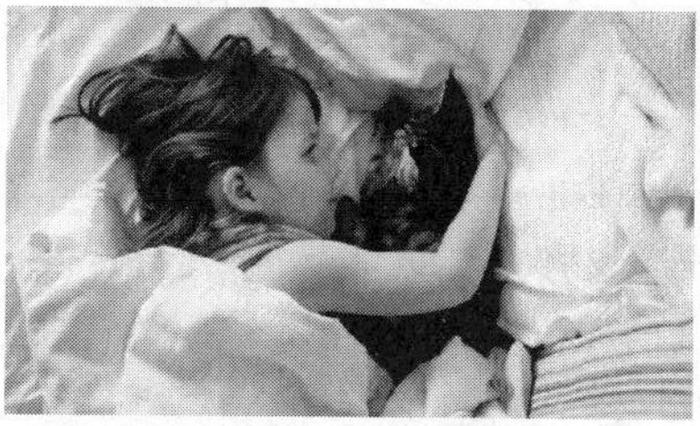

今年7岁的Iris Grace Halmshaw，在3岁时其就被确诊患有自闭症，她不想跟人交流，内心有一道严严实实的墙，隔绝了外面的世界。然而，一只猫和几支画笔，悄悄地影响着她的生活。

患自闭症的孩子常常生活在自我的世界里，像星星一样孤独，因此总被称为“星星的孩子”。可就是这个女孩，她的画在伦敦一场慈善拍卖会上拍出了830英镑。她用画笔描绘了一个绚烂温暖的世界，想必她的内心一定是活泼又柔软的。没有专业的工具，没有老师的指导，我们却在她的画里看到了她不曾开口描绘过的世界。

Iris的母亲说，学习画画后小Iris确实变得快乐起来，开始主动和父母玩耍。然而真正让她有明显改变的，是小猫Thula的到来。

虽然一开始她也不怎么理会小猫，但小猫的陪伴、柔软的爱已经一点一滴渗入她的潜意识中。

小女孩和猫咪睡在一起，共同编织一个香甜的梦。

一向怕水的猫咪，还会主动跳进浴缸，听女孩讲童话故事里的大海和美人鱼。

她开始愿意出门，一个人带着猫咪去院子里，一起享受阳光和青草的味道。

父母又开心又感动，于是建立了一个专属于Iris的网站，记录下这一段经历和她的成长过程。她的故事，被写成了书出版。

Iris的故事告诉我们，爱和陪伴是世界上最有用的秘方。

附学生习作：

离开自闭世界

三(6)班　张俪凡

从前，在森林里住着一位仙子，可是，这位仙子患了自闭症！

仙子们从不靠近她，她也从不靠近仙子们。终于有一天，她躺到床上，躺着躺着就睡着了。她来到了一个五彩缤纷的世界，那里如同仙境一般，她看到了闪闪的星星，星星们孤独地待着，她觉得星星们与自己一样。就飞上天空与星星玩耍，讲故事，星星眨了眨：“我很孤独，我会说话，但我不想说，我能听到声音，但，在我身边，一丁点儿声音都没有！”仙子听见了，还是同感。星星很喜欢和这个仙子玩，就称她“星星仙子”。

一天，仙子母亲看到一只可怜的小猫，便把它抱回了家。仙子一句话都不说，嫌弃地看了看小猫，便睡觉了。妈妈摇了摇头，叹了口气，对小猫咪说：“我可怜的孩子，是个星星一样孤独的孩子，待在她的星星世界里不肯出来，以后你要多陪陪她，多哄她开心哦。”小猫咪喵喵地叫了一声：“好的，我会的，放心好了。”

每天，小猫咪看到仙子一个人吃饭，一个人看书，一个人画画。跟谁也不说话，对小猫咪也不理不睬。猫咪可不在乎。仙子画画，猫咪就用前脚当画笔。仙子画出一道优美柔雅的线，猫咪用脚在上面加了一朵梅花太阳；仙子画一颗颗孤单的星星，猫咪就用大花脸在上面来个猫脸……

时间在不知不觉中流逝，慢慢地有了变化。猫咪要去散步，仙女不同意，猫咪用那可怜的眼神说：“带我去，好吗？”仙女有点心软了，猫咪再眨眨眼，仙女有点想去了。猫咪急得团团转，使出必杀技，装作离家出走了，仙女果然跟着它去了，仙女第一次来到外面的世界，她看见蝴蝶在翩翩起舞，蜜蜂在忙碌地采蜜，给客人介绍，然后销售。仙女好像吃了一种特别的药，开始和小动物们一起玩，去冒险，从此！她离开了自闭的世界……

仙女们都爱跟着她玩，猫咪也很自豪，是它，让仙女离开了自闭的世界。

第二节 各学段"主题单元"部分案例

(一) 低 年 级

1. 想象,让童诗自由飞翔

——一年级上册"戏趣作文"童诗主题单元教学设计

淮安市人民小学 陈 妍 裘玲玲

习作目标:

初步感受童诗有趣的语言和优美的韵律。喜欢童诗,会观察、敢想象,学写一两句有趣的童诗。

单元总构想:

童诗绘本《大太阳的小房子》既结合了诗歌语言的韵律感和美感,又用充满趣味的画面激发孩子的想象力,不仅透过文字的意义来传递童心,还借着图画使得诗歌产生叠加的效果,很容易在学生脑海里留下难以忘怀的有声画面。通过阅读每一首童诗让学生学会用自己的眼睛去观察世界,大胆想象,并通过表演体悟感受,将感受通过儿童化的语言表达出来。

本单元内容可借助窗口阅读《雨点》《秋姑娘》等童诗的阅读教学,使学生明白儿童诗需要断行的格式要求,体会童诗语言的美妙、有趣,感受童诗丰富的想象和优美的韵律。并通过童诗绘本《大太阳的小房子》,全班阅读《大太阳的小房子》《时间》《秋风娃娃》《树的苦恼》《小花朵的梦》《春天的声音》等儿童诗,与课内阅读形成互动,进一步巩固方法,形成知识结构。结合本次习作能力要求,在习作指导课中,通过激发学生展开想象走入诗的意境,在想象中戏化内容,感悟重点词句,让学生喜欢童诗,乐于尝试,学写童诗。

阅读课:

激活—入境—学习活动—演绎—互动点评(听说读写)—总结延伸。

小剧场:

激趣—情境创设—想象演绎—点评—总结延伸。

小创作:

创境—指导想象—表演画面—自由创编—总结延伸。

场外呼应(整本书阅读):

初印象—透视互动—系统梳理—主题创写。

单元板块如下:

童诗单元主题	窗口阅读	窗外风景	体验生活	小剧场	小创作	场外呼应
《大太阳的小房子》童诗开发	《雨点》《秋姑娘》	《大太阳的小房子》《时间》《秋风娃娃》《树想远行》《小花朵的梦》《春天的声音》	观察夏天生活景象,对动物、植物、景物等进行天马行空的想象。	将想象出的事物、动作、场景表演出来。	大胆想象,仿写一两句有趣的童诗。	《大太阳的小房子》整本绘本阅读与想象表达开发。

板块大联动:

读了《大太阳的小房子》,你会觉得自己就是那棵有着苦恼的树,那朵有着梦想的花,那条蛇一样的小河……每一首有趣的诗,是一首歌,也是一个绘本。先走进窗口阅读,读一读《雨点》这首诗,看看能否给你带来启发。再读一读窗外风景中的美诗,想一想儿童诗究竟是什么样儿的?它们都来源于我们熟悉的生活,生活中的点点滴滴都可以作为我们写诗的素材,所以我们要善于观察生活,体验生活,从生活中寻找诗的灵感。(链接体验生活)感受了生活,还要大胆想象,并将看到的、想到的表演出来,你就是诗中的会笑的花儿,会唱歌的鸟儿,会跳舞的草儿,会说话的鱼儿,会录音的贝壳……(链接小剧场)把你们看到的、想到的、感受到的以诗歌的形式写下来吧!(链接小创作)

附部分案例:

小剧场　我敢想　我会演

【教学目标】

1. 生活体验回顾,对生活中观察到的事物进行大胆想象。

2. 学生边想象,边表演,边感受,激发表演欲望。

【教学重点、难点】

将观察到的素材加以想象、戏化。

【课前准备】观察夏天生活景象,如动物、植物、景物等。

【教学准备】多媒体课件。

【教学过程】

一、游戏体验,思维激趣

出示:0 + 0 = ＿＿＿＿＿＿＿＿。

1. 等于什么呢？谁能把它读完整。我们来比一比，看谁的想象力最丰富。

2. 师生交流。

3. 如果这样说就成了一首儿童诗。

出示格式：一个（ ）加一个（ ）就成了（ ）。

4. 引导学生仿照上面的句式一人说一句，合作创编小诗。

5. 一幅简单的图画，因为有了我们大胆的想象，就变成了一首首有趣的小诗。一起来为我们自己鼓掌吧。

【设计意图】 游戏形式导入，让学生大胆想象、发散思维的同时，激发他们学习兴趣。

二、表演大比拼，想、演互促

1. 考一考想象力。（出示“我手写我心”板块一补充诗句）

都说眼睛是心灵的窗户，打开你心中的那扇窗，你都看到了什么？让鲜艳的花瓣吹进来，让翠绿的树叶飘进来，你想让什么也进来呢？（生回答白云、阳光、星星、小狗……）

表演大比拼

师引导：白云、阳光、星星、小狗……什么样儿？如果你是白云、阳光、星星、小狗……你会怎么进来？请你演一演？（指名表演）

其他同学相机评价，并根据动作用上一个恰当的动词：

让（洁白的）云（飘）进来。

让（耀眼的）（温暖的）阳光（射）（照）（舔）进来。

让（淘气的）（闪亮）星星（钻）（闪）进来。

让（可爱的）（调皮的）小狗（跳）进来。

小结：想象要大胆，表演要像样。（板书：想象、表演）

【设计意图】 利用填空补充词语，降低想象、表演的难度。

2. 考一考观察力。

小朋友们的想象力真丰富，一点儿都难不倒你们。课前老师布置大家观察夏天生活景象，接下来老师考一考你的观察力，看你是否是个留心观察生活的孩子？现在正值夏季，请同学们放松心情，让我们走进夏天、触摸夏天，寻找夏天的足迹！

出示图片：夏天的果园、夏天的菜地、夏天的荷塘、夏天的公园、夏天的街上……

在你眼中夏天都有什么呢？它们会干什么呢？请你先想一想，再演一演。（同桌讨论、练习）

交流：

夏天的果园里有红通通的苹果，它们在太阳的照射下，晒红了脸。

引导表演：天这么热，晒红了脸，它们会是什么样的表情呢？

夏天的街上有一把把遮阳的太阳伞，它们一把挨着一把，正在说着悄悄话呢。

引导表演：它们会说些什么呢？

……

小结：观察要仔细，表演要生动。（板书：观察）

三、总结延伸

每一个想象、每一句话都是一幅画面，只要我们仔细观察、大胆想象、生动表演，大自然里的每一样事物都能与我们对话。把这些话写下来，就是一首小诗，老师期待你们的诗作哦！

板书设计：

观察要细心

想象要大胆

表演要生动

2. 有声有色，让孩子爱上看图写话

——二年级上册戏趣作文看图写话主题单元教学设计

淮安市人民小学　邱　静　李　敏

习作目标：

仔细观察图意，把自己当作画中人，充分调动自己的感官，有序且通顺完整地描绘画面。

单元总构想：

看图写话是低年级一个重要的训练项目，是低年级学生进行写话训练的重要途径。新课标中提到“低年级的学生要借助读物中的图画来阅读”。绘本的构图常常因色彩、图案、材质上的别出心裁，为培养孩子的观察力和想象力创造了条件。绘本《母鸡萝丝去散步》的封二的图就将本书的内容涵盖其中。我们可以引导学生阅读图画的同时品读绘本简明而优美的文字，想象情节、联系生活、身临其境地体验情感，帮助学生理解绘本内容，使绘本阅读成为学生快乐生活的一部分。

本单元内容可借助窗口阅读《妈妈睡了》《一封信》等带有插图的阅读教

学，引导学生仔细观察画面，以老师适当的提问为支点，进行合理想象，引导他们把不会思维的想象成为会思维的，把不会说话的想象成为会说话的，由一个动作联想到前前后后的一连串的多个动作，由一幅图联想到前前后后的几幅图，由多幅图联想到一个精彩的故事。并通过窗外风景自主阅读《我妈妈》《我爸爸》《爷爷一定有办法》《逃家小兔》等绘本，与课内阅读形成互动，进一步巩固方法，形成知识结构。结合本次习作能力要求，在写话指导课中，通过提供一种情境充分调动起孩子的学习兴趣，引导孩子们深入其中，身临其境，把自己当成画中人，尽量让画中事件在自己身上上演。从而获取更多的信息，丰富画面。

阅读课：

激活—入境—学习活动—演绎—互动点评（听说读写）—总结延伸。

小创作：

主题提炼—链接生活（特别生活）—生成话题—图画创境—引入任务—学生创作—演绎式修改—总结延伸。

小剧场：

激活—情境创设—创编动态剧本—演绎点评—总结延伸。

场外呼应（整本书阅读）：

初印象—透视互动—系统梳理—主题创写。

单元板块如下：

看图写话单元主题	窗口阅读	窗外风景	体验生活	小创作	小剧场	场外呼应
《母鸡萝丝去散步》绘本图画的开发。	《一封信》《妈妈睡了》	《我妈妈》《我爸爸》《爷爷一定有办法》《逃家小兔》《猜猜我有多爱你》	观察生活中人、景、事等各种现象，并能调动各种感官去感受生活的美好。	可以试着自己画一画或者用树叶贴一贴一两幅图，并展开想象，把它编写成一个通顺完整的故事。	大胆想象图画中的人、事、景，有声有色地表演出来。	《母鸡萝丝去散步》整本绘本阅读与角色体验开发。

板块大联动：

主题情境

读了《母鸡萝丝去散步》，你知道母鸡叫什么名字？那只狐狸呢？雷克斯啊？它不是《尼尔斯骑鹅旅行记》里的那只自称“雷克斯大爷”的狡猾狐狸嘛！得了，你们能联想到《母鸡萝丝去散步》里无名的狐狸就是《尼尔斯骑鹅旅行记》里的雷克斯，只是因为它们一样的倒霉，总是吃不到自己想吃的猎物，而且每次出现都极其好玩。小朋友们爱看绘本，爱听故事，那你们能将故事有声有色地讲给萝丝听吗？我们先到窗口阅读去看看吧！（链接窗口阅读）再读读其他故事，故事越多，才能与萝丝更好相处哦！（链接窗外风景）萝丝可不甘心就听听这些啊！它特别喜欢你带它散步时看着周围的事物即兴编故事。做个准备吧！

我们一起去生活中找找好玩的故事。（链接体验生活）下面就来将故事有声有色讲给萝丝听。（链接小创作）把故事演出来，萝丝会更喜欢。（链接创意小剧场）

附部分案例：

创意小剧场　创意画我来演

淮安市人民小学　李　敏

【教学目标】

1. 大胆想象图画中的人、事、景，有声有色地表演出来。

2. 表演中培养学生的语言表达能力、倾听能力、交际能力，增强自信心。

【教学重点、难点】

关注故事情节、人物的语言和动作及神态、环境描写等方面，充分修改看图写话。

【教学准备】

准备好表演的自创画、多媒体课件。

【教学时间】

一课时。

【教学过程】

一、图画导入，引入课题

1. 上节课，我们用树叶等材料完成了一幅幅美丽的创意画，并请小朋友们仔细观察自己的图画，学会用完整、生动的语言和文字将图上的内容表达出来。

2. 下面我们就来一起欣赏一下大家的作品吧。（PPT 播放孩子们的创意画）

3. 小朋友们，你们知道吗？每一幅自创画里都藏着一个有趣的故事哦，这节课我们就要将创意画上的故事演一演。

（板书：演演我们的创意画）

【设计意图】　通过观看学生的一幅幅创意画作品，激发学生的课堂兴趣和表演热情，也让学生意识到每一幅画里都蕴藏着一个有趣的故事。

二、分组修改习作，形成动态剧本

1. 根据上节课每组推选的一幅获奖作品进行表演。

2. 小组讨论分配角色。

3. 以原有的习作为基础,进行小剧本创作。

4. 丰富故事情节。

提示:要有人物之间的对话,并加上恰当的表情和动作,适当地展开想象。

5. 小组合作,思维碰撞。

提示:交流自己的思考,组内交换、完善补充意见。

【设计意图】 综合性学习应强调合作精神,学生在原有的习作小剧本的创作,我们采用了小组合作的形式,让学生尽可能地发挥自己的长处,同时也培养了学生的自主性和主动积极的参与精神。

三、合作彩排,小组预演

小组合作表演,在表演中学习表达,在表演中学习交流。教师帮助、鼓励学生。

四、表演展示

1. 组内各推荐几名同学,上台表演自己的画中故事。只要是小选手能达到以下标准就可以获奖。

2. 出示奖项标准:

(1) 声音响亮、动作大方。(优秀表演奖)

(2) 能将故事完整、生动地表演出来。(最佳表演奖)

(3) 在表演中能加上自己的创意。(最佳创意表演奖)

3. 表演结束后,小演员们谈谈自己的感受,评价一下自己的表演。

4. 观众评价,提出修改意见

生1:《快乐的小金鱼》中的小金鱼,他们应该在荷塘里游来游去,一会儿到东,一会儿到西,鼓着圆圆的嘴巴吐泡泡。

师:你不光看图仔细,而且还加上了自己的动作想象,让小金鱼快乐起来。真棒!

生2:《小蝌蚪找妈妈》中的小蝌蚪找不到妈妈应该很着急,再问别人的时候一定要加上“你好、请问、谢谢!”

师:请别人帮忙加上了这几个词语,会让我们语言变得更有礼貌。

生3:《狐狸吃葡萄》中的狐狸,看见葡萄馋得直流口水,狐狸应该舔舔嘴巴,最后没吃到葡萄,很生气,可以使劲地跺几下脚。

师:加上了动作描写,使人物的形象更加生动。

……

师:你们看得真仔细,也帮小演员们指出了不足的地方,想要把故事演生动,就得学会准确地表达人物的动作和语言,如果能加上自己的合理想象就更棒了!

【设计意图】 故事表演后的评价,我采用了学生的自我评价和相互评价,把主动权交给了孩子们。我们要尊重学生的主体地位,面向全体学生,尊重个体差异,促进每个学生的健康发展,只有多听取建议,才能取长补短。

五、表演挑战,演活故事

1. 任何一场精彩的表演都需要不断自我改进,那么我们应该如何改进自己的表演呢?

2. 学生交流:

(1) 根据情节合理展开想象。

(2) 对人物的动作和语言进行生动形象的表演。

3. 进一步完善故事情节。

4. 表演展示,观众观看。(根据时间确定展示的组数)

5. 出示奖项标准:

(1) 声音响亮、动作大方。(优秀表演奖)

(2) 能将故事完整、生动地表演出来。(最佳表演奖)

(3) 在表演中能加上自己的创意。(最佳创意表演奖)

6. 观众评价。

【设计意图】 学生在多次的表演中,逐步完善了故事的情节,同时也将生动的语言和动作加入表演中,让故事变得更精彩,表演的形式不仅培养了学生的合作能力和创新能力,还培养了孩子的语言表达能力和欣赏能力。

六、课堂活动总结

小朋友们,谈一谈这节课的收获。(可以从不同角度,谈参与角色的感受,谈剧本改编的感受)

3. 场外呼应 快乐阅读 小小故事家

——《母鸡萝丝去散步》绘本阅读与角色体验开发

淮安市人民小学 邱 静

新课标中提到“低年级的学生要借助读物中的图画来阅读”。绘本的构图常常因色彩、图案、材质上的别出心裁,为培养孩子的观察力和想象力创造了条件。它不在于文字的解释,而在于图与文的相互交织。绘本《母鸡萝丝去散步》的封二的图就将该书的内容涵盖其中,在戏趣化看图写话教学中,我们将其与习作主题打通，读写互惠。我们通过家校合作，在引导学生阅读图画的同时品读绘本简明而优美的文字，想象情节、联系生活、身临其境地体验情感，将自己联想到的画面编成故事讲给家长听，从而帮助孩子理解绘本内容，使绘本阅读成为儿童快乐生活的一部分。

看图写话这个单元内容首先引导孩子阅读《母鸡萝丝去散步》，接着根据情景设置走进“窗口阅读”《妈妈睡了》《一封信》等带有插图的阅读教学，引导学生仔细观察画面，以老师适当的提问为支点，进行合理想象，引导学生把不会思维的想象成为会思维的，把不会说话的想象成为会说话的，由一个动作联想到前前后后的一连串的多个动作，由一幅图联想到前前后后的几幅图，由多幅图联想到一个精彩的故事。并通过“窗外风景”自主阅读《我妈妈》《我爸爸》《爷爷一定有办法》《逃家小兔》等绘本，与课内阅读形成互动，进一步巩固方法，形成知识结构。结合本次看图写话能力要求，在“小创作”看图写话指导课特别是“创意小剧场”中，通过提供一种情境充分调动起孩子的学习兴趣，引导孩子们深入其中，身临其境，把自己当成画中人，尽量让画中事件在自己身上上演，从而获取更多的信息，丰富画面。

这四个主题活动内容丰富，形式多样，贴近孩子的生活，符合孩子的年龄特点，同时提高了孩子听、说、读、写、演的能力，注重了孩子的全面发展。

1. 爱之初体验

《母鸡萝丝去散步》这本书之所以会被人奉为经典，是因为它在画面里叙述了一个文字也没有提到的故事，让文字与图画形成一种非常滑稽的比照。文字里只是说萝丝穿过院子、绕过池塘……只是对萝丝散步的一种描述。至于那只跟在萝丝身后上蹿下跳的狐狸，只字未提。虽然没有几个字，而且文字又是隔上一页才出现，但作者佩特·哈群斯是一个真正吃透了儿童心理的人，她把这个无声的故事变成了一个笑声不断的故事，她甚至还给孩子们设计好了笑的时间，一共有七次！不信你看，当钉耙砸扁狐狸的鼻子时，你会笑！当狐狸一头栽进池塘里时，你会笑！当狐狸扎进干草垛里时，你会笑！当狐狸被面粉埋住时，你会笑！当狐狸摔到手推车里时，你会笑！当手推车载着狐狸撞翻蜂箱、狐狸被蜜蜂追得抱头鼠窜时，你更会笑了，而且一笑就是两次！所以有人说这本《母鸡萝丝去散步》实际上包括了两个故事，一个是用文字讲的萝丝散步的平淡无奇的故事，还有一个是用图画讲的狐狸追逐猎物的跌宕起伏的故事。绘本的画面以金黄、橘红、大红为主，渲染出一副喜气而又祥和的场面，可是在这样的场景中却隐藏着危机，而危机又在一种轻松的氛围中自行化解。画面中的景物充满童趣，那座小房子还有那棵大柳树，就像从孩子的图画本中走出来的一样。

绘本采用夸张的手法和鲜明对比，似乎还有点君子坦荡荡、小人长戚戚的感觉。这就需要孩子细致地观察，丰富地想象，特别是能调动自己的各种感官，融入自己的生活经验去理解感悟。

2. 游戏中成长

玩是孩子的天性，是孩子最初跟这个世界接触的方式。孩子在玩中生活，年龄越小，生命中玩的部分就越多。法国著名的思想家卢梭说，教育就是生长，而生长是一件很自然的事，孩子生长的方式就是玩。对孩子来说，什么都可以玩，可以玩学习、玩冲突，甚至还可以玩思考。在玩中存在着他们对外界的幻想和遐思，所以当他们来到“创新村”进行小创作时，无论怎样做他都觉得好玩。不论是课前的“自创自作”，用笔画一幅或树叶等材料制作一幅或几幅图案来创境激发孩子说的兴趣，还是“我行我秀”中给画起个名字、想象画的主题内容以及小组游戏 PK 中的第一局：“巧虎发现之旅”——看图写词语，第二局：“句子增肥宝典”——把词语加长说话，第三局：“你演我演大家秀”——小组合作排练，用演写互动法、看图写话这些环节，都是通过他们喜闻乐见的游戏方式加强了他们之间的交流，增进了同学之间的友谊，并将集体的力量转化为智慧的结晶。他们创作出了各具特色的作品，这些作品都充分地展示了孩子丰富的想象力与创造力。

3. 创意小剧场

1999 年，美国加州大学（UCLA）的 James Catterall 博士在对 25000 名儿童进行连续跟踪 10 年后的研究结果表明，接受早期戏剧和音乐教育的孩子比其他孩子在阅读和数学能力上有明显优势。创造性戏剧是美国唯一列入国家课程计划中培养儿童创造力的课程。我们现在研究的“戏趣作文”系列也就是把戏剧这种纯正的西方贵族式教育带到中国孩子身边！利用戏剧艺术独有的融合音乐、舞蹈、角色扮演、美术、文学等多艺术形式的综合性和多元功能性，让孩子们在戏剧情境中充分自由地探索和创造，并享受角色扮演的乐趣。同时激发孩子的语言能力和表现力、解决问题能力和独立思考能力、想象力和创造力、领导力和团队协作能力，促进孩子德、智、体、美、群全面发展。

“创意小剧场”这是一个综合性的活动，是动态的具身性阅读。通过设置情境充分调动孩子的学习兴趣，引导孩子仔细观察画面，聚焦整幅画面的精彩部分，深入其中，身临其境，把自己当成画中人，尽量让画中的事件在自己身上上演，从而获取更多的信息，丰富画面，小组再来合作表演。每个创意小剧场孩子们都是散发 Bling Bling 魅力的自我领导者！

4. 故事版的《母鸡萝丝去散步》

绘本《母鸡萝丝去散步》版面的色彩搭配十分合理,是孩子们喜欢的类型,图片也很精美,带给他们无限的快乐和喜爱,同时也得到很多家长的好评。因此,课后我布置小朋友们,先观察图片自己说一说,回家后再把这个有趣的故事连起来讲给家人听或者演给家人看!故事情节的精致给小读者带来了心理上的享受,他们在绘声绘色讲故事声情并茂地演故事的同时也能进一步了解到故事中人物的细腻的心理,全身心地投入到故事中来。母鸡露丝真是一只聪明的鸡,竟然战胜了狐狸。这让小朋友们学会坚强起来,无论遇到多么强劲的对手,都不要害怕,用你发达的大脑去和敌人做斗争,无论遇到多么大的困难,都要坚信一点——你永远都是最棒的,用自己的实力去证明自己并不差。这样的读、说、写、演结合,将整本书的阅读推到了更深的层次,关注图画的细致观察和内容的大胆想象。

小学语文二年级上册“有声有色,让孩子爱上看图写话”中“戏趣作文”看图写话这个主题单元教学设计,是以绘本《母鸡萝丝去散步》这个故事情境勾勒出戏的大背景,为表达提供了一个系统的语境空间。每一板块的写都融入在戏中,“爱之初体验”窗内阅读及窗外阅读开发了人与文本,人与图画的互动,“我行我秀”置身创新村中玩耍,“创意小剧场”表演再现精彩的故事。这几个主题都是以置身情境的某种角色开展活动,言语学习的转化在互动中发生了。

(二) 中年级

1. 刻画形象,是心与心的碰撞

——四年级下册戏趣作文写人主题单元教学设计

淮安市人民小学 成金光

习作目标:

从人物语言、动作、外貌、神态等方面去刻画人物形象,能够使人物形象栩栩如生。

单元总构想:

整个习作板块将苏教版小学语文四下写人类习作整合。借助窗口阅读《爱因斯坦和小女孩》《黄河的主人》等人物的阅读教学,把握结构,了解故事情节和人物特点。学习写人类文章的语言特点和基本表达手法，能抓住人物的语言、动作、神态等方面去刻画人物形象，能够使人物形象栩栩如生。通过窗外风景自主阅读《今天我是升旗手》《我的同桌是班长》《窗边的小豆豆》《草房子》等，与课内阅读形成互动，进一步巩固方法，形成知识结构。

《我的同桌是班长》是习作过程的主要指导，这本书主要讲了好动、好说话、好做小动作的男生杨自热，因为和班长蔡一心同桌，感觉自己处处受到监视和限制，而且每次发生冲突，他觉得老师都在包庇班长。他想尽了一切办法，软硬兼施企图收买或制服班长，结果搞得班里鸡飞狗跳，不得安宁……将各个板块的习作过程穿插其中，使习作变得有趣，激发了学生表达的热情。置身于这样的“整本书的阅读”中，学生在无形的过程受益匪浅。通过表演，使习作有了戏的味道，不但培养了他们语言表达、合作等方面的能力。而且充分调动了他们写作的热情。从而使读写形成了一个大的写作环境。在这样的环境中，不知不觉中让学生成为“我”是舞台的主角。我们给学生提供更广阔的舞台，就让他们在写作上尽情舞蹈吧！他们还会自由遨游在写作的大海中，尽情释放自己写作的热情。

结合本次习作能力的要求，试戏作文似春雨，随风潜入夜，润物细无声。在表演的过程中学生的热情被充分调动。激发了他们写作的热情。爱因斯坦说“兴趣是最好的老师”，当学生的兴趣被充分调动了，那么他们的写作热情会更高涨。在表演的同时，师生互动，达到写作前的最佳状态。在放手写作中，学生有了写作的情境，这样就不会无话可说了。

在现场实拍中，选择同学的精彩部分进行合作表演，不但养成在交谈中认真倾听的良好习惯，而且还培养了学生合作的能力。未来的世界是个多元、多极且富有变化的世界，它注定我们必须要以合作的崭新姿态适应它。

场外呼应中，用儿童自己独特的视角将整本书阅读与课内习作相链接，让读写真正绽放它独有的风姿。

链接朋友圈中，将周记中写作话题与本主题相联系，让学生的视野不局限于课本，学习知识，不能光从书本上学，还要到生活实践中去体验。因此学习离不开生活这个大环境。从写的视角分析，此板块写作是为学生提供了更丰富的资源，会让娇艳的花尽情绽放！

在各联动的课堂中，融入戏剧元素，关注学生自主性学习，更好地激发儿童的写作兴趣。并初步形成了戏趣课堂教学弧线。

阅读课：

激活—入境—学习活动—演绎—互动点评（听说读写）—总结延伸。

习作课：

故事创境—引入任务—学生习作—演绎式修改—总结延伸。

实拍剧场：

激活—情境创设—创编动态剧本—演绎点评—修改生成静态剧本—总结延伸。

整本书阅读：

初印象—透视互动—系统梳理—主题创写。

链接朋友圈：

主题提炼—日常生活—生成话题。

单元板块如下：

写人单元	窗口阅读	窗外风景	体验生活	试镜小作	试戏作文	现场实拍
《我的同桌是班长》人物形象开发	《爱因斯坦和小女孩》《黄河的主人》	《窗边的小豆豆》《今天我是升旗手》《草房子》《我的同桌是班长》	通过人物的语言、动作、神态外貌等方面去刻画人物形象，使人物形象栩栩如生。	创编微童话《我是最棒的！》	他（她）是最棒的！	演演我的故事

附部分案例：

试镜小作　我是最棒的

【教学目标】

1. 能准确把握自己的特长，确定自己想要争取的职位，表达自己的决心，语言准确、巧妙，有说服力。

2. 态度自然大方，乐于与人交谈。

3. 养成在交谈中认真倾听的良好习惯，学习恰当地评价别人的语言。

【教学重点、难点】

语言生动、巧妙、有说服力。能构思故事情节，很好地表演出来。

【教学准备】

带有动画的生活场景。

【教学时间】

两课时。

【教学过程】

一、创设情景

1. 出示图片：动物王国里贴出的招聘广告，许多小动物纷纷来报名。而这时四年级(2)班教室内正在招聘学习委员……

2. 小动物们会竞聘什么岗位呢？它们会怎么说、怎么做呢？

3. 学生选择角色进行表演。

评价:谁表演最出色？可以从语言、态度、表达的内容上进行点评。

【设计意图】 通过对有趣的小动物竞聘岗位的表演,让学生养成在交谈中认真倾听的良好习惯,学习恰当评价别人的语言同时,更能激发学生学习文本的热情。

二、营造氛围

1. 同学们,看了小动物竞聘岗位的场面,你们一定跃跃欲试吧,说说你们的想法。从而让学生能够根据自己的实际情况及长处提出自己想要争取的职位啊!

2. 大家的想法可真不错,老师多么希望我们每个人都能勇敢地去争取自己的职位。

3. 小组讨论,选择自己确定的岗位。

【设计意图】 全班学生以小组为单位,对小动物的自我推荐进行分析,总结其成功之处。不但将学生的合作能力表现得淋漓尽致,而且给学生提供了更大的表演舞台。

三、创编故事

1. 学生各自依据长处,选择合适的岗位。

2. 请小组同学帮助参谋,确定角色,进行创编。

3. 塑造成功的岗位形象,进行体验。

俗话说:是金子,总会发光的。那么每一块金子该到哪里去发光呢？我们可以到广告中去应聘,也可以向广大观众介绍一下你理想的岗位,说不定会有“伯乐”来识“千里马”呢!

◆ 创设我是文娱委员情境进行表演。

◆ 定镜。

学生评议。

◆ 创设我是劳动委员情境进行表演。

◆ 定镜。

引导:突出人物的动作、语言等。

创设我是班长情境进行表演。

定镜。

【设计意图】 引导学生从特长方面进行创编故事,能准确把握自己的特长,表达自己的决心,从而让学生知道怎样取舍材料。同时也可以培养学生倾听的良好习惯。

4. 展示交流,生成其中编写要点。

(1) 集体交流。

(2) 集体评议,做到实事求是,如实评价。

四、总结收获

1. 这节课,你最大的收获是什么?

2. 交流。

五、拓展延伸

拓展延伸:评出你最喜欢的人物。

板书:

实事求是　如实评价

有礼貌　学会倾听

(三) 高年级

1. 表演,剧本的源头活水

——六年级上册戏趣作文剧本主题教学设计

淮安市人民小学　张丹辉

习作目标:

能够根据所提供的剧本,展开想象进行表演,使人物形象在情节冲突中鲜明呈现出来,并能够通过合理想象创编剧本。

剧本主题设计构想:

苏教版小学语文六年级上册第二单元语文教学中有剧本《负荆请罪》的学习,我觉得这是一个为学生打开一扇崭新的大门,引来一道活水,让沉闷的课堂显出勃勃生机,使学生感受语文的无穷魅力,提高学生语文创作能力的契机。

因为对学生来说，学习剧本内容很简单，而表演课本剧以及创编剧本是一个全新的内容，这让学生充满期待和激情。

首先教学《负荆请罪》这课时，我先布置学生观看课本剧视频《晏子使楚》，初步认知话剧这个舞台艺术，然后带领学生疏通课文，在读中去感悟人物形象，紧接着带领学生按照视频演出的方式排练剧本，从选人、配道具、场景布置、台词练说等，各个环节都精雕细琢，演出充分地调动了学生的积极性。演出结束后，我与学生对课本剧逐一点评，肯定优点，查找不足。

在学生已经初步掌握剧本的格式后，我当堂展开编写《完璧归赵》这个剧本，加深学生对剧本体裁的理解，并练习把书本上的课文改编成剧本，在小组内试演，并推荐优秀的剧本在班级演出。学生在表演中很自然地熟记作品中的语言，富有创造性地表现出符合角色的神态、表情、动作、语言等，这些都有利于提高学生的口语表达水平。课后，我推荐学生阅读一些脍炙人口的剧本，如曹禺的《雷雨》，老舍的《茶馆》，莎士比亚的《哈姆莱特》等，开阔了学生的视野。

在会改编的基础上，我将难度进一步提高，进行创作剧本的练习。在带领学生分析完习作与剧本之间的区别后，我从生活中选材，选择一个让所有学生都有话可说的《成长的烦恼》为话题创编剧本，先编后演，培养学生语文综合素养的能力。

单元板块如下：

剧本单元情境	窗口阅读	窗外风景	试镜小作	试戏作文	现场实拍
以《晏子使楚》这个剧本展开	《负荆请罪》	《雷雨》《茶馆》《威尼斯商人》《哈姆莱特》	把课文改变成剧本《我们组的课本剧最精彩》	从生活中选择一个话题创编剧本。	演演我们的剧本。

板块大联动：

主题情境

观看了同龄人编排的戏剧《晏子使楚》，你是不是被晏子的机智勇敢、能言善辩所折服？你是不是也有想要演一演的冲动呢？如果给你一幕剧本，你能读完以后，在脑海里呈现出一个鲜活的人物形象吗？你能通过表演，将人物的形象传达给观众吗？那就让我们挑战一下自己，走进我们的窗口阅读《负荆请罪》吧！（链接窗口阅读中，能读会演这幕剧本）说起剧本，就不得不说到曹禺的《雷雨》，老舍的《茶馆》，还有莎士比亚享誉世界的作品《哈姆莱特》等，感兴趣的同学，课后可以找来读一读，演一演。（链接窗外风景）

我们不仅要会演剧本，还要能够把已有的课文改写成剧本，这就需要我们具备一定的想象力和创造力了。本学期，我们书本上也有一些文章很适合改编成剧本的，同学们是不是很想当小作家和小导演啊？那我们就来先改编课文，后编排节目，看看谁的剧本最精彩吧！（链接试镜小作）。

如果我们留心观察生活，就会发现生活中处处都有剧本的好材料。听说同学们自从进入毕业班以后，烦恼就接踵而来，同学们，把你的烦恼倾诉给大家，让大家帮你一起出出主意吧。（创编剧本：成长的烦恼）我想，如果把你的烦恼拍成小视频，让我们的家长、老师、同学一起来看看，或许，有人能帮我们分忧解难的哦！（创意小剧场：演演我们的剧本）

附部分案例：

试戏作文　创作剧本

【教学目标】

1. 掌握剧本的基本格式，试着创作剧本。

2. 了解习作与剧本的基本区别，强化用对话描写来呈现人物的性格特点，能编善演，培养学生语文综合素养的能力，提高学生的合作交际能力。

【教学重点、难点】

在对话描写中展示人物的性格特点，塑造鲜明的人物形象。

【教学时间】

两课时。

【教学过程】

一、回顾剧本知识

1. 之前我们学习了《负荆请罪》这个剧本，又试着把书本上的课文改编成剧本，通过学习，我想大家对剧本应该有了一些了解。请同学们说说你们的收获吧！

（预设答案：①剧本开头要交代、时间、地点、人物表；②剧本台词前交代舞台布景、服装、道具等；③台词中要穿插人物的心理情绪、动作、神情等；④有集中、尖锐的矛盾冲突，用语言动作来表现人物）

2. 今天，我们要根据所学知识，试着创编一个剧本。同学们，你们能说出剧本与我们平时的习作有什么区别吗？（剧本是一种舞台表演艺术形式，侧重于人物之间的对话；而习作重在语句表达，关注更多的是语言表达的逻辑性）

二、引入习作主题

1. 其实，你们生活在这样一个特殊的阶段，童年的幼稚已逐渐消退，大人们所谓的成熟离我们还太远，于是，花季走来，雨季走来，我们心中的烦恼也就随之而来。今天，我们就来编一个剧本，说说我们《成长的烦恼》。（板书课题）

2. 在成长的过程中，你有过哪些烦恼？你为什么会有这样的烦恼？请小组里的几个同学相互说说。

3. 小组推荐交流，教师归纳。

引起你们烦恼的原因大致有以下几种情况：

（1）与弟弟妹妹发生冲突时，感觉父母处理欠公平，或者感觉自己受到冷落。

（2）与伙伴发生矛盾。

（3）父母不民主，不能理解孩子，致使合理要求被拒绝，自己的愿望达不到。

（4）学习成绩不好或者做错了事情而被父母或老师责骂。

（5）被别人冤枉。

（6）失去自己喜欢的人或者物。

（7）因失败而懊恼。

（8）做错事说错话而后悔不已。

（9）因自身的缺陷而烦恼。

【设计意图】 对于高年级的学生来说，思想已经逐步完善，有自己的喜怒哀乐，以“成长的烦恼”作为话题设计剧本，学生有话可说，有情可抒。

三、明确写作方法

1. 如何把我们的烦恼设计成剧本呢？说说你们的看法。

引导学生抓住人物语言冲突的片段进行编写。（板书：抓住人物语言冲突）

2. 以“成长的烦恼”作为主题编写剧本，如何能让剧本打动别人呢？

归纳写法：（1）通过具体事例写出自己的烦恼。说真话，表真情。（以“真”为本）

（2）细节描写生动具体。（以“细”感人）

（3）不人云亦云，有自己的见解。（以“特”取胜）

（板书：以“真”为本　以“细”感人　以“特”取胜）

【设计意图】 编写剧本与学生平时的习作在格式上差异性较大，但在表达方式上仍有许多相似之处。因此，习作的方式在剧本创编上，仍有借鉴之处。

四、学生创编剧本

1. 学生练笔，教师相机辅导。

2. 写好以后，读给自己听，自己修改，听听是否顺口，想想词语用得是否恰当，句子是否通顺，表达是否交代得清楚而具体。

3. 小组内同学分角色朗读，合作互改。

4. 小组推荐一幕剧本分角色朗读给全班同学听，师生共同评价习作。

大家听后有什么看法？你认为他哪些地方值得我们学习？说一说。

五、组织排练剧本

1. 每个小组推荐一份最精彩的剧本，选出导演，进行排练，教师相机指导。要求：声音洪亮、语速适中、口齿清楚、动作大方。

2. 组织演出。

3. 评一评演出情况，对优胜小组颁发奖状。

（评出最佳剧本，最佳导演，最佳主角，最佳配角）

4. 取长补短，修改自己的剧本，课后再排练表演。

【设计意图】 剧本创编好后，进行表演是检验剧本优劣的最好方式。在表演过程中，任何一处情节的突兀，都意味着剧本环节设计得不合理，需要重新修改自己的剧本。

六、教师根据学生的活动情况进行小结。

板书设计：

创编剧本　成长的烦恼

以“真”为本
抓住人物语言冲突　以“细”感人
以“特”取胜

2. 一波三折，让情节扣人心弦

——六年级上册“戏趣作文”小说主题单元教学设计

淮安市人民小学　许丽萍

习作目标：

学会观察周边的人、事、动物等，能够根据故事梗概，展开合理的想象，编写扣人心弦的情节，表达自身对生活的感悟。

教学构想：

结合学生六年来读过的各种小说，调动已有的阅读积累，从学生们感兴趣的小说入手，将各个板块的习作过程链接其中，使习作变得更有意义。孩子在这样的大环境中行走，明晰小说的特点，尝试自己写小说，从而使读写形成了一个大的写作环境，将观察到的生活、课堂上所习得的方法联系起来，打通生活与课堂的通道，搭建平台，让孩子成为生活、学习的真正主人。

整个习作板块将苏教版小学语文六上的小说类别进行整合。借助窗口阅读《爱之链》等小说的阅读教学，把握小说结构，了解小说情节和人物。学习感受小说情节的环环相扣，结局的出人意料却又合情合理的特点，通过窗外风景自主阅读同类文章，与课内阅读形成互动，进一步巩固方法，形成知识结构。试镜作文能根据文章的内在联系和自己的合理想象，对小说进行续写。

结合本次习作能力要求，试戏作文板块中在三个模拟情境中表演故事，表演的情节本身就是一个很好的范例，但融在情境中隐没了范文的痕迹。在情境中创编小说，激发编写小说的兴趣。在对于重点画面表演中内化“情节一波三折”的方法，迁移运用续编小说的创编法编写完整的小说，培养学生语文综合素养的能力。

在创意小剧场《我的小说我做主》中，引导学生关注小说的故事情节、环境描写等方面，充分修改剧本，在差异资源中提升习作水平，进一步培养想象力和创造力。另外通过表演，让孩子在表演中培养学生语言表达能力、倾听能力、交际能力，增强了自信心。

场外呼应，将视野拉得更宽，由人与人之间，链接到人与动物之间、动物与动物之间的温情故事，实现了读写的价值最优化。

在拓展延伸环节中，由小说再走向生活，为二次创作提供源泉。在各版块教学中，融入戏、剧、场的元素，调动孩子的多种感官，极大地提高了儿童习作的兴趣。

在各联动的课堂中，融入戏元素，强调体验和具身性学习，极大地提高儿童的兴趣。并初步形成了戏趣课堂教学弧线。

阅读课：

激活—入境—学习活动—演绎—互动点评（听说读写）—总结延伸。

习作课：

故事创境—引入任务—学生习作—演绎式修改—总结延伸。

实拍剧场：

激活—情境创设—创编动态剧本—演绎点评—修改生成静态剧本—总结延伸。

整本书阅读：

初印象—透视互动—系统梳理—主题创写。

链接朋友圈：

主题提炼—链接生活（日常生活、特别生活、神奇生活）—生成话题。

单元板块如下：

小说单元情境	窗口阅读	窗外风景	体验生活	试镜小作	试戏作文	现场实拍	场外呼应	链接朋友圈
《狼王梦》故事情境开发	《爱之链》《船长》	《寒冬里》《枪》《雨伞》(〔日本〕川端康成)《大理石鸽子》(〔丹麦〕凯尔德·阿贝尔)	观察生活中各种事物现象,产生疑问,拍下来,为创编小小说做铺垫。	续写小说	根据表演的情境创编小小说	演演我们的故事	《狼王梦》整本书阅读与创意表达开发	走上街头、社区等让学生体验各种生活故事,并提炼美,将观察到的拍下来,用文字记录自己的感受。

板块大联动:

主题情境

读了《狼王梦》,你是黑仔、蓝魂儿、双双,还是媚媚?面对紫岚,你会爱你的母亲吗?你会怎样爱她?你有自己的梦想吗?当梦想与父母的期望有冲突时,你们是怎么想的?先走进窗口阅读,看看能否给你带来启发。(链接窗口阅读中收获到的有关小说情节跌宕起伏,一波三折,续编小说情节)再读读其他小说,内容越多,才能更好地面对紫岚!(链接窗外风景)做个准备吧!每天留心观察生活,体验生活,从生活中找到灵感,创编自己的小说故事!(链接试戏作文)你创编的小说大家喜欢吗?我们来个《我的小说我做主》大比拼,看谁的小说情节吸引人!(链接创意剧场)

当黑仔、蓝魂儿、双双为了自己的梦想而努力的时候,你们在做什么呢?当紫岚和黑仔、蓝魂儿等孩子一起温情地行走在草原上时,是否勾起了你内心的回忆?生活中发生了什么?把观察到的拍下来。(链接现场实拍)

附部分案例:

(一)窗口阅读《爱之链》

【教学目标】

1. 能正确、流利、有感情地朗读课文,学会本课8个生字,理解由生字组成的词语。

2. 通过演说,凭借课文的语言文字,让学生充分感受人间真情,知道当别人需要帮助的时候,应该给予无私的帮助。

3. 感受小说情节的环环相扣,结局的出人意料却又合情合理,并运用这种方法来续写小说。

【教学重点】

通过表演,感受人物的内心情感,感受人间真情。

【教学难点】

感受小说情节的环环相扣,结局的出人意料却又合情合理,并运用这种方法来续写。

【教学准备】

多媒体课件。

【教学时间】

两课时。

【教学过程】

第一课时

一、激活储备,导入新课

1. 欣赏一组爱的图片,播放歌曲《爱的奉献》。

2. 看了图片,听了歌曲,你现在最想说什么?

3. 爱是人类永恒的主题。(多媒体出示繁体字“愛”)

这是一繁体的“爱”字。认真观察它的字形,和简体的“爱”最大的区别是什么?(多了心)

4. 师:今天,在这浓浓的爱的氛围中,我们再来分享一篇和“爱”有关的小说【板书课题:爱之链】。链,金字旁,本意指金属串成的链条。可以组词——(铁链、项链……)那题目的意思就是——爱的链条。

5. 几名同学表演链条,进一步理解链条的意思。

6. 课题。

7. 现在我们一起走进课文,看看文中的“爱”是怎样被链接起来的。

【设计意图】 图片和歌曲的激活,让孩子进入情境中,使课堂有了温暖的情感基调,通过表演链条,进一步升华情感,也为下文理解文本内容做铺垫。

二、入境准备,梳理文脉

过渡:课前,老师布置同学们预习课文,你们都预习了吗?课文读了几遍?看来,同学们自主学习的习惯非常好,现在我们就来交流一下读课文的收获。

活动一:字词我会认

1. 出示词语:

A 雪花飞舞、纷纷扬扬、颠簸、寒战

B 矮小、凄凉、餐馆、愣住、亲吻

C 车胎瘪了、脚腕蹭破、没穿袜子、沾满油污

D 荒无人烟、天经地义、潸然泪下

(1) 指名开火车读。

(2) 每一组词,给你的第一感觉是什么?

(3) 你能通过朗读把自己的感觉读出来吗?读的时候能加上自己的动作、表情就更好了。

(4) 相机指导正音,释义。“颠簸”的“簸”字是多音字,在这里读第三声,另外还可以读第四声,可以组词“簸箕”。“愣”是后鼻音。

(5) 齐读。

2. 指导书写生字:

(1) 师:同学们词语读得真好!文中的几个生字你能写好吗?

(2) 观察一下,你觉得哪几个字比较难写?(生回答)

重点指导:簸、餐。

(3) 这两个字笔画都很多,笔画多的字在写的时候要注意什么?

(4) 指名说注意事项。

(5) 教师在田字格中范写。

簸是上下结构,书写时应注意上下对正,互相靠拢,“其”横画排列均匀紧凑,不能写得太长。餐的笔画较多,写的时候要注意穿插和避让,俗话说:“一字无二捺。”当中部托上包下时,上下捺均改为点。

(6) 生书写生字。师相机评价。

活动二:课文我会读

1. 指名分自然段朗读课文。

2. 指名评价。

3. 重点指导第1、4、10、12自然段的有关长句子。

活动三:再读课文,梳理脉络

1. 课文读完了,你知道是哪几个主要人物串起了这根爱之链吗?(板画)能简要介绍一下文中的人物关系吗?

2. 快速浏览全文,试着用简练的语言说说围绕乔依、老妇人、女店主讲了哪几个关于“爱”的故事。

3. 指名说。

(乔依帮助老妇人修车,老妇人资助女店主,女店主关心丈夫乔依)

4. 小结:小说有六要素,我们在概括小说主要内容的时候,要注意小说六要素的完整性,还要把故事的主要情节讲清楚。

【设计意图】 三个活动板块的分布,逐层深入,整体感知了小说的基本特点,在练说课文主要情节的时候,关注人物和情节,用板画链条的形式将文章的内容形象直观地表现出来。

三、合作演绎,感悟环境

1. 过渡:刚才我们梳理了故事的人物和主要情节,在关注小说中的人物与情节的同时,我们也不要忽视小说中特定的环境描写。(板书:环境描写)要知道,环境描写是小说的三个要素之一。这篇小说一开始就写了这样一个环境。

2. 默读第一自然段,把感受深的词句画下来,在旁边写一写自己的体会。

(1) 学生自学。

(2) 合作交流:

【预设】A 天气很冷

(黄昏,寒风,飞舞的雪花,几乎看不见汽车和人影的公路……)

相机指导读好描写雪花的那一句。

B 乔依生活很贫穷。(破旧的汽车,公司倒闭)

相机指导读最后一句。(读出凄凉)

3. 乔依现在会是怎么样的凄凉呢?他在想什么呢?(工作没有着落,家中怀孕的妻子……)

4. 质疑提升:为什么要选择这些景物写这样一个环境?为什么不能选择早晨,阳光明媚的天气,平坦的公路,奔驰牌汽车?

5. 板书总结:环境衬托。凄凉的环境衬托乔伊凄凉的心境。

6. 组内展演读。

7. 指名交流,点评。(关注人物的表情和内心独白)

【设计意图】 补白乔依凄凉的内心活动,是为了让孩子入情入境,理解乔依的不容易,让下文乔依帮助了老妇人却不要回报的情节更深入人心。

四、总结延伸

师:环境的凄凉,人物内心的凄凉,却改变不了乔依对他人的爱心和真情帮助,接下来发生了怎样的感人故事呢?我们下节课继续学习!

五、布置作业

1. 阅读和爱有关的故事。

2. 完成《习字册》上的描红、临写。

板书设计:

8. 爱之链

小说　　人物　乔依　老妇人　女店主

　　　　情节

　　　　环境　衬托

第二课时

一、复习导入

本文是一篇充满温情的短篇小说,有谁能把这个故事用简洁的语言复述出来?

学生复述,教师根据学生复述形成板书。

二、入境学习,演绎乔依和老妇人爱的故事

(一) 感悟老妇人的无助

1. 迅速浏览2—8自然段,想一想,老妇人遇到了什么困难?

2. 指名交流:“在冷风中微微发抖”“在荒无人烟的地方”“等了一个多小时”“又冷又怕”“几乎完全绝望了”。

3. 过渡:就在这时候,乔依的出现,帮助了老妇人,无异于雪中送炭,那乔依是怎么做的呢?

【设计意图】 通过读文交流感悟,体会老妇人当时身处困境,很需要他人帮助,从而更能突出乔依的高尚品质。

(二) 感悟乔依的无私

1. 出示阅读要求:静心默读2—8小节,想一想,你觉得哪个字、哪个词、哪个句子让你感受非常深刻?在书上圈圈画画。也可以联系上下文来解读这个字词、这句话。

2. 交流反馈:

感受一:乔依修车很认真,无私地帮助老妇人修车。

从“脚腕被蹭破了”“手也蹭破了”感受到乔依不顾自己脚和手都受伤了。

从“摘下了破手套”“冻得几乎没有知觉”“喘着”“流下来”感受到天那么冷,乔依仍然认真地帮老妇人修车。

“沾满了油污”“脏”看出乔依不顾一切地修车。

(指名读句子)你能带着自己的感受把这两句话读好吗?

感受二:乔依生活贫困。

由“他没穿袜子”“破手套”“衣服也更脏了”看出。

感受三:乔依关心老妇人,为老妇人着想。

由“乔依让她坐进车里看出”看出。

感受四:乔依善良,热情。

从“愣住了”“从来就认为”“一件天经地义的事”“一直是这么做的”看出。

3. 探寻乔依这样做的原因。

出示:他以前在困难的时候也常常得到别人的帮助。

（1）乔依得到了哪些人的帮助？（别人将爱传递给了他）（板画）

（2）所以今天乔依就将爱传递给了老妇人，这就是爱的延续，这就是将爱的链条串联起来了。

4. 乔依不希望得到钱的回报，他希望得到什么呢？

出示乔依的话：如果您遇上一个需要帮助的人，就请您给他一点儿帮助吧。理解这句话。

5. 小结：在乔依遇到困难的时候，他曾经得到过别人爱的帮助，所以当他看到需要帮助的老妇人时，毫不犹豫地伸出援助之手。他不求报酬，只希望老妇人也能把爱传递给需要帮助的人。这是“爱的倡导”。

（三）指导演绎故事

1. 出示友情提醒：

① 读熟相对应的内容，能记住人物的关键语言。

② 适当展开想象，补白人物语言、行为、心理。

③ 适当合理分工。

2. 小组合作排练。

3. 分组表演。

4. 过渡：那么老妇人有没有将这份爱传递下去呢？

【设计意图】 通过抓人物语言、动作来体会乔依不怕脏、不怕累，真心诚意为老妇人修车的品质，在充分理解文本语言的基础上，再演绎这个故事就得心应手了。

三、运用方法，演绎老妇人与女店主爱的故事

（一）总体感知女店主的困难

1. 引出女店主对乔依的安慰。（课件出示：“一切都会好起来的，亲爱的，乔依……”）

“一切都会好起来的”，说明他们的生活遇到了……（引导学生说出“困难”）

2. 女店主面临的困难是什么呢？快速默读全文，找到女店主遇到的困难，圈画出关键词语，生交流女店主遇到的困难。

“餐馆十分破旧，光线昏暗”“怀孕至少 8 个月了”“极度疲劳”“丈夫失业了”。

（二）体会女店主面对困难生活的态度

1. 女店主是用什么样的态度面对这些困难的？

2. 抓住“热情”“雪白的毛巾”“微笑”“忙来忙去”感悟女店主的乐观、坚

强、热爱生活。

3. 质疑:一个怀孕8月的店主,为什么还要忙来忙去呢?

引导学生感受女店主作为妻子的体贴,作为母亲的伟大。

4. 创设情境,体会老妇人的举动对女店主的影响。

女店主捧着老妇人给的钱,想到＿＿＿＿＿＿＿＿＿＿,不禁潸然泪下。

(三) 小组内补白演绎故事

她热情地送上一条雪白的毛巾,对老妇人说:＿＿＿＿＿＿＿＿＿＿＿＿。老妇人擦干头上的雪水,心想:＿＿＿＿＿＿＿＿＿＿＿＿＿＿。她发现这位女店主的脸上虽然带着甜甜的微笑,可掩盖不住她极度的疲劳,心想:＿＿＿＿＿＿＿＿＿＿＿。女店主怀孕至少有8个月了。尽管如此,她还是忙来忙去地为老妇人端茶送饭。老妇人心想:＿＿＿＿＿＿＿＿＿＿＿＿,于是对她说:＿＿＿＿＿＿＿＿＿＿＿。

【设计意图】 通过两个情境的创设,让孩子真正进入故事中,在补白演绎的过程中深化了对文本的理解,发展了合作能力、语言表达能力等。

四、迁移运用,升华情感

(1) 体会课文以“爱之链”为题的缘由,体会只有爱才能让人走出困境,只有去传递爱,生活才能美好。

(2) 教师引导比较体会:小说的结尾是“一切都会好起来的,亲爱的,乔依……”,作者为什么不说“一切都会好起来的,亲爱的,杰克……”

感受微型小说情节的环环相扣,结局的出人意料却又合情合理,并学会运用这种方法来续写。

(3) 学生感悟微型小说情节的环环相扣,故事结局的出人意料却又合情合理。

(4) 请同学们想一想,并写一写这个故事又会有怎样的发展!

五、课后延伸(完善习作)

板书设计:

8. 爱之链

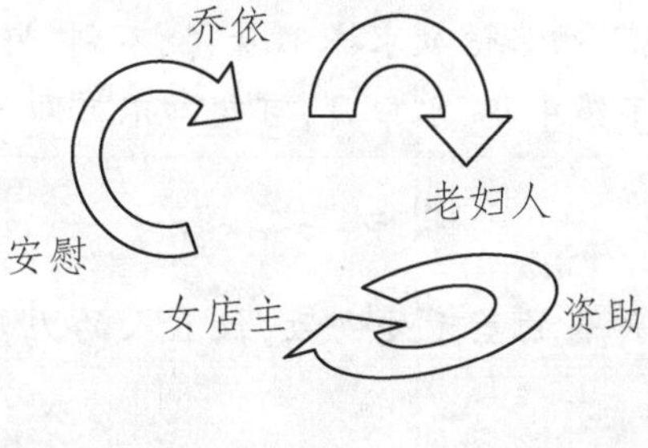

后记

为了抵达天籁之音

水中之月

对于小学生写作,总是感到它有神秘的未探及的地方。我们不断地研究,不断地深入,似乎也真的触摸到写作教学的秘籍。习作知识、习作技巧被掌握,习作能力增强了,学生笔下可以流淌出令人惊叹的华章,可以在紧张的考场中洋洋洒洒写出让人叫绝的好文。但是,这一切似乎缺少了什么。

学校朗诵比赛中,多数学生夸张的表情以及用力过度的朗读,似乎在倾诉感情,但显得并不是发自内心,只是别人体验的一个道具而已。不是出自生命的体验总是让人感到不断卡带以及词语朗读的生硬。一位美术专业出身的语文老师,她班上的学生朗读自然流畅,给听者以美的享受,而这些学生也可以表现出发自内心的愉悦。那才是自然的生命的天籁之音。这位老师的指导就是让学生想象画面、想象情景并把感受读出来,至于该怎样表达,学生自己读了算。保有天性,获得自身体验的愉悦,是这位老师指导朗读的“不太作为”的心得。

两者虽然是不同类型,可在时空中相遇后却交汇出相通之处,那就是过多的外铄知识的接受容易压抑发自内心的愉悦体验。写作中只注重知识技能的训练,忽略言语表达的个性化释放,忽略言语的主动自觉迸发,学生的表达将会离生命越来越远,写作将会成为熟练地唱着运用套路而成的曲调,内心却毫无波澜,心灵和精神的成长成为遥不可及的梦想。其实,呵护言语生命,激发表达的兴趣和内在欲望,就必须避免外在强势侵入,才可能孕育带着体温的“沸腾”的语言。这种本真状态下的言语欲求抓不着、挠不到,好像抓在手里的沙,握得越紧,漏得越快。它成了镜中花、水中月,可望却不可即。

破冰之思

一盆绿萝,其不断伸长的茎无处安放,仅靠人的力量无法将它自然爬上光滑的墙面。我们要做的是,放一根竿子,它就靠自己的活性攀岩,上下自如,这就是生命的力量。

拍一组照片,若只是静态地坐在那里,无论做出什么花样的摆拍姿势都显得生硬。而动起来,在运动中,则让人顿觉主角散发光芒,周遭生辉。

我们的学生写作,缺少的正是源于生命体温的表达。用力过猛的技能训练,使小学生写作精美得像朵假花,但其再鲜艳,咱也闻不到花的芳香,言语生命的生机已在野蛮的外力中被戕害。只有具备精神创造力和自由创造性的灵性表达,生命才具有活力,才能获得表达的身心愉悦,走上诗意人生之路,从而在真正意义上实现人的发展。

华东师范大学卜玉华教授分析:"传统教学囿于知识世界的理论构建,虽然也努力关照具体的实践,但关注的是实践的框架,忽略沟通实践的整体,从而丢失对更高的人性世界的敞开,封闭了向更高生命境界发展的可能。""当教育把人的生命放置在广袤之境时,天、地、人便进入同一个休戚与共的境域,便为她们之间的沟通与转化提供了可能。""生命本体的生成固然有先天塑成的一面,但后天学习决定着生命成长的状态。"

王荣生在《语文科课程论基础》一书中说,教师的教学应该服务于学生,这是真理。这样的服务在我们教学中常常表现为:端上一盘菜后,对学生说"来,我喂你吃!"或"你吃吧!"这样的服务方式要么缺少关注人性,要么缺少生命的成长而变得越来越肤浅。

在让学生消化这盘菜的过程中,我们服务者到底该如何做?倘若来一首美妙的乐曲提升顾客吃的兴致,自主展开品菜活动,从而在品菜的过程中顾客之间,顾客与厨师之间,顾客、厨师、服务员之间互动交流,这样的品菜岂不是既有顾客的个性体验,又在交流中提升了品菜的技能!可见,我们的教学应在服务的方式上进行变革。

由此我想到了"烘焙"一词,没有对物体直接加热,物体感觉不到烧烤的炽热,在温和匀速中却慢慢发生了质的变化。我们教学该用怎样的方式,将生命置于广袤的环境中,进行烘焙式成长呢?

戏剧之缘

2013 年,我上过一节公开课《蒲公英》,当时,华东师范大学新基础教育研究团队的李政涛先生曾提出关于表演有哪些育人价值的问题。像一颗种子种到心里,但因为未适时浇水,所以并未发芽。

2016 年,我有幸聆听了台湾屏东教育大学陈仁富先生的讲学,第一次接触

“读者剧场”,感受戏剧在课堂中的独特魅力。

2016年,黄艳梅院长申报了省级前瞻性课题《小学“剧课程”建设的实践探索》,我因是她领衔的名师工作室的成员,于是便对这方面的内容开始有了较为聚集的关注。

2016年,“生命·实践”教育学研究院院长李政涛先生领导的华东师范大学“生命·实践”研究团队与“全国新基础研究共生体学校”对教育戏剧育人价值展开了进一步的深度开发,分别在淮安、上海两地举办了“教育戏剧育人价值的综合开发与课堂转化”专题研讨会。体现了“生命·实践”的教育学理念的教育戏剧理论研究与实践探索。以上研究的领域已经从课程性戏剧教育扩展到学科渗透性戏剧教育。戏剧方法的渗透让语文学科教学形成了一定的策略,但大家对于习作教学的全过程以及教材习作等都还没进一步探索。

上海迪士尼乐园景点内的游乐项目烟花秀将戏剧元素融入其中。在迪士尼的开幕盛典上,烟花表演加入了崭新的影像投影技术,融合烟花、灯光效果、音乐、情节等多重元素,这就让童话中的场景仿佛触手可及,让动人的迪士尼故事在城堡上大放异彩。观看表演的孩子有种身临其境的梦幻感,回味久久。

这样的创意再次点亮了我的思维,让我对习作教学的戏剧跨界有了初步的架构。如果将习作教学从计划—实施—总结这样的全程的活动过程与戏剧嫁接,会有怎样的况味呢?

嫁接之味

戏剧教育跨界作文教学是变革作文教学方式的探索。提炼人的发展关键词即“生命”“生长”,戏剧嫁接的关键基因即“体验”“开放”。学生天生好奇、好动、爱表演,以剧元素的故事性、情境性、情节性、场景性、新奇性等元素融入作文教学过程中,营造出一种学习者能够主动围绕、主动参与、主动创新、主动成长的习作环境,这样的习作环境创设了“烘焙”的条件,从而使整个作文过程变得活泼、生动、有趣。学生置身其中,身心放松,心情愉悦,言语的才能、潜能、个性在动态中被激发,生命得到最大限度的开放,这使真实、自然、天性的表达成为可能。学生被当下的故事情境吸引,教学中其需要培养的知识能力转化成在兴致勃勃完成游戏的路径中对困难的克服,这些困难激起他们主动挑战的欲望。在表演的实践中学生积极主动与外界环境相互作用而产生直接的经验和感受,在教师的组织引导和同伴互助下,其个人知识得到更好的重建,实现有机性的生长,从而使作文教学呈现出理性、有意义的一面。

戏剧与作文教学的嫁接,实现了写作心理、情感、行为、实施、后续完善等方面软件与硬件体贴而周到的配备，写作的知识技能这一硬件的获得是在写作意识软件基础上推进生成的。在生生、师生交流中获得知识、信息与周围环境的有机建构。写作呈现出清晰的思维的路径，有一定的结构和可操作性，是灵动中开出的智能之花。可以这么说，“清醒地活泼、感性地生长”是嫁接后作文教学最美的味道。只有在这样的“美味”中，才可能孕育出有野性、有后劲的言语生命的表达——这才是真正的天籁之音。

致 谢

人到中年，作为一个普通的教师，内心如果没有力量，完成一本书还是艰难的。在完成本著作的过程中，情绪的不倒翁，让我曾经不断摇摆，但终究没有倒下。多少次，思路在荒蛮之地行走，否定、迷茫、纠缠……几欲搁笔，却又心有不甘，在貌似悬崖处却硬生生地闯出一条路。回过头来看，若不去落实到行动，这条路就根本不会有。写一本书也是体验一种别样的人生。在这样的体验中我找到了生命的自信，在看似没有路的地方不再畏怯，相信只要在行动，生命的触角必将探出生命的绿洲。

感谢我的领导，也是我的导师，特级教师、人民教育家培养对象黄艳梅院长，她总像一个鼓槌，不断地为我们的前进加油鼓劲。此书能够完成，就源于她的催促与鼓励，她还倾注心血多次阅读书稿并作序。也感谢淮阴师范教育学院伍红林院长在百忙中阅读本书书稿数遍并为本书作序以及给予评价。许丽萍等同事们倾注心血与我一起研究，放弃暑假休息时间，编写案例。我的先生不仅承担了大量的家庭内外的事务，还不断地给予我鼓励，让我得以安心地写作；黄玲等朋友们也给我安慰和鼓励，让我有信心继续这项工作；我的学生们，他们带给我灵感，让我感受到了“戏趣作文”教学的美好……在此一并表示感谢。

谨以此书献给这些在平日里给我帮助、启示的所有同行及朋友。他们让我不止于眼前的苟且，还要去追求诗意和远方；也献给不可辜负的岁月，算是用别样的方式拍下了教学生涯的一道值得记忆的风景。

王 珊

2017 年深秋于心斋